决战：精准扶贫攻坚系列丛书

四川省2020—2021年度重点图书出版规划项目

西部民族地区

脱贫人口返贫抑制研究

温 雪／著

西南财经大学出版社

中国·成都

图书在版编目(CIP)数据

西部民族地区脱贫人口返贫抑制研究/温雪著. —成都:西南财经大学出版社,2021. 12
ISBN 978-7-5504-4801-8

Ⅰ.①西… Ⅱ.①温… Ⅲ.①民族地区—扶贫—研究—西北地区
Ⅳ.①F127.4

中国版本图书馆 CIP 数据核字(2021)第 032108 号

西部民族地区脱贫人口返贫抑制研究
温雪 著

责任编辑:杨婧颖
责任校对:雷静
封面设计:墨创文化
责任印制:朱曼丽

出版发行	西南财经大学出版社(四川省成都市光华村街55号)
网 址	http://cbs. swufe. edu. cn
电子邮件	bookcj@ swufe. edu. cn
邮政编码	610074
电 话	028-87353785
照 排	四川胜翔数码印务设计有限公司
印 刷	四川五洲彩印有限责任公司
成品尺寸	170mm×240mm
印 张	12.75
字 数	241 千字
版 次	2021 年 12 月第 1 版
印 次	2021 年 12 月第 1 次印刷
书 号	ISBN 978-7-5504-4801-8
定 价	75.80 元

前言

改革开放以来，我国的扶贫工作取得了举世瞩目的成就，为全世界的扶贫事业做出了巨大贡献。随着精准扶贫、乡村振兴工作的推进，中国贫困人口的收入水平和生活质量有了显著提高。但与此同时，中国扶贫工作中也出现了脱贫成果巩固难、返贫风险高的问题。研究返贫现状、原因以及返贫治理对策，对巩固我国脱贫攻坚成果、实现社会主义现代化和中华民族的伟大复兴具有重要的意义。《中华人民共和国国民经济和社会发展第十四个五年规划和2035年远景目标纲要》提出，建立健全巩固拓展脱贫攻坚成果长效机制，健全防止返贫动态监测和精准帮扶机制，对易返贫致贫人口实施常态化监测，提升脱贫地区整体发展水平。事实上，2020年精准扶贫收官后，返贫问题成为当前摆在各级政府面前难啃的"硬骨头"，探讨预防返贫的相关机制，探索建立更适合后脱贫时代扶贫工作实际的返贫抑制政策措施，以巩固脱贫成果增强脱贫人口内生发展能力，实现巩固拓展脱贫攻坚成果同乡村振兴的有效衔接，就显得非常有必要。

2021年中央一号文件提出：脱贫攻坚目标任务完成后，对摆脱贫困的县，从脱贫之日起设立5年过渡期，做到"扶上马送一程"。健全防止返贫动态监测和帮扶机制，对易返贫致贫人口及时发现、及时帮扶，守住防止规模性返贫底线。2021年2月25日，在全国脱贫攻坚总结表彰大会上，习近平总书记指出，要对易返贫致贫人口要加强监测，做到早发现、早干预、早帮扶。适时组织开展巩固脱贫成果后评估工作，压紧压实各级党委和政府巩固脱贫攻坚成果责任，坚决守住不发生规模性返贫的底线。截至2020年年底，我国脱贫攻坚战取得了全面胜利，现行标准下的9 899万农村贫困人口全部脱贫，832个贫困县全部摘帽，12.8万个贫困村全部出列，区域性整体贫困得到解决，完成了消除绝对贫困的艰巨任务。但我们也应清醒地看到，贫困人口实现脱贫并不意味着农村贫困的消失和扶贫工作的结束，在2020年新冠肺炎疫情全球扩散的背景下，脱贫人口返贫风险大大提升，接下来我们仍需巩固脱贫成果，有效防止脱贫人口返贫。

对于反贫困的过程中出现的返贫情况以及返贫治理对策，国内外学者也提出了各自的观点，但我国西部民族地区返贫情况是怎样的？返贫的生成机理如何？如何进行有效的返贫阻断？为了防止脱贫人口返贫，应制定哪些政策措施？本书以"西部民族地区脱贫人口返贫抑制"为选题，就这些问题进行了分析。全书分为8章。第1章提出研究问题，阐述研究意义，明确研究思路、研究框架和方法，以及全文的创新点与不足之处；第2章系统梳理了国内外扶贫和返贫的相关理论与文献，包括贫困的内涵、贫困相关理论、反贫困理论和返贫相关理论等；第3章分析了中国返贫治理的发展历程，在剖析中国农村脱贫人口返贫态势的基础上，对脱贫农户返贫的原因进行了分析，提出了我国农村脱贫农户返贫的特征；第4章分析了西部民族地区农村贫困治理现状、返贫现状与返贫原因，探讨了西部民族地区脱贫户返贫的影响；第5章对西部民族地区返贫诱因、生成机理和演化过程进行了分析；第6章分别就脱贫户导向型、资源环境导向型和制度政策导向型的返贫提出了各自的阻断机制，并提出了返贫预警机制构建的主要内容；第7章从构建返贫动态监测机制、激活群众内生动力机制、建立产业发展长效机制创新防止返贫工作机制等方面提出了西部民族地区脱贫人口返贫抑制的对策体系；第8章总结了全文的研究结论，并提出了下一步的研究展望。

本书的创新之处主要有以下几点：第一，研究视角的创新。本书利用区域经济学、城市经济学、制度经济学、福利经济学和人口学的学科知识对西部民族地区脱贫人口返贫问题进行探讨，突破了传统的研究返贫问题时的单一视角，实现了不同学科在同一研究问题上的交叉和融合，有助于学者更全面系统地认识西部民族地区返贫现状、原因和返贫机理。第二，研究内容创新。由于现有的对脱贫人口返贫的研究大部分基于全国视角，对欠发达的西部民族地区脱贫人口返贫情况、返贫原因、返贫生成机理以及阻断机制的分析相对薄弱，本书系统分析了中国脱贫人口返贫现状与问题，提出了其返贫存在的地域性、反复性和频发性等特征，在此基础上分析了西部民族地区返贫现状、返贫原因、返贫治理存在问题以及返贫的影响。本书在一定程度上丰富了我国贫困治理理论，为学者深入研究民族地区脱贫人口返贫问题提供了一定的理论依据，对我国西部民族地区返贫治理的研究具有十分重要的理论意义。第三，研究结论创新。笔者在分析西部民族地区返贫态势的基础上，探讨了西部民族地区返贫生成机理，提出了西部民族地区脱贫人口返贫阻断机制，并从构建返贫动态监测机制、激活群众内生动力机制、建立产业发展长效机制创新防止返贫工作机制等方面提出了有针对性的对策建议。

温雪

2021 年 3 月

目录

1 导论

1.1 研究背景与意义

1.1.1 研究背景

贫困问题一直是全球性的重大问题，世界各国都在长期与贫困做斗争，消除贫困是全人类的共同目标，也是所有国家的共同使命和神圣职责。在人类社会生存与发展进程中，贫困自始至终都是最严峻的社会问题，即使是发达国家也无法完全解决贫困问题。而新中国成立以来，我国的贫困问题也极其严峻，党和政府为了消除我国的绝对贫困人口也做出了诸多努力，力求通过实施脱贫攻坚和精准扶贫等一系列政策，让广大贫困人口也能共享中国改革开放和经济发展的伟大成果，实现全民共同富裕。我国扶贫工作在改革开放以后取得了举世瞩目的成就，也进一步推动了全球扶贫减贫事业的发展。尤其是精准扶贫实施以来，中国脱贫攻坚成绩斐然，显著提高了我国贫困人口的生产、生活水平。但我们应认识到我国仍存在脱贫人口的返贫问题。2020年精准扶贫全面收官之后，我国脱贫攻坚工作的重难点就是巩固脱贫成果。返贫现象的存在将弱化脱贫攻坚的成果，后续扶贫工作的开展也将受到阻碍。为了能够确保在2020年之后，坚决守住脱贫攻坚成果，防止脱贫人口返贫，实现全面建成小康社会的宏伟目标，我们就有必要深入分析脱贫人口返贫问题，找到巩固脱贫攻坚成果的方法与对策。

习近平总书记在2013年考察湖南湘西时，提出了"精准扶贫"的概念，这与"粗放式扶贫"是相对的概念。精准扶贫要求我国各地方政府必须从本地的实际情况出发，运用科学的方法、合理的程序、严谨的态度，对贫困者、贫困户、贫困村实行精准识别、帮扶和管理，对扶贫治理的成效和工作人员的工作效果进行精准考核。截至2020年年底，我国脱贫攻坚战取得了全面胜利，现行标准下的9 899万农村贫困人口全部脱贫，832个贫困县全部摘帽，12.8万个贫困村全部出列，区域性整体贫困得到解决，完成了消除绝对贫困的艰巨任务。但我们也应清醒地看到，贫困人口实现脱贫并不意味着农村贫困的消失和扶贫工作的结束。在2020年新冠肺炎疫情全球扩散的背景下，脱贫人口返贫风险大大提升，接下来仍需巩固脱贫成果，有效防止返贫。后脱贫时代，返贫现象也逐步成为阻碍后续扶贫工作的重要影响因素，极大地拉低了已有的脱贫攻坚成效。返贫主要指的是脱贫人口重新返回贫困的现象。诱发返贫的因素较多，如因学返贫、因灾返贫、因病返贫以及因缺乏资金返贫等，而返贫问题的出现也意味着我国的扶贫工作不仅是帮助贫困人口脱贫的问题，还应注重预防脱贫人口再次陷入贫困。在贫困治理工作中，我国不能回避返贫问题，只有在真正意义上消除返贫，才能在扶贫开发这条道路上越走越远。学者们已关注到返贫现象的存在并进行了部分研究，但笔者通过文献梳理发现，现有针对返贫问题的研究主要涉及全国共通性的返贫的成因、返贫的治理，而对于返贫发生的机理和过程，以及对于西部民族地区返贫问题的专门相关研究甚少。

2021年中央一号文件提出：脱贫攻坚目标任务完成后，对摆脱贫困的县，从脱贫之日起设立5年过渡期，做到"扶上马送一程"。健全防止返贫动态监测和帮扶机制，对易返贫致贫人口及时发现、及时帮扶，守住防止规模性返贫底线。2021年2月25日，在全国脱贫攻坚总结表彰大会上，习近平总书记指出，要对易返贫致贫人口要加强监测，做到早发现、早干预、早帮扶。适时组织开展巩固脱贫成果后评估工作，压紧压实各级党委和政府巩固脱贫攻坚成果责任，坚决守住不发生规模性返贫的底线。西部民族地区是我国贫困程度较深的地区之一，集革命老区、民族地区和边境地区于一体，自然环境恶劣，农村家庭的抗风险能力相当脆弱，脱贫难度大且脱贫人口返贫率极高，由此构成了对西部民族地区经济社会全面发展的挑战。西部民族地区农户脱贫情况如何？脱贫农户返贫现状、返贫原因和返贫机理如何？如何有效抑制脱贫农户返贫？成为现阶段亟待研究的关键问题。

1.1.2 研究意义

1.1.2.1 理论意义

进一步丰富了反贫困理论。近年来，诸多学者对我国脱贫攻坚的质量和效率进行了研究，力求找到提升扶贫质量的方法与对策，但对于返贫尤其是西部民族地区返贫问题的研究则相对偏少，且研究的理论性、系统性仍存在不足。尽管不少地方政府部门在推动脱贫攻坚的过程中也意识到返贫问题的严峻性，但它们仍未能找到有效的抑制返贫的方法与措施。本书对西部民族地区农村脱贫人口的返贫现象进行深入分析后，重点研究了返贫原因、返贫机理，以期能够在新发展阶段我国脱贫攻坚的新背景下，提出行之有效的返贫抑制对策，进一步丰富已有的反贫困理论。

提出了西部民族地区返贫阻断机制和预警机制。本书在分析西部民族地区贫困治理现状、返贫现状与返贫治理存在问题的基础上，提出了西部民族地区返贫诱因及生成机理，并在此基础上探索性地提出了西部民族地区返贫阻断机制，包括脱贫户导向的返贫阻断机制、资源环境导向的返贫阻断机制和制度政策导向的返贫阻断机制。从构建返贫动态监测机制、激活群众内生动力机制、建立产业发展长效机制创新防止返贫工作机制等方面提出了西部民族地区脱贫人口返贫抑制的对策体系。

1.1.2.2 实践意义

由于地理位置、自然条件、生态环境、历史文化等因素影响，西部民族地区贫困呈现出独有的特征，可以将其归纳为"散、低、高、大、特、深"：即贫困农户人口分布广阔且分散；农户生计发展禀赋很低；需异地扶贫搬迁贫困户人口比重较高；经济社会活动成本较大；区域特殊；贫困程度深。现有的关于西部民族地区返贫的专门研究相对较少，本研究通过问卷调查、参与观察、访谈、政府部门调研等方式获取数据资料，广泛收集和分析西部民族地区脱贫农户返贫与的微观数据和典型案例，并对脱贫农户返贫原因进行分类探讨，有助于在理论上评判西部民族地区以往扶贫经验和扶贫政策的利弊、得失，针对不同类型存在返贫风险农户实施针对性预防措施，提升脱贫农户的可持续生计，为后脱贫时代的扶贫提供实践依据与政策指引。

西部民族地区某些扶贫政策存在短期性的特点。一旦后续政策减弱或取消，部分脱贫农户将面临较高的返贫风险。2020 年，在全球受新冠肺炎疫情影响的背景下，脱贫攻坚任务更加艰巨，脱贫农户的返贫风险大大提升。本书拟在分析返贫现状、原因和形成机理的基础上提出后脱贫时代西部民族地区返贫阻断机制、返贫预警机制和返贫抑制的对策体系，在一定程度上丰富和完善了我国脱贫攻坚政策体系。西部民族地区农村贫困多样化，其脱贫面临的返贫问题是全国脱贫问题的集中反映与典型写照，以西部民族地区为样本研究返贫抑制问题具有普适性意义，能为全国各贫困农村返贫抑制提供具有借鉴、推广意义的做法和经验。

1.2 研究思路与框架

1.2.1 研究思路

本书以国内外贫困与返贫治理的理论与文献为基础，以西部民族地区贫困治理和返贫态势为主线，以西部民族地区返贫生成机理和阻断机制为核心，以提出西部民族地区脱贫人口返贫抑制的对策建议为目标，经系统化的理论探讨、全面性的数据分析和逐层深入的实证检验，有针对性地提出了西部民族地区返贫抑制的政策建议。

本书的技术路线图如图1-1所示。

1.2.2 研究框架

全书共分为八章。

第1章，提出了研究问题，阐述本研究的理论和实践意义，明确研究思路、框架和方法，提出了本书的创新点和不足之处。

第2章系统梳理了国内外贫困和返贫的相关理论与文献，包括贫困的内涵、贫困相关理论、反贫困理论和返贫相关理论，并对国内外学者的研究现状进行了分析，主要包括贫困线测度、贫困对象识别、贫困的成因、贫困的治理及返贫治理等。

第3章分析了中国贫困治理及返贫态势，提出了中国反贫困发展阶段、中国贫困治理取得成效，梳理了改革开放以来我国的重要反贫困政策与措施。分阶段对中国农村脱贫人口返贫现状进行了探讨，将脱贫农户返贫的原因分为了主观能力素质低下、客观外部扶持不持续以及应对市场风险能力薄弱等方面，在此基础上，总结了我国农村脱贫农户返贫的特征，主要包括地域性、反复性和频发性。

第4章分析了西部民族地区贫困治理及返贫态势，包括广西、宁夏、新疆、内蒙古、西藏五个民族自治区的贫困治理现状，并提出了当前西部民族地区农村返贫的现状、返贫原因与返贫治理存在问题，探讨了西部民族地区返贫的危害。

第5章提出了西部民族地区返贫诱因及生成机理，包括脱贫户导向型返贫、资源环境导向型返贫和制度政策型返贫，并从事故因果连锁理论角度分析了西部民族地区返贫现象的生成机理，以及从演化经济学角度分析了其演化过程。

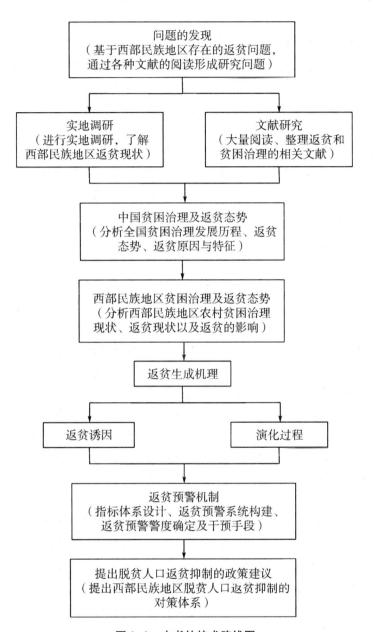

图 1-1　本书的技术路线图

第 6 章分别就脱贫户导向、资源环境导向和制度政策导向的返贫提出了相应的阻断机制，中脱贫户导向返贫阻断机制包括健康机制、能力机制和观念机制；资源环境导向型阻断机制包括生态移民机制、生态补偿机制和灾害治理机制；制度政策导向型返贫阻断机制包括政策机制、供给机制和监督机制。然后根据不同的返贫诱因，提出了西部民族地区返贫预警指标体系，并在此基础上，从返贫预警系统构建、返贫预警警度的确定、返贫预警干预手段三方面分析了西部民族地区返贫预警机制的构建。

第 7 章从建立返贫动态监测机制、激活群众内生动力机制、建立产业发展长效机制、建立风险防控社会保障机制、创新防止返贫工作机制、构建多元参与防返贫机制几个方面提出了西部民族地区脱贫人口返贫抑制的对策体系。

第 8 章做出了结论与展望，并提出了下一步的研究展望。

1.2.3 研究方法

理论研究。关于贫困与返贫治理，国内外已有大量的研究成果，本书对这些理论和文献进行了系统梳理。除了概念、内涵和测量方式外，本书还分析了空间贫困、能力贫困、权利贫困、人力资本贫困等相关贫困理论，梳理了贫困生成原因的相关理论，如个人主义贫困论、贫困恶性循环理论、累积因果循环理论以及贫困脆弱性理论，为后文的研究打下了坚实的理论基础。

实地访谈和参与观察法相结合。在数据资料收集部分，本书通过访谈法，对西部民族地区调查对象进行面对面座谈，了解其行为和心理。课题组对西部民族地区贫困户、精准脱贫农户、村干部、专家学者等进行面对面座谈，了解西部民族地区贫困户、脱贫农户生产生活情况，返贫情况和返贫原因，并对收集到的资料进行了综合比较、归纳、分析，从而发现脱贫与返贫农户的生计资本规律。参与观察法是研究者深入研究对象的生活背景，在实际参与研究对象日常社会生活的过程中进行观察的一种方法，它为获得社会现实的真实情况提供了最好的方法。参与观察时，由于身临其境，观察者可以获得较多的内部信息。笔者通过多年的参与观察、田野调研等实际体验，对西部民族地区的贫困问题了解得更加直观、清晰。

定性与定量分析。定性分析与定量分析是互为补充的，二者所采取的研究方法不同。定性分析采取的是演绎推理、归纳概括、分析总结等方法，在已搜集资料的基础上对研究的问题进行质的分析，揭示出分析对象的本质及发展规律。定量分析是在定性分析的基础上，运用数据与数学模型，通过各项指标更加精确、客观地分析研究对象的规律，是对定性分析的一种重要补充。由于定性分析与定量分析各有优点，因此本研究综合利用两种分析方法开展研究。笔者先从定性分析方法着手，对西部民族地区脱贫人口返贫的本质进行阐述，界定其内涵与衡量方式，在此基础上分析了西部民族地区返贫现状与返贫机理；然后利用定量分析方法，分析了西部民族地区贫困治理情况和脱贫人口返贫情况，并通过对定性和定量结果的分析，提出脱贫人口返贫阻断机制和有针对性的政策建议。

1.3　创新点与不足之处

1.3.1　创新点

第一，研究视角的创新。本书利用区域经济学、城市经济学、制度经济学、福利经济学和人口学的学科知识对西部民族地区脱贫人口返贫问题进行探讨，突破了传统的研究返贫问题时的单一视角，实现了不同学科在同一研究问题上的交叉和融合，有助于更全面更系统地认识西部民族地区返贫现状、原因和返贫机理。

第二，研究内容创新。由于现有的对脱贫人口返贫的研究大部分是基于全国的视角，对欠发达的西部民族地区脱贫人口返贫情况、返贫原因、返贫生成机理以及阻断机制的分析相对薄弱。本书系统分析了中国脱贫人口返贫现状与问题，提出了其返贫存在的地域性、反复性和频发性等特征，并在此基础上又分析了西部民族地区返贫现状、返贫原因、返贫治理存在问题及返贫的危害。本书在一定程度上丰富了我国贫困治理理论，为学者深入研究脱贫人口返贫问题提供了一定的理论依据，对我国西部民族地区返贫治理的研究具有十分重要的理论和实践价值。

第三，研究结论创新。笔者在分析西部民族地区返贫态势的基础上，探讨了西部民族地区返贫生成机理，提出了西部民族地区脱贫人口返贫阻断机制返贫预警指标体系设计，从返贫预警的系统构建、返贫预警警度确定和返贫预警干预手段方面提出了西部民族地区返贫预警机制，在此基础上提出了有针对性的对策建议。

1.3.2　不足之处

在本书中，笔者试图在前人的研究基础上，对西部民族地区脱贫人口返贫抑制的理论与实证方面进行一定的拓展，但由于自身能力及客观条件的限制，本书仍存在诸多缺陷和不足：

第一，本书在研究西部民族地区脱贫人口返贫问题时，仅从返贫现状、返贫机理和返贫阻断机制等方面进行分析，但针对脱贫人口下一步的可持续生计情况未能进行深入的探讨，这一方面可以作为未来进一步研究的方向。

第二，本书在分析西部民族地区脱贫人口返贫的影响因素时，由于微观数据采集不能完全到位，进行数据分析时仅利用了课题组调研获得的部分微观数据资料，结合国家统计局和各省（自治区、直辖市）统计局数据进行了说明，未能采集更多的微观数据就不同省（自治区、直辖市）返贫的影响因素进行实证检验，导致分析的广度与深度还不够。

第三，本书在分析西部民族地区脱贫人口返贫情况时，仅就西部民族地区脱贫人口返贫的总体特征进行了探讨，未能就不同省省（自治区、直辖市）和不同民族的脱贫人口的差异性进行详细对比分析，这一方面可以作为未来进一步研究的方向深入探讨。

2 理论基础与文献综述

国内外学者对于贫困的研究由来已久，对于返贫的研究则相对较少。本章笔者主要从理论和实践角度对贫困和反贫困的相关理论和文献进行归纳和梳理，包括贫困的内涵、贫困相关理论、反贫困理论和返贫相关理论等，并对国内外学者的研究现状进行了分析，主要包括贫困线测度、贫困对象识别、返贫的内涵、返贫的成因以及返贫治理等。

2.1 理论基础

2.1.1 贫困的内涵

人类进入文明社会以来，一直受贫困问题的困扰。作为普遍存在的社会经济问题，贫困是一个历史的、动态的和区域性的概念，随着时间和空间的变化，在不同的社会体制、思想体系和经济发展水平中，人们对于贫困的理解也各有不同。不同的国家或地区，因为社会经济发展水平以及生产力发展水平存在显著的差异，人们对贫困的内涵、特点、形成因素的认识也存在较大的差别。换言之，随着社会进步和经济不断发展，人们也在逐步深化对贫困问题的理解。在一个国家或地区的发展过程中，只有解决好不同时期不同经济发展水平下的贫困问题，才有助于推动社会经济的协调发展，构建和谐社会。

2.1.1.1 学术界对贫困的界定

学术界关于贫困问题的研究可谓不计其数，研究角度和方法各有侧重。法国资产阶级民主主义者让·卢梭早在 1775 年《论人类不平等的起源和基础》一书中就讨论了贫困问题。英国经济学家马尔·萨斯在 1878 年的《人口论》中也对贫困理论进行了探讨。英国学者朗特里 1899 年在分析了英国约克市的贫困状况后，首次提出了贫困的定义，他认为贫困是人们的收入水平不足以维持人的最低生活的状态，这里的最低生活包括食物、房租或者其他项目。

进入 20 世纪 60 年代，越来越多的学者开始研究贫困，并从不同角度提出了贫困的定义。汤森（Townsend，1979）认为，贫困主要是指居民无法获得满足其最基本生活所需的金钱、食物等资源，缺乏这些资源的即为贫困群体。世界银行（1980）提出，如果个人或群体无法获得基本的饮食、生活条件和参与活动的机会，或者是没有足够的资源来满足自身的基本所需，此时个人或群体就处于贫困状态。诺兹（1986）指出，贫困主要指个人或家庭缺乏满足自身基本生活水平的足够收入水平。我国国家统计局（1990）提出，贫困指个人或家庭的生活水平低于社会最低标准，在日常生活中缺少必要的生活资料或者服务。江亮演（1990）认为，通常意义下的贫困指个人或家庭缺乏必要生活资源，难以维持其基本的精神生活或者物质生活。奥本海默（Oppenheim，1993）提出，贫困指个人或群体缺乏物质、社会和文化相关资源，无法获得平均水平以上的食物、衣物或保暖等方面的基本保障。欧共体委员会（1993）认为，贫困主要指个人、家庭或群体本身缺乏资源，而导致其无法满足自身最低限度生活的困境。我国学者童里和林闽刚（1994）提出，贫困主要指的是个人或群体的收入水平过低，而无法满足其基本物质生活，缺乏发展机会的生活状态。康晓光（1995）提出，贫困代表着个人或群体无法获得其基本物质生活条件和社会活动参与机会的生存状态，其生活水平远低于社会平均水平。《2001 年世界发展报告》提出，贫困不仅指个体或群体缺乏自我发展能力，还意味着其受外部冲击的承受能力更脆弱，其往往在社会中缺少发言权和社会权利，也容易被社会所排斥。

2.1.1.2 贫困定义的发展

学术界多从经济层面来确定贫困的内涵，认为贫困即缺乏收入，代表着个人或家庭的收入水平难以维持其基本生存需要。进入 20 世纪 80 年代以后，学术界从更多元化的角度出发对贫困进行了界定，并提出了如下几种具有代表性的观点：

"能力说"。此类观点将从贫困者的自身因素出发解读贫困的内涵，许多学者和研究机构认为个人能力是影响贫困的最重要因素。诺贝尔奖获得者阿马蒂亚·森（1996）对贫困展开深入分析后提到，"贫困实质上代表着穷人的一种社会生存状态，标志着穷人的收入水平或者个人能力无法满足其最低生活需要。"贫困绝不仅仅是个人和群体收入水平低下，还代表着个人或群体被剥夺了基本能力或权利。世界银行关于贫困的定义也随着时间的推移有所调整，《1990 年世界发展报告》中认为：贫困是"缺少达到最低生活水平的能力"。

2000/2001 年的世界发展报告又赋予了贫困脆弱性和无助性的特点，"当个人或家庭收入水平过低，同时还面临健康贫困风险时，就意味着个人或家庭存在贫困"。

"机会说"。这类观点认为贫困主要指的是缺乏发展机会，这是学者们从贫困者的内在因素出发去理解贫困的。童星和林闽钢（1993）认为，贫困代表着其收入水平难以满足其基本的生活所需，在日常生活中缺乏发展机会，是文化、社会和经济落后的总称。康晓光（1995）指出贫困是个人或群体在日常生活中难以获得维持其基本物质生活所需的资源，缺乏参与社会活动的机会而造成的低水平生存状态，这种状态导致其社会文化及生理水平难以达到标准的生活水准。

"剥夺说"。部分学者和研究机构从社会群体和社会分层的角度出发，分析了贫困的内涵。欧洲共同体委员会（1993）认为，贫困主要指个人、家庭或群体本身缺乏资源，而导致其处于无法满足自身最低生活保障的困境。阿玛蒂亚·森（1996）进一步丰富了"剥夺说"的内容，他提出贫困意味着个人或群体的基本可行能力被剥夺，这里的基本可行能力并不仅指其收入水平低下，还包括了其他一些情况，但收入低下却是大部分国家或地区识别贫困的通行标准。被剥夺基本可行能力，可以表现为缺乏营养、过早死亡、文盲、长期患有流行疾病等情况。联合国开发署（1997）认为，贫困指无法满足个人或群体的基本生活条件，这里的基本生活条件包括寿命、健康、个人安全、居住、知识、环境等方面。这里的基本条件并不仅指收入不足，还包括人类在社会发展中被剥夺了发展机会和选择权，而这些机会和选择权往往能为人们提供健康的生活，使人们可以感受到社会生活的自由与尊重。2000/2001 年的世界发展报告认为，贫困指个人或群体的社会福利被剥夺的一种生存状态，造成缺少住房和衣食，难以享受教育和医疗保障等。亚洲开发银行在 21 世纪初也提出，贫困是一种对个人财产和机会的剥夺。除了收入和基本服务外，如果一个人不能参与直接影响自己生活的决策，那么这个人就处于贫困状态。

综上，早期学者们主要从收入层面分析贫困的内涵，认为当个人或家庭的收入水平无法满足其基本生活所需时，个人或家庭就处于贫困状态。进入 20 世纪 80 年代以后，学者们开始超越经济学的范畴研究贫困，进一步丰富了贫困的内涵，为其赋予了政治学和社会学层面的内涵。由此可见，贫困并不仅是经济学层面的低收入或者缺乏良好的生产生活条件，还包括社会学层面的预期寿命短、缺乏安全感、受教育水平低等内容，此外，精神和心理问题、社会文化等方面也逐步被更多学者所关注。

贫困代表着个人或家庭缺乏满足其基本生活的能力或发展机会时所处的一种生存状态。在理解贫困的内涵时，学者们主要从如下三个方面来解析：一是收入贫困，指个人或家庭的现有生活水平无法满足其基本的衣食住行的需要。二是能力贫困，指人们缺乏获取基本生活资料的能力，主要指赚钱能力。个人能力的大小直接决定了个体或家庭的生活富裕程度以及可利用的资源多寡。三是机会贫困，主要指社会成员丧失了其应该享有的机会或权利。现代社会的政治经济制度决定了个体拥有利用资源的机会和权利的大小，因此，在社会学和政治学中，贫困也是常被关注的问题。一般而言，一个国家的政治经济制度和社会价值将直接决定这个的国家贫困状态。因此，任何一个国家或地区都可以通过经济发展和制度变革等方式缓解或消除贫困，而在此过程中，其政治、经济、社会文化等方面也会取得长足的进步。

学者们从不同角度出发，诠释了收入贫困、能力贫困和机会贫困的内涵。收入贫困侧重人们收入无法满足其基本生存所需而陷入的贫困；能力贫困侧重个人的生活能力无法满足其基本生活所需而陷入的贫困，如教育或健康等；机会贫困主要侧重社会、政治、文化以及心理层面的贫困。上述三个层面的贫困相互补充，它们的影响要素中，也存在相互关联的要素。例如，教育、健康等与个体的收入水平息息相关，如果穷人拥有良好的政治权利，他们也就能够获得更多的社会服务，这些社会服务必然能够提高穷人的自身发展能力，帮助其逐步摆脱贫困。学者们不断拓展贫困的内涵，也进一步丰富了贫困的相关理论，从早期仅从经济学层面对贫困的理解逐渐发展至从经济、政治、文化、社会以及心理等多个层面来理解贫困。通过对上述贫困内涵的归纳与总结，我们可以看出贫困实质上就是生理形式的剥夺和社会形式的剥夺，生理形式的剥夺主要指的是无法满足个体或家庭的基本生活所需，如住房、营养、健康或教育，社会形式的剥夺主要指的是个体或家庭在社会中缺乏机会、欠缺自我发展能力、未得到他人的尊重或话语权。

收入贫困、能力贫困和机会贫困，三者并不是相互对立或相互替代的关系，而是互为补充。如果个人或家庭出现收入贫困，就意味着其没有解决自身的基本温饱问题，此时个人或家庭有可能无法接受良好教育或医疗服务，自然也没有参与政治生活的积极性与主动性，那么个人或家庭就很有可能会出现机会贫困和能力贫困。一个没有接受过良好教育的人，往往容易被社会所排斥，此时这个人就很难摆脱物质贫困状态。当一个人拥有较高的收入水平，这个人就很有可能拥有良好的社会政治地位；换言之，当一个人拥有自我发展能力和较高的社会政治地位时，这个人就基本拥有了摆脱贫困状态的能力，就不容易陷入贫困。

进一步分析贫困理论的历史发展轨迹，可以看出早期学术界关于贫困的理解还较为狭隘，而随着近年来学术界从多个角度出发理解贫困问题，关于贫困的定义也变得更加丰富，人们不仅从物质生活层面理解贫困的定义，而且将个人能力和社会权力也纳入贫困的定义中来，并通过相应的指标对贫困进行测量。图2-1为贫困研究的三个层次。

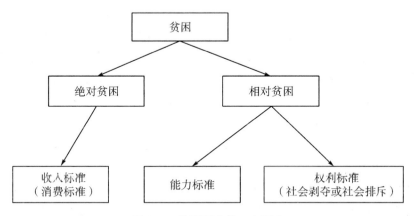

图2-1　贫困研究的三个层次

收入缺乏实质上是贫困的外在表现，缺乏能力和机会（权利），是贫困的实质内涵，本书在研究西部民族地区的返贫问题时，将从多个维度出发探讨返贫的形成原因和形成机理，探讨不同原因导致返贫的抑制策略选择。

2.1.1.3　贫困类型

（1）长期贫困与暂时贫困。

根据弗里德曼（1957）的持久性收入理论，当个人或群体的收入水平持久性低于社会贫困线标准，就代表着个人或群体存在持久性贫困特征；如果个人或群体的收入水平只是暂时性波动而低于社会贫困线标准，就说明这个人或群体存在暂时性贫困特征。世界慢性贫困研究中心认为，贫困可以被划分为两种类型：第一是长期贫困，主要指的是个体长时间保持贫困状态，且在未来较长一段时间内难以改变这种状态（陈健生，2009）。第二是短期贫困，相对于长期贫困而言，短期贫困的现象十分普遍，但长期贫困更加难以解决（汪三贵 等，2013）。

（2）生活贫困与发展贫困。

生活贫困代表着个体或家庭已经解决了其基本的温饱问题，此时个体或家庭已经消除了绝对贫困，但其仍然缺乏高层次生活资料的贫困现象。发展贫困主要包括两方面的情况：一方面指个人或家庭因缺乏资源而陷入的贫困，这里的资源包括土地资源、资金或基础设施等；另一方面指个人或家庭的成员，缺乏必要的劳动能力、生产技术等而陷入的贫困。我国的能力约束型贫困主要指的是劳动力数量贫困或者劳动力质量贫困。对能力约束性贫困的进一步细分，可以将其主要划分为缺乏专业技能贫困或者缺乏劳动能力贫困两种类型，而这种细分方式和西方经济学的人力资本贫困的细分方式更接近。王小强和白南风（1986）在研究贫困问题时也提出，经济落后将导致个体的综合素质下降，最终导致其陷入贫困。发展型贫困，实质上是人们从广义层面对贫困问题的深入理解，尽管在我国推进共同富裕的进程中，我国社会各个阶层的收入水平在很大程度上得到了提高，但部分群体由于文化教育的缺乏，综合素质较低，这些因素对个体或家庭的生产生活形成了制约，那么其实质也是一种贫困生活。

（3）绝对贫困与相对贫困。

贫困可以分为绝对贫困和相对贫困：一是绝对贫困，即个人或家庭的收入水平无法满足其基本生存所需的一种极端贫困状态，这种贫困状态已经严重地威胁了个人的生存，是典型的客观性贫困。绝对贫困意味着个人或家庭未能解决其基本的温饱问题，在社会发展进程中，人们往往可以通过各种办法来解决绝对贫困问题。二是相对贫困，主要指的是在某一时期内，某地区的个人或家庭的生活水平低于社会公认的可持续生存标准的贫困状态，相对贫困是典型的主观性贫困。与绝对贫困相比，要想在社会发展进程中消除相对贫困较为困难，只有真正实现了共产主义，推动了个人的自由全面发展，才有可能在真正意义上消除相对贫困。近年来，我国也开始参照相对贫困理念来设计扶贫机制和政策，但本书所阐述的返贫，主要指绝对贫困脱贫后再返回贫困的情况。

（4）生产性贫困与社会性贫困。

当社会的生产力水平极其低下时，就有可能出现生产性贫困，生产力决定论的贫困理论认为，劳动者素质、劳动对象和生产工具等都会对社会生产力产生较大的影响。生产水平低下导致社会各阶层缺乏必要的物质和文化资料，最终导致社会生产能力低下，出现生产性贫困。当社会本身缺乏良好的社会生产力时，贫困者之间的贫困程度的差异就会越来越大，要想在真正意义上解决生产性贫困，就必须有效提高贫困人口的社会生产能力。社会性贫困也被认为是社会资源和财富未能得到均衡分配而导致的贫困。由于穷人在社会资源和资金的分配过程中处于弱势地位，导致其无法分配到合理的物质、生活和文化资源。社会性贫困观点认为政府必须从制度层面保障贫困人口的分配权利和机会，帮助贫困人口争取有利的分配地位，才能有效解决社会性贫困。但政府部门在进行权力和机会的分配时，也应当以生产作为前提，不能以牺牲生产效率为代价，搞绝对的平均主义，而是要在反贫困工作讲求公平。

（5）物质贫困与精神贫困。

根据不同的需求层次，物质贫困可以被划分为缺乏食物、衣服、住房和生活用品的贫困（李兴江，2005）。物质贫困主要指个人或家庭的收入水平无法满足其日常基本生活需求的贫困，也包括其现有的生产资料，不足以维持个人或家庭扩大再生产需要的贫困。我国部分地理环境偏远和环境恶劣的贫困地区，往往存在大量的老、弱、病、残、幼，事实上，我国开展脱贫攻坚工作以来，尤其是进行精准扶贫以来，这些地区的物质生活已经发生了由量到质的改变。然而部分特殊群体也存在较为明显的精神贫困，主要表现为这些群体往往保持传统守旧的思想和文化理念，又缺乏良好的社会交往，而这些导致其不愿意接受社会新的思想和技术，上述问题的存在也会导致其难以获得基本的物质生产资料，导致贫困人口不愿意积极主动地提升自身的精神文化素养（樊怀玉 等，2002）。而精神贫困实质上也是一种典型的社会贫困，在社会生活的变迁过程中，精神贫困也将会发生变化。学者们往往将精神贫困和文化贫困等同起来，马克思认为当出现物质贫困以后，人们往往容易出现精神贫困，这是由于人们如果无法满足其基本的物质生活所需，也就难以满足其精神文化需要，但与之相反的是，部分人出现文化或精神贫困，但并不意味着这个人就存在物质贫困，只是出现文化贫困或精神贫困以后，会对这个人的物质贫困产生反作用。

2.1.1.4 贫困测量

亚当·斯密（1776）在其著作《国富论》中提出了生活必需品的概念，为后来的学者们研究贫困问题给出了基本的评估标准。大多经济学家从基本生存需求出发确定贫困标准，同时还考虑到当社会经济发生变化后，人们的基本生存需求也会相应地发生变化。目前，国内外主要采用贫困线标准设定和贫困程度测量来衡量贫困，国内外的贫困线标准，大多都是按照食物需求和非食物需求的总和来计算的，但国际上和我国的食物需求和非食物需求的具体内容却并不相同。

（1）贫困线比较。

世界银行是国际上研究贫困问题的主要机构之一，其所发布的国际贫困标准，也得到了各国的广泛认可，如表2-1所示。

表 2-1 世界银行采用的国际扶贫标准

极端贫困线				一般贫困线	
数值/美元(天·人)$^{-1}$	发布年份	价格基调年份	测算方法	数值/美元(天·人)$^{-1}$	测算方法
1.01	1990	1985	12个最穷国的最高标准		
1.08	1994	1993	10个最穷国的平均标准		
1.25	2008	2005	15个最穷国的平均标准	2	发展中国家贫困标准中位数
1.9	2015	2011	同上	3.1	同上

数据来源：世界银行相关年度世界发展报告。

世界银行提出了两个贫困标准，一是极端贫困标准，是世界银行制定的最低贫困线；二是一般贫困标准，是世界银行所制定的较高贫困线。高低贫困线的非食物支出标准存在差异。在最低贫困线上，基本衣着、取暖等非食物支出的效用普遍较低；在较高贫困线上，吃饱穿暖和非食物支出拥有同等地位。极端贫困标准又称"1人1天1美元"标准，自1990年开始发布的数组分别为1.01美元(天·人)$^{-1}$（1990年）、1.08美元(天·人)$^{-1}$（1994年）、1.25美元(天·人)$^{-1}$（2008年）、1.9美元(天·人)$^{-1}$（2015年）。而一般贫困标准又称"1人1天2美元"标准，也即2美元(天·人)$^{-1}$（2008年）、3.1美元(天·人)$^{-1}$（2015年）。世界银行对发展中国家贫困状况进行评估时，采用的评估标准是每人每天1.25美元和2美元，前者属于极端贫困标准，表示人们可以解决基本的温饱问题；后者属于一般贫困标准，表示人们能够达到持续稳定的温饱。世界银行的贫困标准，有利于横向对比国家与国家之间的贫困状况，在联合国发布千年发展目标中，世界银行的贫困标准也提供了重要的计算依据。

历年来，我国主要按照不同时期和年度来调整贫困标准。我们根据不同时期对贫困标准进行调整时，主要需考虑当时的社会经济发展状况以及生活水平；根据不同年度对贫困标准进行调整时，主要需参考当时的物价水平变化，以保证当时人们的社会生活水平不会发生变化，从而确保贫困标准具有连续性和可比性。自1978年改革开放以来，我国在1978年、2008年和2010年分别发布过三次贫困标准。1978年发布的贫困标准为每人每年100元，由于当时社会经济发展较为落后，农村的肉、蛋、副食占比远远低于粗粮占比，食物支出的占比高达 85%。2008 年国家发布的贫困标准，实际上在 2000 年就开始执行，为每人每年 625 元，这是参考农村贫困人口生活消费价格指数所制定的标准。2008 年以后，我国正式开始实施低收入标准，此时在识别贫困人口和评估贫困程度时，主要依据是收入 5 等份分组。中共中央于 2011 年再次提高扶贫标准，但此时仍然按照 2010 年的价格进行计算，因此我们也将其称为"2010 年标准"，也是我国农村的现行标准。在 2011—2020 年，中共中央每年度都会针对扶贫标准做出调整，在 2014 年的建档立卡工作中，我国政府又首次提出了"两不愁三保障"。表 2-2 为中国历年贫困标准，截至 2020 年年底，农村扶贫标准为 4 000 元。

表 2-2　中国历年贫困线

年份	1978 年标准/元	2008 年标准/元	2010 年标准/元
1978	100		366
1980	130		403
1985	206		482
1990	300		807
1995	530		1 511
2000	625	865	1 528
2005	683	944	1 742
2008		1 196	2 172
2010		1 274	2 300
2011			2 536
2012			2 625
2013			2 736
2014			2 800
2015			2 855
2016			3 146
2017			3 335
2018			3 535
2019			3 747
2020			4 000

数据来源：国家统计局农村贫困监测报告。

注：1978 年为绝对贫困标准；2008 年为低收入标准；2010 年为新标准。

我国政府主要按照国际上的基本测算方法结合中国国情来计算农村贫困标准，因此，我国农村贫困标准和国际上的贫困标准差距在不断缩小。如2015年，我国农村贫困标准为2 855元，按照购买力平价方法计算我国扶贫标准为2.2美元/天，而国际极端贫困标准为1.9美元/天，由此可见，我国的农村贫困标准略高于国际贫困标准（鲜祖德 等，2016）。考虑到我国城镇和乡村之间的物价差距为约30%，将农村居民的自有住房折算为城镇的租金，可以看出我国现在的农村贫困标准比每人每天2.3美元的标准高出1/5，已经与发展中国家的中位数水平极为接近。如果将"三保障"考虑在内，我国农村贫困标准将会更高。总体来看，现行的农村贫困标准与我国的社会经济发展以及国情基本相符，不仅和国际上的极端贫困标准接轨，同时符合农村居民对小康生活的基本理解，也与我国属于中等收入的发展中国家的地位相符。

（2）贫困程度测量。

目前国际上常采用的评估贫困程度的指标包括四个：一是贫困发生率，是贫困人口在全部总人口中的占比，能够较为直接和直观地表现出贫困发生的变动趋势，也是迄今为止，世界各国最常见的贫困程度评估指标，但贫困发生率往往难以反映出不同贫困人口之间的收入差距，也无法评估贫困人口的具体贫困程度。二是贫困缺口率，也即相对贫困指数，主要用于分析实际收入与贫困标准线之间的差距及其变化程度，贫困缺口率和贫困程度呈现典型的正相关关系，如果能够将贫困缺口率降低至零，就基本消除了贫困，但贫困缺口率指标单一，只能从某个单一的角度对贫困情况进行评估。三是森贫困指数，该指数由阿玛蒂亚·森提出，有效结合了前两个指标的优点，能够对一个国家或地区的贫困状态进行综合性的分析，通过加权平均计算穷人的贫困缺口，是计算相对贫困问题最常见的指标。森的贫困指数用公式表示为：$P = H \cdot [I + (1-I) \cdot G]$。在这里，$P$是贫困指数，$H$表示贫困人口的百分比，$G$是贫困人口的基尼系数，$I$是贫困人口收入差距的总和（贫困人口的收入距贫困线的差距的总和）除以贫困线，即贫困距，$0 < I < 1$，贫困距仅适用于贫困线以下的个体。四是多维贫困指数（MPI），它是对人类贫困指数（HPI）和人类发展指数（HDI）的进一步完善，MPI不仅可以反映多维贫困发生率，还能反映多维贫困发生的强度，此外，还能反映个人或家庭的被剥夺程度。MPI在测度多维贫困时更具有代表性、实用性与科学性。MPI从微观层面来反映个体贫困状况，以及贫困的深度，在反映一个国家或地区在人文发展方面取得的进步上具有更好的效度和信度。该指数选取的维度面广，能较好地近似反映贫困人口所处的真实情况，是一种更加符合现代社会发展需求的贫困测度方法。近年来，多维贫困指数逐

步被各国际机构和各国学术界所接受，并广泛应用在贫困领域的研究。上述四种贫困程度的评估指标各有优劣，需要在实践中根据实际情况选择而定。

我国根据国际常用做法和经验，探索出了适合我国国情的贫困测量方法。首先，国家统计局采用抽样调查法，通过抽样调查的方式直接收集贫困户的信息或数据。其调查范围主要包括两个方面，一方面是在全国范围内调查各个家庭的生活状况以及收支情况，按照不同省份有效划分农村的贫困状况；另一方面是针对贫困地区进行专项调查，主要用于调研特困地区或扶贫开发重点县的贫困状况。在抽样调查过程中，其抽样调查的省市或县村必须具有代表性；在直接调查过程中，国家统计局的工作人员会进行入户访问，各个村的代表调查员也会在直接调查工作中发挥辅助作用，主要用于调查各村客户的健康情况、受教育情况、基础生活设施、收支情况、医疗情况、基本公共服务情况和到村到户扶贫项目的开展情况等。国家统计局通过抽样调查和直接调查等多种形式就可以收集到第一手资料，完成贫困发生率和贫困程度的计算，并总结发现贫困地区贫困家庭或个人的致贫因素。

2.1.2 贫困相关理论

2.1.2.1 空间贫困理论

贫困一直是我国学者关注的重要问题。学者们早期主要从收入水平低下这个角度出发分析贫困，他们认为个人或家庭收入低下导致其消费能力不强，难以满足其基本的温饱需求。但随着学者们对贫困问题进行了深入分析，发现除了收入低以外，缺乏教育、医疗保障、就业技能、基础设施等，也是导致贫困的重要原因。基于此，有学者提出了权利贫困理论和能力贫困理论，认为贫困者本身缺乏获取社会资源的渠道及能力，难以通过与外部环境之间的有效互动来实现自我的发展，难以获得摆脱贫困的内生动力并提升自我。因此，学者们开始从社会层面研究贫困问题，并引入了空间贫困理论，分析了自然地理环境等对贫困产生的影响。

（1）自然环境恶劣。

空间贫困陷阱理论认为，任何地区都拥有一个稳定的生态系统，这个系统也会受到外界不可抗力因素的影响或干扰。这种干扰可能会导致生态系统变得更加脆弱，最终导致贫困的形成。这是由于生态系统的脆弱性会产生大量的自然灾害，自然灾害会对从事农业生产的人们产生致命的影响，而本身靠天吃饭的农民缺乏承受灾害的能力，一旦因灾受损，就会直接导致贫困，由此形成恶性循环。本地的生产环境遭到破坏就可能导致农民的农业生产遭受自然灾害，其产量和生产力会严重下滑，农户难以获得稳定的收入，必然会陷入贫困，且农业生产也会因此而停滞不前，整个区域的经济发展都会严重滞后，居民收入和消费水平不进反退，形成贫困的恶性循环。

农户高度依赖生态系统，其开展的种植或养殖业等活动都对生态系统存在较大的依赖，但这些种养殖活动可能会破坏生态系统，形成生态贫困陷阱，导致政府扶贫开发工作难以顺利推进。人们在开发自然环境时，往往忽视了保护生态环境的重要性，乱砍滥伐、乱采乱垦等都会使生态系统变得极其脆弱。尽管对自然资源的过度开采，可以在短期内为人们带来可观的经济效益，但从长远来看，生态环境遭到破坏以后，极有可能引发一系列自然灾害，这些自然灾害会严重制约当地经济发展，最终出现深度贫困。贫困的出现迫使人们加速资源的开采，生态环境的脆弱性愈演愈烈，在自然资源被挖掘殆尽后，人们的生存发展也将受到巨大的威胁，最终形成了生态贫困的恶性循环，从而使得反贫困工作陷入瓶颈。由此可见，空间贫困理论有利于灾祸风险型返贫和资源环境型返贫原因的剖析。

不少学者研究发现，中国农村贫困问题会受到空间因素的影响。陈全功（2010）对于空间因素的重要性做出如下总结：第一，政府对不同地区的发展政策不同，容易导致贫困的空间分布呈现一定的区域性特征；第二，不同地区的资源禀赋不同，也导致各地区的发展优势和发展水平各不相同，使得贫困发生呈现地域性特点；第三，因不同地区的贫困原因存在差异性，不同地区贫困农户在生产生活中所面临的风险以及造成的贫困类型也并不相同。我国政府在解决贫困问题时，需要根据贫困地区的实际情况，因地制宜地制定贫困政策，尊重各地区的经济发展差异和地区差异，做到纵览全局和统筹兼顾。罗楚亮（2006）在分析空间贫困时提出，需要在对政府的扶贫政策进行系统评估的基础上，找到政策中存在的问题，并有针对性地进行调整，弥补其中的不足，找到行之有效的扶贫措施。

我国西部民族地区地理位置相对偏远，本身缺乏良好的基础设施和交通设施，大部分农村地区和城市距离较远，自然环境恶劣，而这些偏远农村就居住着大量的农村低收入人口。农业是农村经济发展的重要产业，但季节性因素对农业收成的影响较大，再加上偏远地区本身山势险要、地形复杂，在气候条件不佳又缺乏良好自然环境的情况下，种养殖产业发展比较困难。农村人口以农业为主，一旦遭受极端天气或自然灾害，就可能面临颗粒无收。另外，我国西部民族地区的生产生活水平普遍落后，在三年两灾，或冻或涝的情况下，农户的生产力以及产量都极其低下，脱贫农户容易陷入"贫困→脱贫→返贫"的恶性循环之中。

相比较而言，我国东部沿海地区拥有良好的自然环境和完善的基础设施，再加上世界各国大多依托港口和海运与我国东部沿海地区开展贸易往来，得益于具有天然优势的地理环境，东部沿海地区吸引了大量的外商直接投资，推动了整个沿海地区的经济发展。西部民族地区地处我国内陆偏远地区，自然环境比较恶劣，缺乏完善的交通基础设施，难以为当地经济发展吸引较多外商直接投资，缺乏经济发展的内生动力，其经济增长速度远远落后于东部沿海地区。正因为西部地区的经济社会发展落后和自然环境相对恶劣，才使得大量西部地区的人才向东部沿海地区转移，再加上西部地区的资金逐渐向东部地区转移，导致东西部地区的距离在逐年扩大。

（2）经济发展落后。

从空间地理位置来看，大部分贫困地区地处偏远，如我国西部地区，虽然拥有丰富的自然资源，但西部地区本身交通不便，缺乏完善的基础设施，制约了当地的经济发展，难以为本地经济发展引入外地投资，发展支柱产业困难，最终导致西部地区的经济发展严重滞后于东部发达地区。由此可见，完善的基础设施，也有利于推动地区经济的稳定增长。郭贤良（2014）在研究中发现，港口城市的交通基础设施一般更加完善，远比内陆城市拥有更优越的经济发展条件。内陆城市经济落后，导致其本身缺乏良好的教育及医疗条件，加上人口素质较低等因素，严重地制约了本地经济发展，形成恶性循环。我国西部地区在历史因素和地理因素的影响之下，本身缺乏推动本地经济增长的内生动力，其经济发展速度和质量远远无法和东部发达地区相比。

（3）社会发展缓慢。

西部地区的经济发展滞后，教育水平和医疗水平也远远落后于东部发达地区，这就导致西部地区高素质人才匮乏，对高端人才的吸引力也有限，严重阻碍了西部地区的科技创新能力的发展。缺乏技术和管理创新必然会严重制约西部地区经济的发展。相比于东部地区，西部地区的教育资源以及高素质人口的占比明显偏低，这也是西部地区科技创新能力较弱的主要原因。我国的高等院校主要集中在东部地区，西部地区所占比例不到25%，而东部地区则超过50%，由此看来，东部地区的高等院校以及重点高校的数量都远远多于西部地区。因此，我国西部地区的教育资源远远落后于东部地区，在难以大规模培养高素质人才的情况下，也极大地制约了西部地区的经济发展。改革开放为我国东部地区带来了优先发展机会，东部地区社会经济的快速崛起，也拉开了东、西地区的差距。在本身没有优越地理位置的情况下，西部地区的教育、文化、经济、科技和基础设施都远远落后于东部地区，双方之间的差距越来越大。

此外，西部地区也缺乏一定的政策优势。尽管我国政府制定并实施了西部大开发战略，但西部地区的财政、税收以及金融等政策仍然无法和东部地区相比。改革开放初期，中央政府为推动东南沿海地区的发展出台了东部优先发展战略，在较短时间内，推动了东南沿海地区经济的发展，使东部在我国各地区经济发展进程中处于领先地位。东、西部地区在经济、文化、科技等各个层面的差距都在逐年扩大。

2.1.2.2　能力贫困理论

能力贫困理论被许多国家和地区的学者所认可，各国也基于此开始进一步完善社会救济系统，补充扶贫救济中的内容。法国学者佩鲁在 1802 年就探讨了人的生存和发展问题。马克思（1867）也曾经强调，人的能力不仅只局限于指代体力，还包括人的智力。联合国开发计划署（UNDP，1996）认为，贫困出现，是由于贫困人口缺少收入；而缺少收入，是因为缺乏自我发展能力。阿玛蒂亚·森（1983）在针对贫困问题展开深入分析以后，提出人的收入水平低下与其能力不足有关，是由于贫困人口的可行能力被剥夺，其才长期陷入贫困。因此，后来学者们在分析贫困的概念时，不再只是局限于对贫困人口收入不足的研究，而是开始重点研究能力贫困。

1983 年，阿玛蒂亚·森首次提出了能力贫困理论，他认为只有保障贫困人口的可行能力，给予贫困人口自我发展机会，才能帮助贫困人口摆脱贫困。他认为能力贫困主要指的是缺乏良好的医疗条件、社会保障、教育以及选择机会。尽管能力贫困是一个抽象概念，但能力往往体现出个体或群体的综合素质，通过个体所创造的价值，能够充分体现出这个人的能力。阿玛蒂亚·森在深刻地分析了能力贫困理论以后，认为评估个体的能力水平和生活幸福指数，主要应参考禀赋、能力、功能和商品这 4 个要素。禀赋主要指代的是个人所拥有的有形或无形财富，有形财富包括个人所拥有的土地房屋、资金或者资源，无形财富包括个人的能力，如知识教育。个人利用自身所拥有的财富就可以换取商品或资源，如果在这个过程中，个体无法将自身的效用充分发挥出来，就证明个体缺乏可行能力。

国内外学者和研究机构对阿玛蒂亚·森所提出的能力贫困理论给予了高度评价，随后越来越多的学者开始深入探索能力贫困理论。1997 年，联合国开发计划署又提出了人文贫困，主要包括体面生活、知识和寿命的剥夺这 3 个方面。人文贫困理论认为，除了收入低下而出现的物质贫困以外，因缺乏教育、资源、机会和文化而出现的人文贫困也属于典型的贫困问题（UNDP，1997）。联合国开发计划署在2003年的《人类发展报告》中也明确提出要提高人的能力来解决贫困问题，例如通过加强教育，构建完善的社会福利和保障体系，推动社会基础设施的建设与完善等，都属于提高人的能力水平的重要手段（UNDP，2003）。

商品的价值往往能够满足人们的需求，但历史条件和社会条件往往会限制商品的某些特性，导致商品无法充分发挥效用和体现价值。阿玛蒂亚·森基于此又提出了个体功能的概念。他认为事物所能够发挥的某种效用就代表着该事物拥有某种功能，这个功能有好有坏，但其他多种因素都会对商品功能的发挥产生较大影响，社会个体往往对商品功能的正常发挥会产生作用，如果个体没有对商品发挥其功能产生影响作用，就代表个体缺乏可行能力。阿玛蒂亚·森提出的能力贫困理论，进一步丰富了贫困的概念，他从贫困者的收入状况以及个人能力出发，展开了对贫困问题的分析，提出了个体所处的社会环境、拥有的政治权利等对个体贫困所产生的影响。

能力贫困理论认为，仅靠物质帮扶并不足以使贫困人口摆脱贫困，个体只有通过教育或培训的方式提高自身的可行能力和劳动技能，才能具备发展的内生动力，持续性地脱离贫困。强健的体魄、良好的生存技能和文化水平、参与社会活动的机会及能力，是能力贫困理论注重的精神脱贫和物质脱贫的主要内容（王三秀 等，2012）。健康状况、教育水平、社会环境和政治需求等因素都是形成能力贫困的主要因素。

如果一个国家的政治局势动荡不安，就难以保证这个国家人民的政治权利以及受教育机会，这个国家的居民就容易缺乏个人能力，也就难以依靠个人能力来获得稳定的收入，一旦身患疾病就容易缺乏医疗资金，会全面降低整个社会的生产力和生产水平，最终陷入贫困而无法自拔，形成恶性循环。新加坡政府很早便意识到能力贫困的重要性，也认为只有提高贫困人口的个人能力，实现精神扶贫，才能在真正意义上解决贫困问题，因此，政府部门通过基础设施的建设与完善，制定和实施了完善的医疗卫生、社会保障和文化教育制度，以期从思想层面上提高贫困者的个人能力和内生动力，使其依靠自我发展能力获得更高的收入，以解决贫困问题。韩国政府在扶贫开发工作中也非常重视社会福利政策以及社会保障制度的完善，力求从精神层面解决人们的自我发展问题，确保儿童都拥有平等的受教育权，每一位老年人都能够老有所依，丧失劳动的残疾人士能获得基本的贫困救济，各个弱势群体都能够拥有良好的生活保障。

从贫困能力理论来看，提高人们的可行能力，确保人们拥有发家致富的自我发展能力和自我选择权利，才能真正获得理想的扶贫效果。仅凭国家救济，并不足以帮助贫困者长期摆脱贫困，贫困者只有自身拥有风险防范能力，具有良好的健康水平和知识文化水平，才能依靠自身的就业技能自力更生和发家致富。

2.1.2.3　权利贫困理论

阿玛蒂亚·森早在20世纪80年代就提出了权利贫困的概念，他从权力的角度出发分析了贫困和饥饿问题，认为除了收入水平低下会引发贫困以外，如果剥夺了人们的基本生存权利和发展权利，也会引发贫困，只有帮助所有群体享有最基本的生存和发展权利，在才能真正意义上消除贫困。洪朝辉（2002）根据美国社会贫困的发展进程，将贫困划分为物质贫困、权利贫困、能力贫困和动机贫困这四种类型。

阿玛蒂亚·森在研究饥饿问题时，在权力体系中引入了"饥饿"的概念，他的权利体系主要包括四个方面的内容，分别是基于交换的权利、基于劳动力的权利、基于继承或转让的权利、基于生产的权利。这里的权利主要指的是人们可以获得合法收入和生活必需品的权利。如果社会个体或家庭没有满足自身基本生活的权利，个体或家庭就会出现饥饿，甚至会因为饥饿而丧失生命。

在私有制经济中，权利可以被划分为两种形式：第一种形式为禀赋权利，指的是生存权或发展权等人生而就有的权利；第二种形式为交换权利，指的是人们可以通过社会交换来获得生活基本所需的权利（森，1989）。社会权利关系往往会受到各种因素的影响，如人文风俗、经济文化、社会制度等，如果能够让社会中的个体享有公平的社会权利，就有助于消除社会中的贫困。

后来的学者对权利贫困理论的内涵进行了丰富和完善，随后联合国开发计划署也在扶贫开发工作中推广了权利贫困理论，它认为权利贫困主要指社会中的个体或家庭缺乏公民应有的人权、政治权或者公民权（UNDP，1997）。贫困导致人们缺乏维持其基本生活的资料，也会造成其缺乏社会资本和人力资本，由此，贫困群体也难以融入社会的发展中（UNDP，2000）。即使个人或家庭解决了物质贫困，其如果无法获得基本的政治权利、文化权利，也无法受到社会和他人的尊重，无法参与社会的发展，这也属于典型的权利贫困（UNDP，1997）。

从权利贫困理论的内涵来看，贫困人口的权利贫困主要包括经济、文化、政治和社会这四个方面。

第一，经济权利贫困。经济权利贫困主要指的是难以保障农民群众的劳动保护权利、失业保障权利及就业权利。部分农民工进城务工会受到一定的劳动歧视，且农村居民在工作、教育和社保方面都无法享受和城镇居民同等的权利，造成其平均收入水平长期低于城镇居民（黄瑞芹，2002）。

第二，文化权利贫困。文化权利贫困主要指的是我农民受教育权的不平等。我国的教育资源长期存在分配不均的情况，城市集中了大量的优质教育资源，而农村地区无论是师资力量还是硬件设施与城镇都有着较大差距。部分农村居民在难以接受良好教育的情况下，其就业技能和就业水平偏低，从而面临就业难问题，最终其只能陷入能力型贫困、知识型贫困。受此影响，贫困问题甚至出现了代际传递（陈坚，2012）。

第三，政治权利贫困。一个国家会从立法层面赋予公民政治权利，如选举权、监督权、参政权等。政治权利贫困，主要指的是在社会制度的约束之下，贫困人口无法充分行使自身政治权利的状态，各国宪法民赋予了农村和城镇居同样的选举权，但是在实际的选举活动中，部分农村居民往往无法充分行使自己的选举权，甚至无法表达自己的政治诉求，这严重地制约了农村经济的发展。

第四，社会权利贫困。社会权利贫困主要指的是农村居民无法享受和城镇居民同等的社会保障福利。尽管国家在扶贫开发工作中，也专门针对农民群众制定了各项社会保障政策，但农村居民所能够享受的社会保障以及社会福利仍然无法和城镇居民相比，城镇居民在医疗保险、养老保险、失业保险、生育保险和公积金等各个方面，都远远优于农民群众。

权利贫困实质上是社会资源的分配不均，这意味着国家的社会和政治制度导致了人们权利被剥夺，使人们在社会生活中失去了自由选择权，才会陷入贫困，而贫困的产生又会导致社会各阶层产生冲突与矛盾，不利于社会的和谐稳定发展。根据阿玛蒂亚·森的权利贫困理论，贫困的内涵不仅仅是收入的低下，仅靠单纯提高人们的收入水平，也难以真正消除贫困，达到理想的反贫困效果。只有让社会各阶层都能够拥有平等自由地权利，自由的选择，才能在真正意义上消除贫困。

2.1.2.4 人力资本理论

西方国家在 20 世纪 60 年代提出了人力资本理论，这一理论为经济学研究提供了一条新的思路，随后国内学者也陆续将人力资本理论用于各学科的研究。与物质资本相比，人力资本的载体是人，当人掌握着扎实的专业知识和工作技能时，人力资本也就越雄厚（舒尔茨，1960）。

（1）传统的人力资本理论。

1664 年，威廉·佩第在研究人力资本时提出了劳动可以创造财富的理论，并认为个体的劳动能够为社会创造价值。早期人们在研究人力资本时，还并未形成成熟的研究体系，亚当·斯密（1776）在研究中提出，不同的人受到的教育不同，其劳动能力也存在较大差异性，能够为社会创造的收益和价值也并不相同。因此，亚当·斯密主张普及教育，认为只有人人都接受了良好的教育，才能积累更多的人力资本，推动社会的发展。约翰·穆勒（1859）认为教育可以促使劳动者具备良好的生产技能和就业技能，但不同的劳动者所接受的教育并不相同，进而使得不同劳动者之间劳动技能存在差异，技能水平较高的劳动者对于水平较低者来说更具有竞争优势。因此，他也主张实行全民教育，认为只有实现了教育的普及，才可以为社会发展培养更多的优秀人才。阿尔弗雷德·马歇尔（1965）认为教育实质上是一种人力资本的投资，相比于物质财富而言，知识财富能够为社会创造的价值更高，对于推动社会发展也将产生更加重要的作用。

（2）现代人力资本理论。

1964年，舒尔茨在《论人力资本投资》一文中正式提出了现代人力资本理论。舒尔茨认为，人力资本投资主要包括教育、社会保障、医疗和基础设施完善等，他认为人力资本投资有助于促进国家经济增长，相比于物质资本投资而言，人力资本投资所能够带来的收益更加显著。因此，舒尔茨提出，人力资本投入是推动社会发展的重要手段，尤其是教育投入，是人力资本投入的主要方式。他认为在社会发展进程中，可以将人力资本投入看作一种投资或资产，而不是费用支出。

加里·斯坦利·贝克尔（1964）将人力资本理论进行了数学化拓展，分析了其含义、概念和特征，弥补了舒尔茨人力资本理论中的不足，并认为只有良好的医疗和教育投入才能积累更加丰富的人力资本。劳动者的劳动技能或水平直接决定了其劳动所获得的收益，但劳动者的劳动技能或水平又直接取决于该名劳动者的人力资本投资，如果劳动者能够通过教育或培训的方式提高自身的劳动技能，就可以提高自身在就业市场中的核心竞争力。雅各布·明赛尔（1958）提出人力资本投资是人类历史发展征程中的必由之路，无论人类发展处于哪个阶段，都会进行人力资本投资。从他的研究中我们发现，人力资本投资和个人的收入水平呈现显著正相关关系，如果人们的人力资本投入更高，就可以提高自身的收入水平，进而避免陷入贫困，正因为社会中的人力资本投入存在较大的差异，才使得社会中不同劳动者的收入存在差异，进而使得社会出现收入分配差距。

现代人力资本理论为人们进一步深刻研究人力资本理论提供了一条新的思路：推动经济增长的主要动力源于人才，而专业知识和技能是人才竞争力的关键要素（周新芳，2008）。

（3）当代人力资本理论。

1956 年，索洛在《对经济增长理论的贡献》一文中，探讨了人力资本和经济增长之间的关系，其被称为当代人力资本理论，随后越来越多的经济学家开始用人力资本解释经济增长。学者们有机结合了经济数学模型和人力资本因素，从数学的角度出发，探讨社会经济增长和人力资本之间的数量关系，以期能够找到促进经济增长的对策。乌扎华在 20 世纪 60 年代构建了索洛单纯生产部门模型，在模型中引入了教育，并基于新古典经济学的角度，探讨了教育对技术进步和生产效率提升产生的影响。进入 20 世纪 90 年代后，保尔·罗默（1990）又构建了著名的罗默模型，该模型主要研究了教育和技术进步之间的关系。他认为人力资本有助于推动社会经济增长，川认为和劳动要素投入相比，人力资本投入对于推动社会经济增长所能够发挥的作用将更加明显。这是因为在社会经济发展进程中，掌握了专业知识和特殊技能的人才往往能够起着决定性的作用，如果能够将这些人才和其他劳动要素进行搭配使用，其他劳动要素的效益也能得到明显提升，最终推动经济的规模收益。

卢卡斯在 1988 年对舒尔茨所提出的模型进行了改进，构建了人力资本积累增长模型。他认为通过专门学习有助于积累人力资本，人们在日常的工作和生活中也可以积累经验，这种经验的增加也属于人力资本的积累，劳动者通过累积经验以及培训学习来提高自身的能力素质和核心竞争优势，并最终将这些优势反馈到社会经济发展中。人力资本还具有极其显著的外部效应，人作为群体性动物，群体中的个体和个体之间会相互影响，人力资本获得收益以后，也会对其周围的其他人产生正面影响，而这种影响会不断促进人力资本的积累以及社会经济的增长。

当代人力资本理论重点探讨了人力资本和经济增长之间的关系，并对过去学者们关于经济增长的研究做出了补充，认为人力资本是推动经济增长所不能忽视的重要因素，如果通过培训和经验的积累提高人才的知识水平，就能够提高社会劳动力和生产水平，从而推动经济的发展。由此可见，在现代社会经济发展进程中，人力资本已经成为不可或缺的重要资源，人力资本的竞争已经成为决定各个国家和地区经济实力竞争的重要手段。因此，在研究能力脱贫户导向型返贫时，分析人力资本理论将有助于找到脱贫人口返贫的原因。

2.1.2.5 贫困生成理论

（1）个人主义贫困论。

欧美等发达国家盛行个人主义价值观，主张自由放任，强调自由竞争，并且认为政府不应当对市场经济活动实施干预。个人主义者认为，自由市场可以最大限度解放劳动力，勤劳者可以在自由市场中得到充分的发展。市场在没有受到外部因素影响的情况下，能够在一定范围内进行自我调节，劳动者往往能够在自由市场内找到心仪的工作，其收入水平能够达到生活的基本需求。如果在自由市场中人们仍然处于贫困状态，只能证明这个人本身并不勤劳，而与市场中的制度无关。学者们从三个层面分析了个人主义贫困观。首先，学者们认为失败的个人经济是导致个人陷入贫困的主要原因，如弗里德曼在其著作《资本主义与自由》就曾经提到过个人主义贫困观，他认为在资本主义社会中个体如果无法维持自身的基本正常生活，其原因只与个体的能力和勤劳程度有关，而与政府部门和制度并无关联。其次，他们认为遗传和智力因素是导致个人存在贫困的主要原因。在现代社会中，人们尝试通过生物学或遗传学观点来分析社会问题，洛索就曾经从遗传基因理论的角度出发探讨了贫困问题，并试图从生理因素的角度出发分析致贫原因。但是从学者们的研究成果来看，遗传和经济水平之间并无明确的关联，这也证明这一观点本身就是错误的。最后，个人性格和家庭因素对贫困产生了显著的影响。例如，当个人存在吸毒或酗酒等不良嗜好时，就有可能导致自身陷入贫困。

（2）贫困恶性循环理论。

美国学者罗格纳·纳克斯在20世纪50年代提出了著名的贫困恶性循环理论，他认为不发达国家部分地区处于长期贫困的主要原因就是其陷入了贫困恶性循环。他在研究中指出，发展中国家受到诸多复杂因素的影响，难以脱离贫困，而仅靠发展中国家自身的能力无法彻底解决这些复杂问题，其中最主要的因素就是贫困恶性循环。发展中国家本身缺乏足够的资本是导致其长期陷入贫困的重要原因。罗格纳·纳克斯认为欠发达国家的居民收入水平普遍较低，导致其消费水平偏低，社会难以形成有效的资本积累，在缺乏充足资本的情况下十分容易陷入贫困，而贫困又导致人们收入水平进一步下降，最终形成了恶性循环。从收入的角度来看，欠发达国家的经济水平及收入水平偏低，因此国家的储蓄普遍较少，人们的消费只能维持日常的基本生活，国库虚空。没有充足资本供给，极大地限制了社会的生产规模以及生产效率，人们也难以通过生产的方式来提高自身的收入水平，最终陷入了"低收入→低储蓄→低资本供给→低收入"的恶性循环。从消费的角度来看，欠发达国家的消费能力及购买力存在局限性，在缺乏购买力的情况下，人们也缺乏投资热情，无法形成有效充足的资本供给，极大地限制了社会的生产规模以及生产效率，进入了"低收入→低消费→低资本需求→低收入"的恶性循环。正因为存在贫困恶性循环，不发达国家很难依靠自身的能力消除贫困，因此国家经济长期停滞不前。

（3）积累性因果循环关系理论。

瑞典的经济学家缪尔达尔在1957年提出了积累性因果循环关系理论，他从周期循环理论和经济的累积理论角度出发，探讨了社会经济的动态发展过程，他认为经济、文化、社会和科技等各方面因素，对社会经济发展都会产生重要影响。缪尔达尔认为在社会进步期间，不同要素之间都会相互影响，任何一种要素发生变化以后，其他要素都有可能会因此发生变化，进而形成了因果循环的变化关系，这对整个社会经济的发展都将产生影响。对社会经济发展产生影响的各个要素之间会循环变化，这些要素之间的关系并不平衡，会产生累积性影响。积累性因果循环关系理论认为，社会、政治、文化和经济等各种因素都有可能会引起不发达国家的贫困问题，而收入分配不均和无法产生充足资本是造成不发达国家贫困的主要影响因素。相比较而言，发展中国家的贫困问题绝不仅仅是经济贫困。缪尔达尔在研究中发现，发展中国家还存在严重的贫困恶性循环，这是因为人们的收入水平和消费水平普遍不高，人们难以获得良好的医疗条件，在身体状况欠佳的情况下，人们的劳动力水平会急剧下滑，人口数量也会下降，在限制了社会劳动力及生产力以后，社会生产水平及积累的资本也会急剧下滑，最终陷入贫困的恶性循环。

2.1.2.6 脆弱性脱贫相关理论

20世纪90年代，学者们开始基于脆弱性理论研究反贫困问题，并开始探讨识别和测量脆弱性脱贫的方法与对策。加强脆弱性脱贫理论的深入分析，在中国精准扶贫收官后的反贫困治理工作中具有重要意义。

（1）脆弱性脱贫内涵

脆弱性脱贫是指，贫困人口本身缺乏自我发展能力，或者贫困人口所生存的外在环境较为脆弱，导致贫困人口难以在短期脱贫后保持长期脱贫状态的现象。脆弱性脱贫表现为脱贫人口在脱贫线附近的波动，这类群体总是在脱贫和返贫之间来回波动。临时脱贫农户本身存在内在脆弱性，如果外界环境突然变化，在缺乏风险抵御能力和外界帮助的情况下，临时性脱贫农户极有可能重新返回贫困，最终陷入慢性贫困中（陈健生，2009）。脆弱性脱贫是一种典型的临时性脱贫现象，如果政府和社会组织无法对脆弱性脱贫进行适当的干预，这种脆弱性脱贫就极有可能会演变为长期贫困。脆弱性脱贫人口并未真正实现脱贫，而是在这个阶段内会处于贫困和脱贫来回波动的阶段。脆弱性脱贫主要包括低预期脆弱性脱贫和高预期脆弱性脱贫两种形式。从演变过程来看，脆弱性脱贫会形成脱贫到贫困的反复波动。例如，轻度贫困到深度贫困、相对贫困到绝对贫困等。脆弱性脱贫主要表现在两个方面：一是贫困家庭本身存在内部脆弱性因素和外部脆弱性因素，导致贫困家庭无法持续性地脱贫；二是贫困家庭在脱贫过程中，本身存在脆弱性，而导致其脱贫过程并不稳定，呈现脱贫到贫困的波动状态，如缺乏充足的资产和能力，最终导致脱贫家庭极其容易返回贫困。

（2）脆弱性脱贫测度。

脆弱性脱贫指标代表了已脱贫家庭再次陷入贫困的可能性。一般情况下而言，很难获得评估贫困家庭的脆弱性的定量指标。目前学术界还未曾针对农户生计脆弱性，构建完善的评估指标体系，本书总结了学者们提出的几种可以有效评估脱贫脆弱程度的方法。

第一，收入和消费维度测度。

从收入的角度来看，家庭总收入必须能够解决家庭全部人口的基本生活问题，才意味着家庭总收入达到基本生活需求。精准扶贫实施以来，我国仍采用传统收入标准来评估贫困和脱贫问题。中央扶贫开发工作会议早在2011年就提出，国家新的扶贫标准线为农民人均年收入2 300元，2014年确定贫困户建档立卡标准为2 736元，到2020年标准达到4 000元。各省可以参考国家发布的数据，根据本省贫困规模上浮10%左右。返贫现象的存在代表该贫困人口/地区未能真正意义上脱贫，正是因为存在脱贫脆弱性，家庭人均纯收入总是在贫困标准线上下波动，才导致其脱贫脆弱性较高，而无法稳定持续性脱贫。从消费的角度来看，如果脱贫家庭的消费水平出现异常性的波动情况，就证明贫困家庭的脱贫脆弱性较高，其消费活动只注重数量，如只注重吃饱穿暖即可，但并不注重精神文化消费，也缺乏生产投资的意愿，不愿意承担未来风险。当农户具有较高的脱贫脆弱性时，就更希望有效平衡短期安排和长期打算，其生产生活不会出现较大的波动，但难以实现较大的发展。

第二，能力维度测度。

能力维度脆弱性指部分贫困家庭本身缺乏脱贫的能力。在现代社会中，高抚养比往往会制约脱贫，妇女的劳动能力不再具有弱质性。贫困户本身缺乏自我发展能力、风险抵御能力，难以获得和运用生计资产，才导致其出现因婚返贫、因教返贫、因创业失败返贫和因失业返贫等问题。脱贫是否可持续的关键影响因素就是脱贫户的生计能力，若机会和权利的缺失，将会削弱脱贫户的生计能力，因此，机会和权利是评估脱贫脆弱性的重要参考。返贫程度主要指的是低收入贫困人口缺失基本机会、权利和能力的程度，缺失程度和脆弱性呈现显著正相关关系（阿玛蒂亚·森，2001）。从静态角度来看，脱贫脆弱家庭往往无法敏锐地察觉到外部风险，难以有效抵御外部风险带来的冲击，只能依赖外部援助来脱离贫困。如果脆弱程度超出了家庭的承受能力，这些家庭就会出现非理性的经济行为，这些行为容易导致家庭再次陷入贫困。

第三，资产维度测度。

财富具体表现为个人或家庭所掌握的财产，资产往往能够在未来给个人或家庭带来收入。20世纪90年代，人们基于资产提出了扶贫策略，认为通过资产扶贫，可帮助穷人在有限的资源下积累大量的资产，以便于缓解长期贫困。与收入扶贫相比，资产扶贫工作能够实现贫困人口生计可持续。从资产动态贫困理论的角度来看，家庭资产的动态变化会出现两个均衡点，分别是高水平和低水平家庭资产的均衡点，同时还会出现一个转折点，即低水平向高水平均衡点演变过程中的转折。如果家庭资产在低水平均衡点以下，就代表该家庭的贫困程度较深，难以轻易摆脱贫困；如果家庭资产在高水平均衡点以上，就代表该家庭能够稳定持续地脱贫，一般情况下不会出现返贫的情况。资产扶贫能够帮助处于低水平家庭资产均衡点以下的家庭逐渐转移向高水平家庭资产均衡点以上，并远离家庭资产动态变化的转折点。从脱贫脆弱户的角度来看，其脱贫的脆弱程度直接取决于该脆弱户脱贫时的资产状况，如果家庭资产足够解决家庭的基本生活问题，但是其固定资产太少，低值易耗，流动性资产在家庭总资产中的占比过高，就意味着其家庭资产不足以解决其日常生活问题，极有可能在脱贫后返贫，脱贫脆弱性较高。扶贫工作中往往很容易测量贫困户的资产，因此，在实践中往往以家庭资产状况作为评估脱贫脆弱性的指标。

第四，贫困历史维度测度。

早期人们主要基于贫困动态理论评估了脱贫脆弱性。历史贫困主要包括三种基本形态，分别是：有时贫困或有时不贫困、总是处于贫困状态、大部分都不贫困。而成功脱离历史贫困的时间，就代表了脱贫难度。因此，根据脱贫时间，可以将历史贫困划分为1年、2年、3年、4年或4年以上脱贫等贫困类型。

相比较而言，脱贫脆弱性最低的是1年脱贫家庭或者大部分时间都不贫困的家庭，这些家庭在脱贫以后能够保持较高的稳定性。脱贫脆弱性最高的是需要4年以上时间脱贫或总是处于贫困状态的家庭，这些家庭在脱贫以后脆弱性较高，极其容易返回贫困。而脱贫脆弱性居中的是需要2~3年时间脱贫，有时处于贫困状态有时又不贫困的家庭，这些家庭长期处于边缘性贫困的状态，在外界因素和自身因素的共同影响之下，有可能在贫困和脱贫之间来回波动。三种贫困基本形态和四种脱贫类型，在受到外界因素的影响之后会相互转化。从动态贫困理论的角度来看，历史贫困无法与未来贫困等同起来，现在不贫困和未来不贫困也无法等同起来，要针对贫困地区的未来贫困变动趋势进行评估，目前仍然主要参考贫困的变动周期、贫困程度和过去的贫困，主要用于对脱贫人口的脆弱性评估。

第五，返贫持续时间测度。

返贫原因多种多样，贫困户陷入贫困陷阱的时间也存在差异性。当返贫户本身收入与贫困标准线距离较近时，只需要通过短期扶贫就能够成功脱离贫困，这些返贫户本身脱贫脆弱性较低；与之相反的是，当返贫户本身收入与贫困标准线距离较远时，就需要通过强力扶贫才能够帮助这些返贫户成功脱贫，这些返贫户的脱贫脆弱性较高。当农户本身没有充足的资产存量时，在短期内往往无法通过生产活动来脱离贫困，走出贫困陷阱，只有经过长期的生计积累，不断累积更多的资产，农户才可以脱离贫困。从理论和实践两方面来看，仅靠 1~2 年时间就成功脱贫，往往具有较高的脱贫脆弱性，此时的反贫困工作正处于早期恢复阶段。从国际经验来看，深度贫困群体要想成功可持续地脱贫，往往需要 5~10 年的时间。

2.1.3 反贫困理论

2.1.3.1 反贫困的内涵

1969 年，缪尔达尔首次在学术研究中开始提出反贫困的概念。他在《亚洲的戏剧》和《世界贫困的挑战》的贫困治理政策研究内容中提到了反贫困思想，随后人们在研究贫困问题时，也开始广泛使用反贫困的概念。

目前，国内外学者对于反贫困的含义，提出了如下几种具有代表性的观点：第一，减少贫困（poverty reduction），该种观点重点关注反贫困的过程。第二，减轻贫困（poverty alleviation），重点关注减轻方法或工具。第三，扶持贫困（sport poverty），指的是政府为了解决本国或不同区域贫困问题而采取的各项方针政策或项目。第四，根除、消灭贫困（poverty eradication），指的是反贫困工作的结果。在采用这一含义分析反贫困概念时，应当保持慎重态度，这是因为在反贫困工作中，可以消除暂时性贫困或绝对性贫困，但消除贫困绝不是简单的事，自古以来，贫困作为一种普遍的社会现象，都难以真正意义上消除，而人类本身还并未真正了解致贫的原因，这也使得人类社会几乎无法消除贫困。在当今社会中，往往存在大量的绝对贫困和相对贫困，世界各国都存在脱贫后返贫的现象，对于人类社会而言，消除贫困是一项长期战役，必须坚持不懈、持之以恒。国际社会在探讨反贫困问题时，提出了缓解贫困的概念，认为任何国家或地区都无法在真正意义上消除贫困。上述几种概念是学者们从不同角度出发对反贫困概念的深入理解。人类社会的反贫困工作是一个循序渐进的过程，我们首先需要找到致贫原因，然后逐渐减缓贫困，最终才能达到消除贫困的目的。

但贫困有经济学概念和政治学概念，其内涵主要包括如下三个层次：首先，要想解决贫困人口的基本温饱问题，就必须构建完善的扶贫制度，如中国就建立了贫困居民最低生活保障制度，以便于确保贫困人口可以得到国家的最低生活保障，解决基本温饱问题。因此，反贫困的底线就是规范化的制度。其次，必须从政策体制等角度出发，保证公平的收入分配，尽可能缩小社会的贫富差距，在转型期间，避免剥夺贫困人口的权利，从而推动社会的和谐稳定发展。最后，矫正社会各阶层对于贫困人口的排斥或歧视，保证贫困人口的就业、医疗、居住、迁徙和受教育等权利，确保贫困阶层在主流社会中也能够享有基本的权利，尽可能通过提高贫困人口的自我发展能力和生存能力，给予贫困人口人文关怀，避免贫困人口被社会边缘化。

值得关注的是，尽管在实际的扶贫工作中我们常常会交替使用反贫困、扶贫或减贫等概念，并认为国家和社会在反贫困工作中发挥了重要作用，但反贫困和扶贫、减贫等概念仍然有本质的区别：在减贫或扶贫活动中，贫困群体或贫困地区是一个被动接受扶贫的主体，属于受体地位；但在反贫困活动中，我们注重提高贫困人口的自我发展能力，充分体现了贫困人口在反贫困工作中的主观能动性和主体地位。

2.1.3.2 贫困问题的成因

国内外学者对贫困问题的成因展开了深入的分析，并取得了具有一定的参考价值的研究成果。学者们提出的致贫原因多种多样。例如，自然环境恶劣和基础设施缺乏；社会经济发展缓慢，难以为农村人口提供充足的就业岗位，农户依靠农业而无法获得足够收入；社会的城镇化发展速度较慢，导致农村的大量剩余劳动力难以向城镇转移；缺乏优质人才和科技水平低下；缺乏完善的社会保障机制；部分地方政府存在地方保护主义，导致部分企业发展受到地域的限制，不利于推动当地经济的发展，出现贫困；区域产业结构不合理等。总体看来，学者们关于致贫原因提出了如下具有代表性的观点：

（1）主体素质论。

主体素质论指的是由于劳动者缺乏劳动素质而陷入的贫困。主要包括以下五种观点：一是文化素质论。经济学家在研究中发现，贫困是一种自我维持的文化体系，当人们长期处于贫困状态时，就会形成一种固定落后的价值观念和生活模式，这种传统守旧的亚文化会导致贫困地区整体落后而不思进取，同时容易形成代际传递。二是人口素质论。人口素质论在分析致贫原因时，主要侧重于人口学理论。人口的快速增长会极大地增加土地压力，在土地严重超载的情况下，村民所能够分配到的土地资源以及食品越来越少，其生活水平和收入水平都会急剧下滑。三是科技落后论。科技水平的落后是导致部分地区经济严重滞后的主要原因，最终导致该地区陷入贫困。在人类进入文明社会以后，部分落后地区由于地处偏远，消息闭塞，内部难以实现技术的创造发明，也无法及时有效地接受外部的新技术和新信息。而传统的技术又难以有效提高农村人口的生产力，导致其农业发展严重滞后于外部地区，甚至会受到自然环境的控制。四是个体创收能力和机会的缺乏论。学者们认为，尽管收入水平低下是导致人口陷入贫困的主要表现形式，但归根结底是由于这部分人口被剥夺了获取收入的能力和丧失了自由选择的机会，才会收入水平低下，最终陷入贫困。换言之，低收入导致人口陷入贫困，但这绝不能全面解释贫困问题，社会缺乏完善的社会保障体系、充足的人力资本培训，存在社会歧视，都是导致人们缺乏收入能力的主要原因。五是失业论。部分学者在研究中提到，市场中的就业竞争过度激烈，可能导致部分人群失业，在失去了经济来源和收入的情况下，就有可能产生贫困。我国正处于社会经济结构转型升级的关键时期，这也导致我国不同行业出现了大量下岗人员，这些下岗人员在失去了收入来源以后，逐渐陷入贫困。也有学者在研究中探讨了更多的失业原因，如企业绩效较差，缺乏良好的人际关系等。

（2）自然环境论。

自然环境论认为，贫困地区本身缺乏良好的生态环境和自然条件，导致其处于极度闭塞的情况，难以建立完善的基础设施，实现自由的商品交换，商品经济发展严重滞后，最终导致该地区陷入贫困。从我国的自然环境贫困来看，主要有以下几种类型。一是自然灾害型贫困。我国长江中下游地区有大量的平坝土地，夏天容易暴发极为严重的洪涝灾害，一旦遭受洪水灾害的农民群众在短时间内人财两空，就会陷入极端贫困。二是气候高寒型贫困。贫困地区本身地广人稀，尽管拥有大量的耕地面积，但是由于当地温度较低，无霜期较短，并不利于农业的发展，再加上当地无法形成大规模的集镇，以上因素均制约了农民生产生活的规模化和现代化发展。三是地貌"V"字型贫困。部分高山地区本身山势陡峭，成峡谷状，交通极为不便，在恶劣的外部自然环境的影响之下，当地的生产水平极其低下，在严苛的自然环境中又容易出现大量的病残人口，极大地增加了当地的社会负担，进而该地发展成为贫困地区。

（3）发展的增长论。

发展增长论主要基于两个假设，一是贫困地区能够实现自给自足，形成了一个封闭体系；二是贫困地区是历史问题造成的贫困，没有受国家政策的影响。发展的增长论主要包括如下几种观点：

第一，市场经济论。有学者认为，竞争机制在市场经济体制下将发挥巨大作用，这就导致发展中国家往往无法避免出现贫困问题，当某些地区或某些家庭出现贫困以后，就容易产生马太效应。一是变革总是能够推动国家的发展与进步，但并非所有的阶层或地区都能够在变革中受益；二是资金和人才在市场经济体制下会实现自由流动，而贫困地区往往无法吸收资金和人才，反而会导致贫困地区越来越穷；三是市场经济会消除贫困，但也有可能会导致社会中的贫困人口越来越多。

第二，要素短缺论。要素短缺论对于致贫原因的分析更加全面深刻，该理论认为，正因为贫困地区的经济发展缺乏必需的生产要素，才严重地制约了当地的经济发展，这里的要素主要包括自然资源、技术、资本、贫困者的文化素养等。不同区域所缺乏的要素不同，不同的要素造成的贫困类型不一，因此，反贫困需要根据具体的要素缺乏类型进行有针对性的扶持。

第三，贫困的恶性循环。一是越垦越穷，越穷越垦。若贫困地区的人口超载，就会严重地超出当地土地的承载能力，农户的非科学种植和养殖行为也会严重破坏当地的生产环境，而生态环境的破坏会暴发严重的自然灾害，导致土地边际报酬率逐年递减，农民的生产效率及生产力进一步下滑，进而陷入贫困。当农民陷入贫困以后，只能开启新一轮的土地资源的开垦，并进一步破坏当地的生态环境，最终形成了越垦越穷和越穷越垦的恶性循环。二是越生越穷，越穷越生。生育和就业，是贫困地区的农户获得生存保障的重要手段，但是大量的生育也会极大地增加当地人口负担，耕地资源变得越来越紧缺，农民群众只能陷入贫困，最终出现了越生越穷和越穷越生的恶性循环。三是救济循环。从贫困地区农户的收入分配以及生产投入来看，其救济特征极其明显，这就表明贫困地区的农业资本投入和积累并不具有实际的意义。一方面，如果农户发现农业生产投入高于其预期收益，此时其收入分配方案就会选择保证优先生活消费，力求满足其基本温饱；另一方面，在城乡二元结构和社会分配机制的作用之下，贫困地区的农户往往难以享受国家城镇化工业化发展的成果。若无法改变传统农业的生产方式，农业就会严重滞后，农民的生产效率以及生产量难以提升，导致部分农民群众无法解决自身的基本温饱问题，就会出现优先保证生活消费的救济现象，进入恶性循环。

第四，贫困的均衡状态。均衡配置劳动要素，就在于有效平衡风险和效用之间的关系，在尽可能规避风险的情况下，为农民群众带来更高的收入，并保证农民群众在生产生活中不会出现过重的体力负担，能够在农业生产之余拥有休闲舒适之感，从而实现风险和效用的全面平衡。风险和效用的最佳平衡，就是一种集体典型的均衡状态的贫困经济。此外，在社会经济发展进程中，人们往往会形成一种心理均衡，这种心理均衡会对经济的均衡发展形成较大的反作用力。穷人们在贫困文化的影响之下，往往会墨守成规，甚至会适应当前的贫困状态，此时穷人的自我平衡就表现为寻求心理平衡，以求自我保护，长此以往，就容易陷入贫困。

（4）供体不平等论。

供体不平等论认为贫困的原因主要是资源、交通以及资本的供给并不平等。供体不平等论的主要观点有：一是资源贫乏说。发展经济学认为，贫困国家之所以长期陷入贫困，就在于其长期以工业化发展为重点，在城市工业集中了大量的资本和资源，最终导致农业发展严重缺乏资金资源，出现城乡二元经济结构以后，部分农村地区容易持续陷入贫困。发展中国家普遍存在交通和通信基础设施不完善的问题，而这些问题的存在，也严重地制约了贫困地区的经济发展。在社会基础结构中，交通和通信基础设施往往有着举足轻重的地位，支撑着物质交换和信息交换，贫困地区因缺乏先进的通信和交通设施，难以和外界进行物质和信息交换，贫困地区的商品经济被严重制约，从而长期陷入贫困。二是资本短缺论。部分学者在研究中发现，缺乏资本是导致部分地区和国家长期陷入贫困的主要原因。发展中国家的供给与需求都存在严重的恶性循环，从供给来看，当人们的收入水平较低时，就难以积累大量的资本以提高社会生产力，社会生产水平和生产量会急剧下滑，进而人们的收入水平进一步降低；从需求来看，当人们收入水平较低时，就无法形成足够的购买力，社会资本就难以积累，社会生产力和生产率下滑，进而人们的收入水平进一步降低。由此来看，收入水平低下，导致资本短缺才出现了恶性循环，进而引发贫困。贫困地区始终无法积累大量的资本，在缺乏资本的情况下穷人们无法进行规模化生产，因此无法改变其贫困状况。

（5）收入分配论。

部分学者认为收入分配不公平，也是导致我国出现越来越多贫困人口的主要原因。例如,行业分配不公,第二三产业的收入水平往往高于第一产业,农林牧渔行业的收入水平普遍低于其他行业,而涉外单位、金融机构的收入水平普遍偏高。此外,城镇地区的收入水平也长期高于农村地区,城镇地区的医疗、养老、失业等社会保障水平远高于农村地区,导致隐形的收入差距更大。因此,我国贫困人口往往集中在农村地区的第一产业就业人口中。另外,人们的财产性收入急剧攀升以后,也极大地增加了穷人和富人之间的贫富差距。也有部分学者认为收入分配不公平源于社会不公平,正因为社会不公平的存在,剥夺了穷人获得收入和财富的机会,穷人难以自由地选择,长期陷入贫困。

（6）经济发展梯度论。

经济发展梯度论者认为,我国的经济发展存在极为显著的发展梯度,东部、中部和西部地区就是按照这种经济发展梯度来划分的经济地带,三大经济地带的经济发展差距与我国的发展历史有关。东部地区拥有极为明显的区位优势,也享受了国家的政策和财政支持,其经济发展水平以及科技水平远远超过另外两个地区,这也赋予了东部地区拓展新兴产业的能力;中部地区拥有极为丰富的电力资源和煤炭资源,其经济发展水平居中,成为我国发展能源工业和原材料工业的重要地带;西部地区的经济发展以及社会水平远远滞后于另两个地区,且大部分地区的经济发展严重滞后,形成了贫困地区。这三个经济带的贫困问题正在逐年深化。

（7）制度因素论。

一些学者认为,通过制度分析能够找到科技落后、资本和资源匮乏、人口失控和文化落后的原因,而这些原因正是造成贫困的原因,因此,学者们得出了贫困的根源就来源于制度的结论。

首先,制度短缺引发贫困。绝对贫困和相对贫困等现象,无一例外都与消费短缺有关。生产、文化、权力或者消费短缺可能会引发贫困。对于发展中国家而言,生产力水平有限,完善的制度体系缺乏,导致其经济发展落后,难以解决贫困问题。

其次,社会政治根源论。政治学者从穷人和富人之间的关系、富裕和贫困之间的关系阐释了贫困的原因。他们认为高度扭曲的不同生产要素所有权的分配模式,对贫困所产生的影响不容忽视,尤其是社会的所有权体制、资本拥有和信贷投入之间的关系、土地租赁关系等,都对贫困产生较大的影响。一方面,市场无法供给消费者充足的所需要货物;另一方面,穷人无法购买其所需要的货物,这两方面都是造成大众贫困的主要原因,而这与社会经济制度以及所有权模式等都有着极为密切的关联，如果无法有效改变社会经济制度，调整社会供求结构，就难以真正意义上消除贫困。

最后，传统经济向现代经济过度缓慢。社会的现代化发展实质上就是消除贫困的过程，在这个过程中，传统的体制或生产方式会逐渐发生变革。正因为制度需求和制度供给失衡，人们为了有效均衡制度才会变革制度。农村地区的组织和监督成本较高，再加上耕作时令的更迭，导致农村地区往往无法轻易地建立超越家庭范围的生产组织。在市场经济条件下，农产品的需求弹性较低，在其他诸多因素的共同影响之下，农业的发展远远滞后于其他产业。农村地区本身缺乏市场经验，在传统小农家庭经济思想的影响之下，农村地区的经济发展更倾向于等级均衡和平均化，进一步催化了农村地区的贫困。

2.1.4 返贫相关理论

发达国家和发展中国家在经济发展过程中都存在着不同的问题，发达国家主要体现在国内贫富差距越来越大，而发展中国家则体现在国内的贫困问题难以解决。目前全球各国学者都在广泛关注贫困问题，我国在改革开放以后，在扶贫减贫方面所做出的贡献有目共睹，但脱贫后的返贫现象也需要我们充分重视。国内学者在研究脱贫户返贫现象时的侧重点各有不同，学者们主要从返贫的内涵与原因、返贫治理等角度出发对返贫现象进行了研究。

2.1.4.1 返贫的内涵

关于返贫的内涵，学者们提出了不同的观点。冉洋（1999）认为返贫实质上就是由贫困到脱贫，再由脱贫到贫困的一个循环往复的过程。洪江（1999）在研究中发现，返贫问题实质上和贫困问题息息相关，而返贫代表着一个由好到坏的发展结果，相比于贫困而言，返贫现象所产生的负面影响更甚。谭贤楚（2012）认为，返贫现象实质上就是以脱贫人口又重新陷入贫困的一种社会现象。刘永富（2016）则认为返贫的实质上并不是脱贫户返回贫困，而是该脱贫户自始至终都没有脱贫。总体来看，学者们普遍认为返贫代表着以脱贫人口重新返回贫困的一种社会生活状态，其本质仍然是贫困。

在研究脱贫户返贫现象方面，部分学者的研究成果得到了学术界的广泛认可，他们关于返贫问题的分析具有较强的代表性。王榆青（2000）指出，从返贫现象的实质来看，返贫实质上也属于贫困。颜廷武和雷海章（2005）认为贫困人口从脱贫到贫困的状态改变，会受到诸多外部因素的影响。例如，当外部市场环境、经济环境和自然灾害等因素导致脱贫户回到国家贫困标准线以下，就代表了返贫的发生。从上述两个观点来看，返贫事实上是一种贫困现象，是贫困人口在内部因素和外部因素的共同作用之下，由脱贫状态返回贫困的一种现象。

国内其他学者关于返贫内涵的研究成果，与上述两个观点基本一致，他们认为返贫是一个动态发展的过程，其包含的内涵极其丰富。陈全功和李忠斌（2009）认为返贫实质上具有动态性和持续性等显著的特点，因此，也可以将返贫看作动态性贫困或者持续性贫困。张忠良和饶炭（2009）认为找到返贫原因，也就是找到贫困原因，是有效解决返贫问题的关键。吴晓俊（2010）认为返贫实质上就是脱贫人口，因各种各样原因的影响再次返回贫困的一种社会现象。

2.1.4.2 返贫原因方面

返贫问题实质上极其复杂，这是因为脱贫户返贫的原因各不相同，且造成脱贫户返贫的原因可能不止一种，部分是多种因素共同影响之下所产生的结果。因此，不同脱贫户的返贫类型也各有不同。我国在改革开放以后的扶贫工作获得了显著成效，但我国却始终受到返贫现象的困扰。返贫的出现不仅会导致我国扶贫开发工作的成效降低，而且也不利于实现我国既定的扶贫目标（丁军 等，2010；郑瑞强 等，2016）。事实上，脱贫人口的返贫原因各种各样，学者们也展开了对返贫原因的深入分析，并将其划分为能力习惯型、灾祸风险型、资源环境型和制度政策型等不同的类型。

能力习惯型。凌国顺（2000）认为脱贫户本身缺乏良好的思想素质和个人技能，这些是导致其脱贫后返贫的关键。罗利丽（2008）则认为脱贫户缺乏可持续发展的能力，这是导致其脱贫后返贫的主要原因。杨立雄（2016）分析返贫原因，提出了三种情况：一是我国农村地区的老年人口的占比在不断攀升；二是部分地区脱贫工作只重视脱贫，但却未注重贫困人口脱贫后的后续发展；三是部分贫困户未积极主动地参与到扶贫工作中，甚至有大部分贫困户以贫困为荣，并不愿意改变现状。马绍东和万仁泽等（2018）认为返贫原因与受教育水平、大病保险、健康状况和劳动力等因素之间的关系较为明显。

资源环境型。张艳荣（2001）认为贫困地区普遍缺乏良好的生态环境和生存环境，基础设施薄弱，当地的产业发展严重滞后，且贫困地区往往缺乏优质的生产资料，部分农村居民在陈旧观念和落后生产工具的影响下缺乏综合能力，这些因素综合起来最终导致贫困地区陷入贫困，即使在国家政府的帮助之下成功脱贫也容易很快返回贫困。黄颂文（2004）认为我国返贫的主要原因在于缺乏完善的扶贫监管机制，机制的缺失弱化了贫困地区优惠政策的效果，导致扶贫资金难以发挥更大作用。再加上贫困地区的贫困人口素质本身较低，即使在国家的帮助下成功脱贫也会迅速返回贫困。陈端计等（2006）认为返贫问题存在极其显著的区域性特征，一方面是部分区域的经济发展缓慢，导致当地陷入贫困；另一方面是贫困地区本身缺乏良好的生态环境和经济环境，导致其难以摆脱贫困。董春宇（2008）认为自然资源、生产环境、基础设施、人力资本和收入状况等要素，会影响贫困人口的经济稳定性。庄天慧（2011）主要研究了我国少数民族地区的扶贫，通过构建 Probit 模型进行实证分析，探讨了民族地区贫困农村的返贫因素及其影响机制，发现贫困地区本身缺乏良好的自然资源和生产资料，这极大地制约了贫困农村的整体经济发展，最终导致返贫，并提出了提高民族地区医疗条件有助于解决返贫问题的结论。

制度政策型。洪江（1999）认为返贫现象的出现与多种因素相关，其中最主要的返贫原因就是缺乏完善的社会保障机制和扶贫优惠政策等。张春勋（2006）认为，反贫困制度的交易成本过高是导致我国出现返贫现象的主要原因。也有不少学者认为，社会经济发展缓慢、缺乏良好的自然环境和生态环境、缺乏完善的社会政策和监管机制、脱贫者自身发展能力较差等原因，都是导致我国出现返贫现象的主要原因，正是因为在这些因素的共同作用之下，才导致解决返贫问题变得极度困难（陈端计，2006；谭贤楚，2013）。

灾祸风险型。洪江（1999）认为自然灾害也会导致我国农村脱贫口返回贫困。张国安（2000）提出，影响返贫的因素还包括落后的生育观念、波动的市场环境和高息的民间借贷等。万喆（2016）在研究中发现，返贫原因主要包括养老保险的不完善、自然灾害以及疾病，我国西北和西南地区的返贫率高达 20%，而甘肃的返贫率甚至超过了 30%。甘肃省一旦出现自然灾害，其返贫率还可能上升到 50%以上，因此自然灾害对返贫会产生重要影响。

综上所述，关于返贫原因，目前学者们普遍认为是脱贫者本身缺乏自我发展能力和综合素养才导致返贫的出现，也有学者在研究中提出因自然灾害返贫、因病返贫、因主观能动性不足、因公共资源供给不足返贫等观点。事实上，返贫原因多种多样，正是在各种内部因素和外部因素的共同作用之下才会出现返贫现象。国家在贫困治理工作中，不仅需要对脱贫者加强经济和物质投入，同时还需要加强对其的思想教育，只有帮助脱贫者在主观层面上产生脱离贫困的想法与意愿，才能形成脱贫长效机制。

总体而言，本节内容主要对贫困的内涵、贫困相关的基本理论、反贫困理论等相关理论进行了梳理，从理论上解释了贫困形成的渊源，并从不同的视角分析了返贫问题，为后续返贫态势和阻断机制的提出提供了理论依据。

2.2 文献综述

2.2.1 国外研究综述

返贫主要指的是个人或家庭在成功脱离贫困以后再次返回贫困的现象，因此，研究贫困问题是探讨返贫问题的前提条件。贫困问题主要包括贫困、贫困标准线、贫困的测量和识别、贫困原因和贫困治理等多方面的内容，只有通过对这些内容的深入细致分析，才能展开关于返贫问题的深刻研究。

2.2.1.1 贫困的根源

20 世纪 50 年代，国外学者就开始广泛研究发展中国家的贫困根源。罗格纳·纳克斯（Ragnar Nurkse，1953）在系统分析发展中国家的贫困时，提出只有找到了贫困原因，才能有针对性地解决发展中国家的贫困问题。他认为发展中国家的资源不足不是导致其长期处于贫困的主要原因，大部分发展中国家的经济供给与需求存在恶性循环，国家无法积累资本，最终国家的人民和家庭只能陷入贫困。纳尔逊（Nelson，1956）在研究贫困根源的时发现，资本稀缺是发展中国家经济滞后的主要原因，因此，发展中国家要想打破"低水平均衡陷阱"，就必须引入大量资本投资，而资本的积累也有利于发展中国家人口的增长，有利于投资和产出的提升，才有助于在真正意义上解决其贫困问题。莱宾斯坦（Leeibenstein，1957）认为发展中国家的投资率必须达到一个临界值，才能真正意义上打破"低水平均衡陷阱"，跳脱出贫困的恶性循环，确保国民收入增长速度快于人口增长速度，才能提高人均收入水平。

2.2.1.2 关于贫困线测度的研究

对一个国家或地区的贫困进行评估的具体表现形式就是设置贫困线，通过贫困线标准的设置，就能识别出一个国家或地区的贫困人口。但根据不同的区域，设置合理的贫困线是一大难点。不少专家学者就贫困线展开了深入分析，国外学者将贫困划分为绝对贫困、相对贫困和多维贫困三种类型。

关于绝对贫困的分析。人们从生产和消费这两个层面探讨了绝对贫困的内涵，从生产层面来看，生产者的物质条件不足以满足其生产需要，则说明该生产者处于绝对贫困；从消费层面来看，生产者的收入水平无法满足其基本的生活用品或住房等消费需要，就说明该生产者处于绝对贫困。国际上的绝对贫困标准线为每人每天 1 美元，而我国的绝对贫困标准线为每人每月 2 300 元（2010 年标准）。目前，人们在分析贫困问题时，常常会以绝对贫困作为重要的衡量标准，而随着学者们对贫困问题的进一步深入研究，他们又提出了恩格尔系数、超必需品剔除法、热量支出法和马丁法等多种分析贫困问题的方法。

关于相对贫困线的分析。相对贫困，指的是两相对比之下的贫困，不同区域和不同的人，其收入水平以及生活质量并不相同，进而出现了相对贫困。按照世界银行的相对贫困标准，我们将相对贫困标准设定为平均收入的1/3，而欧盟的相对贫困标准则是采用收入中位数的60%，而经济合作发展组织（OECD）成员国将人均收入的50%作为相对贫困线。无论哪种计量方法，相对贫困人口的基数都非常巨大，特别是目前随着中国精准扶贫的收官，绝对贫困现象逐步消除，而相对贫困人口数量将会大幅上升。

关于多维贫困的研究。学者们认为仅考虑收入并不足以概括贫困的所有内涵，住房、教育、社会保障与福利、基础设施、权利和身体健康等方面的不足，也可能意味着个人或家庭处于贫困状态。阿玛蒂亚·森（Amartya Sen，1981）在研究贫困问题时提出了多维贫困的理念，他认为用货币可以直接衡量家庭或个人的生活支出。正由于货币数据具有可得性和可操作性的优点，许多国家和地区才运用家庭支出水平对贫困程度进行评估。但从多维贫困的角度来看，家庭或个人的生活支出不足，只能证明其收入水平较低，处于收入贫困，但并不能全面而系统地体现出家庭或个人的贫困水平，也忽视了社会、经济、历史、政策以及知识水平等各方面对贫困造成的影响。随后他又提出了能力贫困的概念，他认为个人或家庭被剥夺了权力和基本可行能力也会导致个人或家庭陷入贫困。Grusky 等（2006）为了能够对人的生存状态展开更加深入、细致的分析，从寿命、生活水平以及知识等角度出发，提出了人的生存状态的量化评估指标。联合国开发计划署（UNDP，2010）与"牛津贫困与人类发展项目"小组经过对反贫困问题的深入分析，提出了多维贫困指数（MPI）。该指数主要用于对全球的绝对贫困人口的测度，为人们从多维视角对贫困进行准确的评估，提供了一条新的思路。阿尔基尔等（Alkire et al.，2011）对多维贫困指标进行分解以后构建了数学模型，进而对个体是否处于多维贫困状态进行准确的衡量，该研究模型为学术界研究多维贫困问题提供了新的方向，被学者们广泛采用。

综上所述，学者们在研究贫困线的测量问题时，大都认为绝对贫困有可能会转变为相对贫困，如果仅凭家庭收入对家庭的绝对贫困进行评估，其评估结果并不准确；学者们关于相对贫困的研究，赋予了贫困更加深刻的内涵；同时，研究内容从资产向生活扩展，与绝对贫困的研究相比，相对贫困的人口基数更大，需要解决的问题也更加多元化；多维贫困研究进一步丰富了贫困理论，除了从家庭财产来研究贫困以外，人们开始从住房、医疗、教育、政策以及知识等多个层面出发研究贫困线的测度，人们对能力贫困的研究更加深入细致，对贫困的测度也有了新的认识。但目前家庭收入作为贫困的唯一衡量标准仍然是实际工作中的主流思想，不少国家或地区仍然会忽略贫困者的医疗、教育、权利等方面的不足，使得但贫困问题在实践中存在诸多难关。

2.2.1.3 关于贫困对象识别机制的研究

学者们在研究贫困对象识别机制时，对于家庭识别机制，提出恩格尔系数法，认为可以按照个人或家庭的最低生活需求摄入量，计算该家庭的食品消费支出，而食品消费支出在家庭总支出中的占比则为恩格尔系数，即贫困标准。奥汉斯基（Orshansky，1964）提出三人及以上家庭的食品消费支出占比达到1/3 以上，两人及以上家庭的食品消费支出达到1/4 以上，就证明该家庭处于贫困状态。联合国开发计划署在20 世纪90 年代提出了人类发展指数（HDI），认为评估贫困人口将主要参考在校学生人数、人均收入和出生时的预期寿命等因素，人均收入和受教育程度有着不可分割的联系，通过上述几个因素，就可以对贫困对象进行有效的识别（UNDP，1990）。班纳吉（Banerjee）等2015年提出了家庭情况验证调查和贫困排序两步法，使用这种方法，可以对贫困农户和富裕农户进行精准的识别。在研究区域识别机制方面，学者们提出了更加精细化的扶贫识别方式，认为政府部门在县乡一级开展贫困识别工作，将失去对该项工作的严格监管，导致扶贫资金被大量占用或挪用，而真正的贫困户却无法享受国家扶贫资金的帮助，国家的反贫困工作一度陷入停摆。贝乔伊·托马斯（Bejoy Tomas，2009）等设计了"本地方法"，对比分析了联邦政府和州政府使用的官方方法、村民采用的贫困线标准，发现要想对贫困人口进行最精准的识别，就需要有机结合两种识别方法。

综上，国外学者提出了较为成熟的贫困对象识别方法，除了通过抽样调查以外，还可以采用大数据分析的方式对贫困对象进行准确的识别。同时，他们在研究中深入地探讨了致贫因素，如受教育水平和人均收入等，提出的贫困对象识别机制较为成熟，得到了国内外学者的广泛关注和认可。致贫原因多种多样，只有从多个角度出发对贫困问题进行深层次分析，才能对贫困户进行精准识别，进而根据其识别结果采取恰当的反贫困措施。

2.2.1.4 关于贫困成因的研究

阿玛蒂亚·森（Amartya Sen，1993）从可行能力出发分析了贫困的内涵，他认为个人或家庭被剥夺了其基本可行能力，导致个人或家庭陷入贫困。收入低下和贫困的联系极为紧密，对贫困问题进行深层分析可以发现，贫困人口的基本能力和发展机会被剥夺导致其长期陷入贫困，难以满足自身的基本生活需求。如果提高个体的收入水平，个体就可以公平地接受教育和医疗服务，个人能力以及收入水平都能够得到显著提升，充足的收入也能够帮助个体保持健康的体魄，维持良好的生活，如此形成良性循环，进而彻底摆脱贫困。罗格纳·纳克斯（Ragnar Nurkse，1953）提出的"贫困的恶性循环"理论认为，发展中国家正是因为存在贫困的恶性循环，其经济才会发展滞后，个体和家庭的收入水平低下，难以积累原始资本，在资本稀缺和投资疲软的情况下，国家经济发展停滞不前，社会供给和需求严重不足，最终导致个体和家庭的收入水平进一步下降，形成恶性循环。而扩大投资是打破这种恶性循环的关键，因此，政府必须采取行之有效的方式扩大供给和刺激需求，并实现本国内的资本积累。贡纳尔·默达尔（Gunnar Myrdal，1968）对各国难以摆脱贫困困境的原因进行了深入分析，他认为一个国家或地区本身较为贫穷，在无法积累原始资本的情况下，居民缺乏足够的收入，无法产生额外的消费需求，不利于国家市场经济的发展，该国就会出现整体性贫困，而这种经济的发展疲软也会极大地降低社会居民的收入水平，最终形成贫困的恶性循环。只有追加投资才能提高国内居民的收入水平，从而产生消费需求，最终才能打破贫困的恶性循环，推动国家经济发展，贫困问题迎刃而解。汤森（Townsend，1971）认为完善的制度体系对解决贫困问题有着重要作用，他认为正是因为发展中国家缺乏科学合理的制度体系，导致贫困居民无法获得接受平等教育的机会，也缺乏增加收入、提高个人能力的机会，最终只能陷入贫困。因此，需要从文化、教育、产权和结构制度等角度出发来探讨农村的贫困原因。

综上所述，致贫原因多种多样，只有找到不同国家或地区最根本的贫困原因，才能有针对性地解决贫困问题。学者们研究发现，一个国家或地区陷入了贫困的恶性循环，难以形成原始的资本积累，最终才陷入贫困而无法自拔。但早期学者们对贫困成因的研究较为局限，只是简单从资本缺失的角度出发，探讨致贫原因，事实上，制度瓶颈、积累效应、发展动力和经济结构等诸多因素都有可能引发贫困，只有从多个层面出发展开贫困原因的深入全面分析，才能找到针对性的解决贫困问题的方法。

2.2.1.5　关于贫困治理的研究

国外学者关于贫困治理的研究提出了丰硕的研究成果，他们认为贫困地区要想改变贫穷落后的现状，就需要从权力、教育、经济和制度等方面进行改革，只有加速改革才能真正实现反贫困目标，居民的收入水平才能得到显著提升。

保罗·罗森斯坦（Paul Rosenstein, 1953）针对贫困治理进行分析时提出了大推进理论，他认为一个国家或地区的经济发展与扩大投资、增加支出息息相关。贫困问题是一个世界性难题，各国学者对贫困治理进行了深入分析，也提出了诸多极具参考价值的研究成果。学者们提出了关于农村贫困治理的诸多观点，舒尔茨（Schults, 1960）在分析传统农业的变革发展之路时，提出实现农业的规模化和机械化发展，一方面可以显著地提高农业的生产效率，另一方面又可以通过教育和培训的方式，帮助农民群众掌握农业机械和专业知识。农民群众在拥有了更高水平的技能以后，也能有效提高农业耕作效率，从而达到缓解贫困的目的。刘易斯（Lewis, 1954）提出了著名的二元经济模型理论，他认为传统部门的劳动力会逐渐向现代部门转移，在这个过程中，如果能够实现剩余劳动力的顺利转移，就有利于解决贫困问题。阿玛蒂亚·森（Amartya Sen, 1974）对孟加拉国和埃塞俄比亚等国出现的饥荒问题展开了分析，他探讨了权利和贫困之间的相关性，并在此基础之上分析埃塞俄比亚和孟加拉国的贫困原因，以期找到贫困治理的方法。

也有不少学者在贫困治理问题中引入协调治理理论。米达尔（Myrdal, 1991）通过研究东南亚等国家的贫困和发展问题，为人们探讨贫困治理提供了一条新的思路，他认为土地、权力和教育改革，是发展中国家有效解决其贫困问题的主要方式。另外，发展中国家还需要通过储蓄的方式来积累资本，资本的形成可以提高发展中国家的生产效率，迅速提高人均收入水平。舒尔茨（1992）认为教育是发展中国家改变贫穷落后现状的主要手段，贫困人口可以通过接受教育的方式提高自身的综合素养，并且接受教育有利于其找到更好的工作来提高自身的收入，也有助于提升发展中国家的生产活动所需的生产要素，从而推动国家或地区的经济增长，帮助该地区的人民摆脱贫困。阿玛蒂亚·森（Amartya Sen, 2001）研究发现如果能够从农村社区着手贫困治理工作，加强农村地区人口和家庭的能力建设，而不是简单的物质投入，有助于从根本上解决农村贫困地区的贫困问题。政府部门在乡村贫困治理中应当占主导地位，同时要根据本国的实际情况构建完善的社会制度，依托于市场调节作用，引导村民学会自治，通过构建多维扶贫体系，达到扶贫效果的最大化。由此可见，对于农村的贫困问题而言，以能力为导向的扶贫机制将发挥更大的作用。

联合国（2002）提出，在社会经济发展过程中，贫困群体往往难以共享经济发展的成果，因此，应从完善社会制度出发，注重为贫困人口提供平等的医疗和教育机会，才能真正有益于贫困人口的发展。安塞尔等（Ansel et al.,

2007）借鉴协调治理理念探讨了贫困治理方案，他们认为如果能够实现资源共享，让最有需要的群体共同享受社会发展的成果，贫困户就有可能在资源共享的过程中摆脱贫困。世界银行（2009）提出，反贫困工作的重点就在于解决集中贫困人口社区的贫困问题，同时要让贫困人口参与社会、经济、政治等各个领域的发展，他们才能发现摆脱贫困的机会，提高收入水平。爱玛·托马斯（Emma Thomas，2010）通过分析贫困治理问题，提出有意义的群体成员身份对于解决发展中国家的贫困问题会产生更重要的作用，这是由于这些成员在政治运动和社会运动中能够释放出更大的价值，从而获得更多的机会和选择权利。

综上所述，国外学者在研究贫困治理方面所提出的研究成果值得我国学者深思，他们提出的一系列贫困治理措施在实践中都得到了广泛的验证，学者们也从农村和城市等多个层面出发提出了具体的贫困治理措施，在贫困治理方面做出了有益的尝试。但部分发展中国家的地方政府往往缺乏对贫困相对性和长期性的认识，提出的贫困政策体系并不完善，且不同地区的贫困标准和援助体系存在较大差异性，导致不同地区的贫困差距越来越大。

2.2.1.6　关于返贫的相关研究

关于返贫现象及其原因，学者们也提出了不同的观点。首先，就返贫现象而言，学者们认为返贫和贫困的进入和退出有关。詹金斯（Jenkins，2001）通过研究贫困动态性分类，发现有部分群体存在周期性贫困的情况，即在贫困和脱贫的状态中来回波动。李和哲（Lee & Zhee，2001）对非洲人移居美国的后续发展进行研究，发现移民家庭在美国失业以后就容易陷入贫困，但他的研究中并未将返贫作为研究主题。其次，部分学者认为贫困的持续性是出现返贫的主要原因。摩尔（Moore，2004）主要研究了发展中国家的返贫问题，他认为持续性贫困的出现与这些国家和地区存在生态、社会、经济和政治问题有关。研究中心（Research Centre，2004）通过对返贫问题展开深刻分析后发现，能力剥夺是出现持续性贫困的主要原因，此外，国家政府存在失败的国际合作也是出现持续性贫困的主要原因。最后，返贫还表现为贫困脆弱性。世界银行（1995）认为贫困脆弱性指的是个人或家庭的抗风险能力较弱，一旦面临风险就会迅速返回贫困的可能性。德康（Dercon，2001）认为农户生产活动会进入一个循环，一旦出现外部风险对农户的生产活动造成冲击，农户就可能颗粒无收，最终陷入贫困，这里的风险包括自然风险、资产风险和福利风险等。米歇尔·卡拉德里诺（Michele Calandrino，2003）认为长期贫困农户在脱贫以后更容易返贫，尤其是在政府部门缺乏对长期贫困农户有足够重视的情况下。

2.2.2 国内研究综述

2.2.2.1 贫困的界定

国家统计局（1990）认为，贫困主要指的是个人或家庭的生活水平无法达到社会最低标准的生活状态。进入 20 世纪 90 年代以后，我国不少学者提出只有解决了农民群众的温饱问题，才能达到理想的反贫困效果。童星和林闽刚（1993）提出贫困代表着文化落后、经济落后和社会落后，指的是个人或家庭因缺少收入，而无法获得生活必需品以及社会发展机会的生活状态。康晓光（1995）指出若个人或家庭处于贫困状态，其收入水平将难以维持其基本的生活，同时难以获得社会发展机会以及最基本的权利，难以享受更多的教育和医疗保障，最终只能深陷贫困而无法自拔。周怡（2002）认为，需要从文化和结构这两个层面出发来理解贫困的内涵。事实上，基于结构所建立的各项制度，都不能否认文化因素的存在；而贫困文化中也进一步阐述了制度对贫困所产生的影响。因此，需要从制度和文化这两个层面出发来探索贫困的内涵，才能得到更接近实际的研究成果。张磊（2007）认为处于贫困状态的个人或家庭难以获得生活必备的资料，也难以获得提高自身发展能力的资源和机会，使得其生活处于困境中。王小林（2012）认为，贫困指的是个人或家庭的收入水平不足以解决其最基本的生活难关时所处的生活状态。他引用了《英国大百科全书》中关于贫困的定义，贫困指的是个人或家庭缺乏财富或货币的一种状态，导致个人或家庭无法维持其最基本或最低的生活所需，无法购买商品或服务。韦璞（2015）认为外部因素、政府社会因素和个人因素都有可能引发贫困，贫困可以是单因素引起的贫困，也可以是多因素引起的贫困。陈书（2015）对中国城镇贫困的原因进行深入分析后发现，城镇居民本身消费水平和边际消费倾向偏高，而通货膨胀的存在，使得部分城镇居民在居民消费品的价格大幅提高以后，也会陷入贫困。虞崇胜和余扬（2016）认为可行能力代表着个人或家庭消除贫困的能力，意味着其能够按照自身的意愿，从事社会创造性活动的能力。因此，如果个人或家庭失去了可行能力，就代表着其难以获得在社会公平发展的机会，无法从根本意义上消除贫困，最终容易长期陷入贫困。他们认为只有提高群众的可行能力，才能真正消除贫穷与落后。高帅和毕洁颖（2016）认为贫困包括动态贫困、能力贫困和多维贫困，他们从上述几个方面出发，展开了关于贫困本质内涵的实证分析，发现陷入持续性多维贫困的人，往往收入水平和社会地位偏低，且大部分都长时间从事农业活动。郭熙保和周强（2016）认为多维贫困与社会关系、家庭户主特征、户籍制度、人口规模和结构等要素息息相关。杨龙和李萌（2017）在分析致贫原因时，主要从自然、社会和个体三个角度出发探讨了贫困地区农户陷入贫困的原因，他们发现资源禀赋、社会资本、市场、个人、政府、基本权利、基础设施和制度、历史人文、人力资本和地理环境等都会对贫困产生影响。贾林瑞等人（2018）采用问卷调查和空间分析的方式探讨了贫困户的致贫原因，他认为导致贫困户陷入贫困的原因各有不同，贫困所受到的影响因素较多，但归根结底，收入水平偏低和缺乏良好的社会保障，仍然是我国贫困户陷入贫困的主要原因。

综上所述，学者早期主要研究了物质贫困，而随着对贫困问题的研究越来越深入，学者们又开始研究权利贫困、能力贫困和多维贫困，开始深度挖掘贫困的本质内涵。现实的贫困问题受到的影响因素较多，甚至有部分贫困发生于特定的环境之下，因此，探讨人文环境、自然环境、社会文化以及人文习俗等因素和贫困之间的相关性，将有助于学者们更深入细致地理解贫困的内涵。我国学者从经济、文化、政府、历史和社会等多个角度出发对贫困的内涵展开了细致分析，而从不同的研究视角出发所得出的研究结论也各有不同。例如，学者们在基于可行能力研究贫困内涵时，采取了价值判断和社会评价等方法，强调了贫困者的自身原因是导致即其陷入贫困的主要原因。权力贫困理论则认为贫困者被剥夺了社会基本权利以后才会陷入贫困，主要对贫困的外在性进行了解释。

2.2.2.2　关于贫困线测度的研究

国内学者在研究贫困线测度时，主要参考了国外学者提出的分类标准，但国内学者的研究焦点并不是贫困线标准，而是贫困测量方式。测量贫困的基础就是贫困标准，但在不同的历史时期，贫困标准也各有不同，早期人们建立了一维贫困标准，而随着贫困线的发展以及贫困线测度方法的不断增多，人们又提出了多维贫困标准。

目前，学者们提出的最常见的贫困线包括绝对贫困线、相对贫困线和多维贫困线三种，而不同的贫困线在不同时期所能够发挥的作用也各有不同，贫困标准也因此得到了进一步的完善。朱晶等（2010）探讨了通货膨胀背景下农村的贫困线标准的调整问题，他们利用 1997—2006 年农村实际贫困线和名义贫困线的相关数据研究，提出要想将农村贫困线调整得更加贴近实际，相比于农村 CPI 指数，采用农村贫困 CPI 指数所得到的调整结果更加精准，能够将物价对贫困人口产生的影响更真实有效地反映出来，避免在贫困测量过程中出现偏差。郭宁宁和钱力（2018）也对相对贫困线进行了深入分析，他们对集中连片特困地区的多维贫困情况进行探讨后，对相对贫困线的动态变化进行了分析，并通过样本数据进行模型分析，提出了不同时间点的新相对贫困线。学者们关于贫困线的研究经历了一维到多维的转变。高明和唐丽霞（2018）利用修正的 FGT 多维贫困测量方法，对不同类型的贫困户的多维贫困指数进行了计算，发现贫困发生率的主要影响因素是生产性资产，多维贫困指数并不一定会受到地区经济发展的影响，但却会主要受到居民收入水平的影响。潘慧等（2018）主要从人口自身因素、社会环境因素和客观条件因素等角度出发研究了贫困测度因素，随后在测量模型中又提出了饮用水、燃料、教育、收入水平、环境卫生和健康等多维因素，并分析了这些因素对贫困产生的影响，以便准确识别农村贫困人口。陆模兴等（2018）主要收集了广东省贫困县的数据，引入了 Alkire-Foster 多维贫困测度模型进行分析，模型主要包括劳动、饮食、教育、生活、居民收入和健康等因素，探讨了这些因素和贫困之间的相关性，进而提出了测度贫困的方法。周慧和文娟（2018）针对湖南省 72 个县的贫困问题，采用多维贫困测度法进行评估，他的评估侧重点包括教育、健康和生活，发现多维贫困指数和居民的收入水平、受教育水平和健康水平息息相关。马绍东等（2018）采用了多维贫困分析方法对贵州省 3.5 万个建档立卡贫困户进行了研究，发现无论采用单维测评法还是多维测评法，少数民族居民的脱贫都存在脆弱性，极容易出现返贫的情况。因此，他认为我国民族地区未来应当采取更大的扶贫力度，如构建多元化的财产保障机制，从多个角度出发提高民族地区少数民族居民的收入水平。

关于贫困线分类，目前学术界主要提出了收入贫困线和资产贫困线两种类型。在研究资产贫困线方面，李佳路（2011）基于资产贫困理论，对 2 400 户贫困户的资产贫困状况进行了实证分析，他通过对资产贫困进行研究发现，贫困户的资产评估主要包括耕地、耐用品、住房和生产性资料贫困，因此，他认为在确定资产贫困线标准时，可以从这四个方面出发，任意选择三个维度进行评估，还发现与贫困发生率关系最为紧密的是耕地和生产性固定资产。汪三贵（2013）提出资产贫困可以有效评估度量家庭的福利水平，适当提升个人或家庭的资本投入，将有助于贫困者摆脱贫困。关于收入贫困线的研究，陈辉（2015）针对粤北山区农村家庭的贫困情况进行了实证分析，并对不同的贫困测度方法的优劣势进行对比，如多维贫困测度法、FGT 指数、单维收入贫困线等，他认为多维贫困测度法能够更加精准地识别农村贫困家庭，可以从社会保障、教育、医疗、健康和卫生等多个角度对贫困程度进行衡量。

综上所述，目前学者们不再只是从单一维度对贫困进行评估，而是逐渐从更深和更广的层次进行贫困测度。在 2020 年精准扶贫收官后，未来关于新的贫困线的设置，尤其是相对贫困线的设置仍然是学术界关注的重点。

2.2.2.3 关于贫困对象识别机制的研究

关于贫困对象的识别，国内学者也从不同角度出发提出了不同的观点。郭佩霞（2007）认为缺乏公平透明的扶贫对象识别机制，将不利于找到贫困地区的真实贫困对象。在贫困对象的识别工作中，一方面需要提高贫困线标准，另一方面还需要考量土地等其他因素，并确保贫困者也可以参与到当地的扶贫工作中，保证地方扶贫工作的公平公正、公开透明，以便于提高贫困对象的识别效率和识别准确性。许源源等（2007）认为部分地区在扶贫工作中过度强调目标，但却忽视了过程公平，这是我国进行农村扶贫识别的主要困难，极大地削减了农民在扶贫工作中的参与度，农民的个人发展与区域发展出现脱节现象，也不利于贫困户后续的可持续发展。汪三贵（2010）在研究中发现，我国不同地区的数据以及识别方法存在较大差异性，导致国家统计局和民政部的低保人口统计数量也存在较大差异，国家统计局认定的低保户往往具有劳动能力，民政局认定的低保户要求却恰恰相反，失去了基本劳动能力。另外，国家统计局和民政局的贫困户识别机制还存在交叉问题，未来我国还需要对现有的贫困人口识别机制作出调整和优化，才能获得更加科学、准确的贫困户识别结果。

部分学者在分析扶贫识别问题时，从扶贫识别行为的主体、对象和客体这三个层面出发展开分析，发现社会扶贫力量并未真正上参与到政府的扶贫工作中，而政府在扶贫工作中也只是充当了"保姆"的角色，未能构建完善的扶贫政策和监管机制，导致各项扶贫工作存在资金占用挪用、扶贫政策无法得到贯彻落实等问题的存在，正因为部分扶贫措施未能发挥起扶贫作用，才导致我国的反贫困工作进展缓慢。未来有必要构建一套交互式动态扶贫机制，才有利于对贫困地区的贫困群众进行精准的识别，同时有效利用政府的扶贫资源，将扶贫资金和扶贫资源都用在刀刃上（刘流，2010；叶初升 等，2012；张笑芸等，2014）。

不少学者在研究中发现，不能准确识别贫困对象，与贫困人口认定无效率、缺乏完善的识别机制、识别过程缺乏公开性和透明性、缺乏统一完整的识别标准、信息不对称等问题有关，这些问题的存在导致贫困对象识别出现了道德风险和逆向选择，农村地区的扶贫工作中出现了各种腐败现象，导致全社会各阶层对扶贫工作产生了负面看法。未来政府部门需要重新调整贫困对象识别机制、识别流程，做到对贫困对象的精准识别，才能有针对性地开展扶贫工作，达成既定的扶贫目标（陈准，2011；夏玉莲，2017）。罗江月等（2014）认为扶贫识别问题需要具体情况具体分析，他从技术、经济、社会文化以及政治等多个层面出发探讨了不同的扶贫识别方法，并提到了扶贫资源的流向存在问题是导致扶贫识别精准度较低的主要原因，未来在贫困对象的识别过程中，首先需要提高扶贫识别的行政成本，其次是需要采用多元化的贫困界定标准，最后是需要警惕扶贫工作中存在的负面效应。杨龙等（2015）认为需要有机结合贫困测量和脆弱性测量开展扶贫识别工作，才能有效降低脱贫对象的脆弱性，同时可以准确地进行扶贫识别。温丽和乔飞宇（2017）提出社会、文化以及制度等各项因素都会对扶贫对象识别产生较大的影响，缺乏完善的制度机制和监管体制，导致扶贫对象的识别工作不规范，未来我们必须从完善制度这一层面着手，才能解决扶贫对象识别不准确的问题。

对于如何建立有效的识别机制，学者们也提出了不同的看法。李雪萍和刘腾龙（2018）认为扶贫对象、扶贫工作者以及扶贫机构之间的利益诉求并不相同，导致政府无法对贫困对象进行精准的识别；在社会流动以及信息不对称等因素的影响之下，农户在扶贫工作中的监督功能和主体地位被剥夺，最终才导致我国无法对贫困户进行精准的识别。华海琴（2018）对精准识别展开深度分析后发现，未来我国必须建立精准识别有效机制，采取恰当的识别机制和识别方法，并要求各级部门必须按照制定的方法和机制对贫困人口进行识别，尽可能避免出现贫困户排斥现象。冯丹阳和张世勇（2018）认为扶贫识别实质上是我国政府的一个基础治理工作，我国政府必须有机结合基层民主和上层监督审查。王治等（2018）在研究中发现，扶贫工作中的各方利益主体在扶贫工作中存在博弈关系，一旦发生利益冲突或者信息冲突，扶贫识别精准度就会大受影响。未来我国还需要调整原有的扶贫对象识别机制，具体包括以下几点：一是建立自下而上的扶贫识别参与机制，确保扶贫对象可以充分参与到扶贫识别工作中来，同时可以将社会监督和群众监督的作用充分发挥出来；二是通过政府购买服务的方式，提高扶贫识别工作的独立性，由第三方社会组织负责对整个扶贫过程进行监督，这将有利于得到更加精准的识别结果；三是扶贫工作绩效可以作为干部未来工作升迁的重要考核根据；四是应当建立贫困人口动态监测平台，构建良好的贫困人口的进入和退出渠道。冯丹阳（2019）在研究中发现，我国未能构建完善的贫困对象识别流程以及动态管理机制，尤其是在单一的贫困对象识别标准的作用下，我国各地政府无法对贫困地区的贫困农户进行精准的识别，同时这也不利于相关部门及时移出已经不符合国家标准的农村或农户，不利于及时纳入符合国家贫困标准的农户。只有构建完善的大数据精准识别标准、识别流程、识别机制，相关部门才能对贫困户进行精准的识别，并根据其识别结果，实现扶贫资源和扶贫资金的精准化利用。而政府在扶贫开发工作中应当发挥"引路人"的作用，并且将贫困户在扶贫开发工作中的主观能动性充分调动起来。

综上所述，学者们关于识别贫困对象提出了多种方法，也发现了我国的贫困对象识别工作存在诸多问题，如贫困人口排斥现象、缺乏健全完善的识别机制和监管机制，这些问题导致我国政府无法对扶贫对象进行精准的识别，进而出现了扶贫资源和资金滥用的情况，难以达到理想的扶贫效果。扶贫工作无法落到实处，将导致贫困问题难以有效解决，未来需要建立合理的贫困对象识别机制，并保证整个识别过程的公平性和公正性，从而更精准地识别贫困户。

2.2.2.4 关于贫困成因的研究

国内学者在研究贫困原因时，主要从文化教育匮乏、公共资源缺乏、制度性和阶层性四个方面进行了探讨。

文化教育匮乏致贫研究，主要指由于文化教育的匮乏而出现的贫困。辛秋水（2001）认为文化贫困是导致贫困人口长期陷入贫困的根本原因，正因为贫困人口未能接受良好的教育，其落后的文化观念和思想认知，导致其在社会生产和发展进程中长期陷入贫困无法自拔。因此，只有从贫困者本身出发，助其提升思想文化水平，使贫困者能够更新其落后的文化观念和思想认知，提高贫困者的综合素质，使其拥有自力更生摆脱贫困的想法和能力，才能从根本上解决贫困问题。霍永刚（2001）认为贫困人口本身缺乏积极进取和艰苦奋斗的精神，通过调查发现，大部分贫困人口文化水平都较低，只有做好教育扶贫才能提高贫困人口的思想认知水平和综合素养，因此，我国应当投入更多的资金和资源开展贫困地区的成人教育工作。一方面，通过思想文化教育提升贫困者的思想素养；另一方面，也可以通过成人教育来提升贫困者的劳动技能，从而达到提高贫困者收入水平的目的。邢红（2005）在研究中发现，因为贫困者本身缺乏积极的价值观，贫困地区缺乏高质量的人力资源，所以贫困地区才长期陷入贫困。大部分贫困者都存在精神贫困的情况，他们不仅好逸恶劳、得过且过，还缺乏竞争意识和创新理念，正是其思想上和思维上的贫困才导致其难以提升收入水平并获得发展。李有发（2006）认为当前的贫困人口主要是思想和精神方面的贫困，如果只从经济和物质层面开展扶贫工作，并不足以从根本上解决贫困问题，因此，我们需要通过教育扶贫的方式提高贫困人口的基本能力，改善文化贫困。刘龙等（2007）认为农村的传统贫困文化导致人民在思维和精神层面存在贫困问题，人们受到传统守旧思想的束缚，不愿意通过自己勤劳的双手发家致富，甚至以得到国家的救济为荣，这种思想是部分地区开展扶贫工作效果不佳的主要原因。文宏等（2015）基于脆弱性因子研究了农村家庭的贫困现象和致贫原因，他认为大部分农村家庭因贫穷而无法让子女接受良好的教育，而其子女又因为未能接受良好教育，家庭又持续陷入贫困。万国威等（2016）研究了我国西部民族地区特困农牧民的贫困原因，通过实地调研和实证分析，他发现结构性贫困和文化性贫困是农牧民的主要致贫原因。王士君等（2017）认为西部农村长期陷入贫困与农户的贫困文化有关，农户在传统守旧思想的束缚之下，无法跟随时代的发展改变自我的思想认知和劳动技能，阻碍了西部农村脱贫攻坚工作的开展。任远（2018）研究了喀什地区的农村贫困现象，他认为思想观念问题是喀什地区农村贫困问题久久无法得到解决的主要原因，这些农村地区的贫困群众常常安于现状、得过且过，且其思想中落后的婚姻观念和教育观念，都导致农民长期陷入贫困。

公共资源缺乏致贫。因缺乏卫生资源、公共卫生服务及基本医疗等公共资源，贫困地区的农民也容易陷入贫困。杨国平（2008）在研究中发现，我国城乡二元结构下，分配到城市和乡镇的医疗资源并不均等，在基础医疗保障缺乏的情况下，农民群众往往面临着看病难和看病贵的问题，因病致贫现象极为普遍。王延中（2008）就我国社会保障改革30多年的发展成果进行了深入分析，他发现尽管我国也优化了社会保障制度，但由于投入不足、覆盖面窄、体系不健全等问题的存在，仍有一部分低收入人群未能享受到现有的社会保障，从而陷入贫困。耿相魁（2009）研究发现，由于我国缺乏完善的社会保障制度，如农村社会法律制度、最低生活保障制度、农村养老保险制度、农村医疗保险制度等，部分低收入农村居民沦为贫困者。李杰等（2012）认为我国城镇和乡村的社会保障水平存在较大差距，极大地影响了我国农村地区农民的社会保障水平和生活质量，最终导致农民出现间接性贫困的问题。孙梅等（2013）从新农合医疗保险的角度出发探讨了农村居民因病致贫的现象，他认为尽管我国政府提出了新农合医疗保险制度，但农民群众的看病难和看病贵问题仍然未从根本上得到解决，因病致贫现象仍然极为普遍。

制度性致贫研究。部分学者认为正因为缺乏完善的制度体系，才产生了大量难以解决的贫困问题。杨秋宝（1997）认为缺乏完善的制度是导致中国农村地区长期陷入贫困的主要原因，制度的不完善导致农村地区的经济发展缺乏基本的人才、资本和技术，大量农村的劳动力向城市转移，农村地区发展更加缓慢。赵乐东（2006）认为在中国城乡二元户籍制度之下，中国的城镇居民与农村居民收入和福利水平差异更加明显，最终导致农村地区出现贫困，未来只有首先解决中国户籍制度和土地制度存在的问题，才能解决我国农村地区的贫困问题。陈小伍和王绪朗（2007）主要从制度层面分析了我国农村居民陷入贫困的主要原因，研究的侧重点包括法律、文化教育、农村土地产权和结构制度等，他发现缺乏健全的社会保障机制、明确的土地产权制度以及农村居民难以无法获得更多社会资源等问题，是导致我国农村居民长期陷入贫困的主要原因，并提出只有构建完善的制度才能有效解决农村贫困问题。高志敏和王宪锋（2008）认为完善的社会保障制度，可确保我国贫困地区的农村贫困居民不再受温饱问题的困扰，同时可以有效缩小我国城市和农村之间的差距。曾志红等（2013）认为我国不同阶段的扶贫制度都存在制度缺陷，包括社会保障、文化教育、医疗卫生和城乡制度等，而制度缺陷是导致我国农村地区长期陷入贫困的主要原因。相丽玲和牛丽慧（2016）认为在当前的信息化时代中，除了物质缺乏导致的贫困以外，还出现了信息贫困等新型贫困现象，这与我国缺乏完善的信息援助机制有关，政府部门必须从信息时代的背景出发，制定完善的信息素养培训体系和信息援助机制，确保可以满足不同水平贫困群众的信息需求。只有在掌握了充足的信息资源以后，贫困群众才能够抓住社会发展机遇。

阶层性贫困研究。阶层性贫困研究主要指的是当拥有相同的社会制度、区域背景和社会环境时，个人和家庭缺乏自身发展能力以及竞争力，而导致其无法在社会中获得一定的生产生活资源而陷入贫困的现象。王卓（2000）认为社会中出现明显的阶级差异以后就会出现阶层型贫困，而不同阶层的贫困发生率存在较大差异，阶层性贫困的主要原因在于社会分工的细化以及职业差异的存在。叶海平（2004）认为我国社会收入分配已经出现了明显的阶层差异，且这种阶层之间的差距正随着时间推移进一步扩大。未来我国社会的收入分配必然会呈金字塔型，这种收入分配结构会导致我国社会贫富差距越来越大。因此，我国政府有必要采取有效的措施提高低收入阶层的收入水平，尤其是要解决我国的失业和就业难问题。另外，政府部门还需要充分结合利用初次分配和再次分配的调节手段，对高收入阶层的收入水平进行合理的调节，以便提高我国社会中层阶级的占比，提高低收入群体的收入。张立冬等（2009）通过调查我国农村家庭的收入，发现收入阶层性和农村贫困之间有着不可分割的联系，而阶层的收入水平越低，就越有可能陷入贫困。徐秀虎（2011）对贫困农村家庭的资源禀赋展开分析后发现，户主年龄、劳动力数量、耕地面积、外出打工、培训以及残疾与否对农户脱贫都将产生重要影响。徐小言（2018）认为与中青年农民工相比，农村的留守群体脆弱性更大，而这些留守群体在缺乏良好收入的情况下，极有可能陷入贫困，在陷入贫困以后若未能外出打工，成为留守群体，留守和贫困就会形成了一个恶性循环。

综上所述，目前我国学者在研究致贫原因方面已经提出了丰富的研究成果，包括文化教育、公共资源匮乏、制度和阶层性等致贫原因，且致贫因素多种多样，包括国家宏观层面，也包括个人微观层面，在国家扶贫工作的开展过程中，必须在充分了解了致贫原因以后，才能因地制宜地开展扶贫工作，获得理想的扶贫效果。

2.2.2.5 关于精准扶贫的研究

2013 年 11 月，习近平总书记首次提出了"精准扶贫"的重要论述，在广泛开展调研的基础上，他又在多个场合就精准扶贫发表了一系列重要讲话，形成了一套科学的精准扶贫理论。近几年，学术界对"精准扶贫"进行了广泛研究，从精准扶贫的概念界定、扶贫内容、路径选择，到精准扶贫的实践经验、现实问题与对策建议。截至目前，关于精准扶贫的研究涵盖了多个学科领域，从研究切入点划分，包括以下四个维度。

第一类，聚焦农村精准扶贫。"三农"问题一直是我国社会各界关注的话题，精准扶贫攻坚的任务就是要解决好农村贫困问题。部分研究探讨了农村多维度贫困的测度问题。陈辉等（2016）基于多维度贫困测度，研究了贫困精准识别从而提出精准扶贫对策。杨慧敏等（2016）提出，在生态敏感区农户多维度测度时还要注重农户的房屋结构和家庭收入主要来源。支俊立等（2017）对我国农村贫困人口的多维度贫困问题进行识别和测度，发现贫困人口在教育和健康方面的贫困问题相比非贫困人口更为普遍，这两个维度上的剥夺是造成我国农村多维度贫困的最主要因素。还有一部分研究聚焦如何提高精准扶贫的带动效果，特别是农村干部领导力，认为示范效应对于实施精准扶贫具有重要意义。王晓毅（2017）认为虽然向农村派驻工作队是实现动员农民以完成某项政治目标的有效手段，但如何使驻村帮扶更好地融入乡村社会、发挥扶贫的作用是决策者需要特别关注的事情。王亚华等（2017）认为实现农村领导力的内生性供给，为贫困地区乡村社会良治和精准脱贫的可持续性奠定了良好基础。

第二类，从微观角度具体分析实践经验。从微观角度具体分析实践经验，使精准扶贫内容更丰富、更具科学性。部分学者以竞争性扶贫项目为例，研究了项目制扶贫的运作效率。李博（2016）发现扶贫项目在地方实践中的非均衡分配限制了贫困地区脱贫的步伐，需要进一步加强项目执行的监管力度，提高基层政府的精准扶贫治理能力，制定扶贫开发的后续扶持政策。许汉泽等

（2016）发现项目分级治理下不同层级政府的多重逻辑以及项目制与科层制之间的张力，二者共同导致了扶贫实践与国家"精准状贫"目标相背离。

第三类，精准扶贫模式创新研究。谢玉梅等（2016）将"贫富捆绑"和"银保互动"两种小额信贷模式进行比较研究，发现两种模式都较好地解决了贫困户贷款中的目标瞄准和风险管理问题，但应根据贫困程度和贫困原因的不同采取不同的资金支持策略。莫光辉等（2017）认为大数据技术支持对精准扶贫进程的绩效影响显著，大数据扶贫平台建构是精准扶贫实践的新模式，应深入推进大数据技术在扶贫开发领域的全面应用，从而实现大数据扶贫的减贫、脱贫绩效。

第四类，精准扶贫的路径选择与对策。关于精准扶贫路径选择与对策的研究，学者们既有宏观层面上的方向指导，也有微观层面上的具体建议，还有将二者相结合起来，针对连片特困地区的比较研究。万君等（2016）认为精准扶贫可以以区域发展为视角、提升片区定位精准度，以多贫困为视角、提升减贫内涵精准度，以精准扶贫为视角、提升脱贫手段精准度，构建精准扶贫与片区攻坚融合推进的新机制。14 个连片特困地区是我国精准扶贫的主战场，通过理论与实践分析，李耀锋（2016）认为"项目进村"碎片化是制约连片特困地区精准扶贫的关键症结。张玉强等（2017）认为集中连片特困地区实施精准扶贫时，需尊重地区之间的差异性。综上所述，关于精准扶贫路径选择与对策建议的研究对我国下一阶段扶贫工作的开展具有重要的指导意义，学界关于精准扶贫的理论研究以及理论与实践相结合的研究也非常全面，对相关精准扶贫政策的制定与实施都有重要的借鉴意义。但是，贫困户精准脱贫后下一步如何实现可持续脱贫仍然是有待进一步思考的问题。

2.2.2.6 关于返贫治理的相关研究

返贫现象的出现导致扶贫开发工作的难度加大，不利于提高脱贫攻坚工作的效率。国内学者针对返贫治理提出了诸多有参考价值的意见，主要围绕教育与就业、公共物品供给、生态环境、参与主体、医疗保障体系、环境与灾害治理机制体制方面进行了探讨。

教育与就业方面。凌国顺等（1999）从教育与就业角度出发探讨了返贫治理对策，他认为我国政府必须加强对人力资本的投入，以提高我国贫困者的劳动技能和自我发展能力，才能达到真正良好的贫困治理效果。只有通过造血式扶贫而非输血式扶贫的方式，贫困人口才具备可持续发展能力，才能解决持续性贫困问题。颜廷武（2005）认为只有脱贫户自身具备了发展动力，才能实现脱贫的可持续，因此，我国政府需注重培养贫困农户的自身发展能力，才能真正意义上抑制返贫。李朝林（2006）在研究中发现，忽视人的发展，缺乏对贫困人口的素质培养，会导致出现大量的返贫现象。在新形势下，我国必须注重通过职业教育或成人继续教育的方式，增强贫困者的自我发展能力和劳动技能。陈标平和吴晓俊（2010）认为政府还需要通过大量宣传与教育的方式，确保农户可以充分掌握社会中的各种就业信息。政府的教育培训工作也必须进一步深入。一方面，要引导农户参与职业技能培训，使农户具备自我发展的能力；另一方面，政府可以和职业技术院校建立合作关系，构建一体化培养体系，农户可以在政府的引导下进入职业技术院校学习，掌握更多的种植养殖技能，实现农民的增产、增收。思想与观念提升方面，苑英科（2018）认为教育扶贫是阻断贫困代际传递的根本手段，同时可以在脱贫攻坚战中获得永久性的效果。葛敏（2018）认为要加强我国贫困地区农村居民的思想教育，同时要加强对农村地区的法治环境建设，才能有效避免返贫。

公共物品供给方面。黄海燕（2010）认为政府需要提高公共服务供给能力，加速农村贫困地区的基础设施建设与完善，尤其应当投入更多的资金和资源，推动农村经济建设，确保农村居民的公共物品需求能够得到满足。王刚（2017）认为，农村地区本身缺乏良好的就医环境，劳动者也缺乏良好的心理素质和身体素质，这也是大部分农户陷入贫困的主要原因，为了避免出现因病返贫，我国政府应尽快构建完善的农村医疗保障制度，确保农民看得起病，避免出现因病返贫现象。

生态环境方面。于平（2004）认为我国的扶贫开发工作还需要注重保护生态环境，确保农户在增产增收的过程中不破坏当地的生态环境，只有有机结合环境保护和扶贫开发，才能保证脱贫工作的可持续性。庄天慧等（2011）认为我国在发展农村经济时，也需要加强农村贫困地区的生态建设，实现美丽乡村建设，农村贫困地区拥有良好的生态环境，才能推动当地经济的健康发展，少数民族贫困地区才不会因为生态环境遭到破坏而出现返贫的现象。

主体参与方面。张鼎金（2000）提出，应该从弘扬艰苦奋斗和自我发展的精神，搞农村特色经济，适应市场需求，加强教育科普和共建两个文明，推动农村地区可持续发展等方面抑制返贫。冉光荣（2006）对西藏地区的脱贫工作进行了深入调研以后，提出只有做到精准识别扶贫对象，引导扶贫对象自愿脱贫，才能避免国家扶贫资源的浪费，也才能够从根本上消除返贫的现象。吴晓俊（2010）认为要想实现农村扶贫开发工作的可持续，就必须采用三体均衡扶贫模式，扶贫主体、扶贫共体和扶贫载体，都必须在扶贫开发工作中发挥应有的作用。郑瑞强等（2016）主要从风险因素出发探讨了返贫原因，随后提出了脱贫人口返贫风险预警体系，希望能够从人口生计的角度出发避免脱贫人口返贫。

建立医疗保障体系方面。薄绍晔（2017）认为，完善的医疗保障制度可以为贫困农村地区扶贫工作托底，解决贫困人口最现实的因病返贫问题。吴炳魁（2017）认为我国应当对现有的医保支付政策作出调整，各项医保资源应适当倾向大病患者或者重病患者。王新艺（2019）指出，要想避免出现返贫的现象，一方面，我国必须尽快构建完善的农村医疗保障体系；另一方面，我国还需要保护农村地区的生态环境，避免农民群众生活在恶劣的生态环境中而难以脱贫。

环境与灾害的治理方面。张春艳（2012）认为灾前预防、灾时救援和灾后重建是有效预防因灾返贫的主要方式。邢鑫鑫（2017）在研究中发现，为了达到有效防灾减灾的目的，我国必须尽快推广和普及农业保险，进而有效解决因灾返贫问题。于平（2004）认为，有机结合生态保护和扶贫开发工作，才能获得可持续性的脱贫效果。

体制机制的完善方面。郑瑞强和曹国庆（2016）认为构建完善的返贫风险预警机制，加强对脱贫人口的后期监管与持续性扶持，是避免脱贫人口出现返贫的主要方式。孙敏和吴刚（2016）研究发现，部分地区不够重视失地农民的利益，导致农民群众长期陷入贫困，未来政府部门需要对各项土地政策进行调整，推动农民的可持续发展。

2.3　前人研究评述

对国内外学者关于脱贫人口返贫问题的研究成果进行梳理，可以发现：

首先，国外学者集中于研究贫困和反贫困治理，返贫问题的研究相对较少。一方面，国内外发展阶段和发展水平不同，中国和欧美国家制定了不同的贫困标准，部分发达国家为低于社会平均收入水平 1/3 以下的都属于相对贫困，因此，国外学者关于贫困和反贫困治理展开了更细致、深入的研究；另一方面，国外返贫现象并不是贫困群体的主流，国际组织在反贫困治理工作中强调了帮助贫困群众长期脱贫的重要性，并旨在采取彻底的减贫措施，因此，国外学者并不集中于研究返贫问题，而是将返贫作为新的贫困现象来研究治理对策。

其次，国内学者也主要集中于研究贫困治理问题，而对返贫问题研究的理论和实证研究仍比较薄弱。这可能与中国长期的减贫政策有关，中国自改革开放以后在减贫工作方面作出了巨大贡献，2020 年，中国如期完成脱贫攻坚目标任务，现行标准下 9 899 万农村贫困人口全部脱贫，足以看出中国对贫困治理工作的重视。返贫问题虽然一直存在，但并未纳入扶贫工作的主要任务。虽然，中国在脱贫攻坚工作中也饱受返贫问题的困扰，少量学者也据此展开了一定的研究，从内部因素和外部因素等多个层面出发，探讨了脱贫户的返贫原因，并从中国国情和脱贫户的实际情况出发，提出了返贫治理对策。

最后，国内学者的返贫问题研究仍存在局限性。一方面，我国学者近几年才开始研究农村返贫问题，目前此方面的研究还缺乏系统的理论基础。国内学者关于农村返贫问题的分析主要集中于理论研究，实证分析相对较少，未来还需要学者们通过有机结合理论与实践，提出更有深度的研究成果。另一方面，学者们更多地研究返贫治理对策，却很少分析返贫预警机制。但是，将返贫现象在萌芽状态时遏制住更能节约时间成本和资金成本，且效果更明显。因此，本书拟在分析西部民族地区返贫现状和原因的基础上，提出构建返贫预警机制的构想，加强返贫阻断机制和返贫预警的分析，并提出有针对性的对策建议，以达到抑制返贫的作用。

3 中国贫困治理及返贫态势

本章将从中国反贫困发展阶段、中国贫困治理取得的成效、重要反贫困政策与措施等方面对中国贫困治理的发展历程进行梳理，并对不同时期中国农村脱贫人口的返贫态势进行分析，探索我国农村脱贫户的返贫原因以及脱贫户的返贫特征。

3.1　中国贫困治理发展历程

3.1.1　中国反贫困发展阶段

新中国成立以后，我国政府开始推动扶贫工作的开展，但直至改革开放以前，我国攻坚工作都处于起步阶段。1978 年改革开放以后，我国扶贫工作才取得了显著的成效，并经历了如下五个发展阶段：

3.1.1.1　扶贫随体制改革进行阶段（1978—1985 年）

1978 年后，我国扶贫工作得到长足进步，但是也面临诸多问题。根据国家统计局 1978 年的扶贫数据，当年我国约有共计 2.5 亿贫困人口，占总人口的 30.7%。当时中国政府提出了家庭承包经营制度，这项制度的推进显著推动了中国农村经济和农业的发展，农村的社会生产率以及农产品的产出效率得到了明显的提升。家庭联产承包责任制极大地提升了价格的开放和自由程度，为乡镇企业的发展创造了良好的平台与空间，进一步缓解了我国的普遍性贫困问题。根据政府部门 1981—1984 年的数据，1981 年我国的贫困发生率为 49%，1984 年这一数据下降至 24%。1978—1985 年，我国贫困发生率显著下降，降幅高达 50%，从 2.5 亿贫困人口下降至 1.25 亿[①]。

---

① 数据来源：国家统计局。

3.1.1.2 大规模开发式扶贫阶段 (1986—1993 年)

改革开放后，我国社会的经济发展速度越来越快，也取得了较为显著的扶贫效果。1986—1993 年，我国进入大规模开发式扶贫阶段，我国国务院以及各地方政府在这个阶段内均成立了扶贫办公室，这标志着我国开发式扶贫工作开启规模化发展的阶段。扶贫办公室主要针对发展滞后和发展不均衡的贫困地区开展扶贫工作，以期能够解决我国大部分贫困人口的温饱问题，并为我国后续的脱贫攻坚工作创造条件。我国在这个阶段制定了贫困标准，采取了一系列优惠扶贫政策，安排了专项资金，希望能够达到减缓贫困的战略目标，其最主要的工作就是解决我国集中连片贫困地区的贫困问题。1986—1993 年，国家扶贫工作最突出的特点就是资金投入大。国家统计局数据显示，此期间段内我国共投入 416 亿元扶贫资金，其中 59% 为息贷款资金，21% 为以工代偿资金，19% 为财政资金。在这一阶段我国的扶贫工作中，国际援助机构以及国内的地方组织也做出了卓越贡献。截至 1993 年年底，我国的贫困人口下降至 8 000 万人，且普遍集中于我国西部地区，国家的扶贫攻坚工作获得了显著成效，也充分地显示了我国政府的扶贫攻坚的决心与毅力。

3.1.1.3 扶贫攻坚阶段 (1994—2000 年)

为了解决我国的大规模贫困问题，尤其是彻底解决 8 000 万贫困人口的基本温饱问题，我国政府于 1994 年提出了《国家八七扶贫攻坚计划》。在中央出台了各项扶贫政策以后，各地方政府也加速推进本地区的扶贫工作，明确了各部门以及各岗位的扶贫责任，确定了责任、权利、任务、资金到省的"四个到省"的工作原则。在扶贫攻坚阶段，有关部门的扶贫工作有了新的任务，东部发达地区需要为西部贫困地区的脱贫攻坚工作提供帮助，国家也专门制定了各项扶贫协作机制，这也标志着我国正式进入了扶贫攻坚阶段。"国家八七扶贫攻坚计划"要求为贫困地区的贫困人口提供更多的就业机会，改善贫困地区的农作物生长环境，推动贫困地区基础设施建设，帮助贫困地区的人民找到适合当地土地环境的农作物，并推动当地畜牧业的发展。在改善了大部分贫困地区的基础设施后，确保贫困地区的村镇之间拥有安全出行的道路，并保证贫困地区通水通电。除此以外，在扶贫攻坚阶段，我国还大力推行基本医疗服务和九年义务教育，解决贫困地区贫困人口的医疗和教育问题。

这一阶段，中央政府着重调整贫困地区的扶贫计划，要求将扶贫重心放到中西部地区，并对贫困地区扶贫资金的使用情况进行严格控制，确保扶贫资金能够发挥最大效用。鼓励充分发挥发达地区扶贫机构和组织的作用，帮助落后地区开展扶贫工作。在扶贫攻坚阶段，我国基本确定了开发式扶贫的基本原则，为贯彻落实我国的脱贫政策，要求以户为单位推进扶贫工作，实现大范围的脱贫措施，确保能够直接面向贫困人口开展各项扶贫工作。国家统计局数据显示，1994—2000年，国家在贫困地区共投入了1 135亿元扶贫资金，其中贴息贷款资金655亿元，以工代赈资金300亿元，财政资金180亿元。随着扶贫资金的增加，扶贫工作获得了较为显著的效果，我国贫困人口从1994年的8 000万下降到2000年的3 000万。由此可见，在扶贫攻坚阶段，我国已初步完成大幅降低极度贫困人口数量的目标。

3.1.1.4 完善改进新阶段（2001—2012年）

在2001年5月开展的第三次扶贫开发工作会议上，中共中央、国务院总结了扶贫攻坚阶段中所出现的一系列问题，并发布了《中国农村扶贫开发纲要（2001—2010年）》（以下简称《纲要》）。《纲要》提出了我国下一阶段的扶贫工作开展的方向，明确了相应的规章和制度，并提出将产业化扶贫和劳动自转移作为我国扶贫开发工作的重点。在中国共产党第十六次全国代表大会上，我党提出了坚持城乡全面发展和贯彻科学发展观的理念，并强调在中国的贫困状况已经发生变化的情况下，我们必须从时代背景出发，调整现有的扶贫策略。结合当时的时代背景和过去的扶贫经验，中央政府提出了"大扶贫"模式，对产业政策、社会政策和区域政策进行全面整合。一系列扶贫政策取得了显著效果，截至2007年年底，我国绝对贫困人口锐减至1 479万。同时，中央政府在2007年明确了居民的最低生活标准，提出将按照最低生活标准为贫困人口做托底保障，而这一最低生活标准也成了贫困人口的最后一道防线。在这个阶段内，我国也明确了开发式扶贫为主，以救济式扶贫为辅的农村扶贫政策。2009年，中央政府全面修改了扶贫标准，修改后的政策涉及人数达4 007万人，这也标志着中国的扶贫开发已经进入了一个新的发展阶段。2009年12月31日，《中共中央 国务院关于加大统筹城乡发展力度 进一步夯实农业农村发展基础的若干意见》（以下简称《意见》），《意见》明确提出未来各级政府扶贫开发工作的重点将放在农村地区的开发式扶贫上，未来几年的扶贫政策也在《意见》中进行了明确的说明。

3.1.1.5 精准扶贫阶段（2013—2020年）

2013年11月，习近平总书记在湖南考察期间，首次提出了精准扶贫的概念，他要求各级政府必须本着实事求是原则，在扶贫工作中做到因地制宜、分类指导和精准扶贫。2014年，中共中央进一步完善了精准扶贫的内涵以及概念，要求做到精准识别帮扶对象，精准采取帮扶政策，根据不同户采取不同政策，提升扶贫政策的效果。2015年，党中央召开全国扶贫开发工作会议，提出实现脱贫攻坚目标的总体要求，实行扶持对象、项目安排、资金使用、措施到户、因村派人、脱贫成效"六个精准"，实行发展生产、易地搬迁、生态补偿、发展教育、社会保障兜底"五个一批"，发出打赢脱贫攻坚战的总攻令。2017年，党的十九大把精准脱贫作为三大攻坚战之一进行了全面部署，提出全面建成小康社会目标，聚力攻克深度贫困堡垒，决战决胜脱贫攻坚。2020年，为有力应对新冠肺炎疫情带来的影响，党中央要求全党全国以更大的决心、更强的力度，做好"加试题"、打好收官战，信心百倍向着脱贫攻坚的最后胜利进军。2021年2月，习近平在全国脱贫攻坚总结表彰大会上指出，我国脱贫攻坚战取得了全面胜利，现行标准下9 899万农村贫困人口全部脱贫，832个贫困县全部摘帽，12.8万个贫困村全部出列，区域性整体贫困得到解决，完成了消除绝对贫困的艰巨任务，创造了又一个彪炳史册的人间奇迹。

图3-1为1978—2020年国家扶贫标准变化趋势。

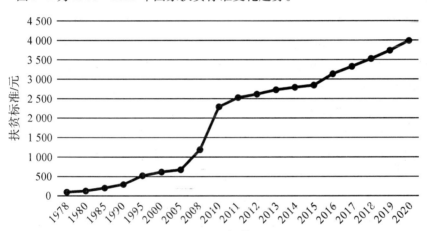

图3-1　1978—2020年国家扶贫标准变化趋势

资料来源：整理自国家公布的历年国家贫困线。

3.1.2　中国贫困治理取得的成效

3.1.2.1　改革开放之初的贫困形势

在改革开放之前，中国的贫困问题属于普遍性贫困问题，较大部分农村居民处于绝对贫困状态（张磊，2007）。在完成土地改革以后，我国农村的贫困面貌有了很大改善，党和政府开始从减缓绝对贫困问题的角度出发，制定各项扶贫政策。在改革开放之初就开始大力推进基础设施建设，推动农村水利设施和灌溉设施的建设，并建立了覆盖全国农村的农村合作信用体系和科技服务网络，为农村地区的贫困群众提供免费的教育、医疗等公共资源，为农村贫困人口成功脱贫，创造了有利条件。国家统计局数据显示，在第一个五年计划期间，我国粮食产量增长率高达 26%，全国居民平均消费水平和农村居民平均消费水平分别提高 34.2% 和 27.4%。但是在这个时期，由于我国的贫困人口基数过大，国家缺乏雄厚的经济基础，政府也实行了工业优先战略，农村居民在改革开放之前的生活水平提升较慢，国内仍然有大量的赤贫人口。1973—1977年，全国有十多个省份都存在粮食不足的问题。1977 年，根据当时农民人均分配收入 50 元的标准，农业部人民公社管理局对于当时全国的穷县和穷队进行了统计分析，除西藏以外，22.5% 的县处于贫困状态，共计 515 个，其中人均分配收入在 40 元以下的县城有 182 个，在全国总县城中的占比高达 39%①。按照 1978 年每人 100 元的贫困线，国家统计局测算了当时中国的贫困人口数量，发现当时中国贫困发生率为 30.7%，全国共有 25.97% 的人口处于贫困状态，共计 2.5 亿人，是世界贫困人口的 1/4（赵曦，2000）。根据国家统计局住户调查办公室《2014 年中国住户调查年鉴》的数据，在人口的消费支出中，食品、衣着、居住和基本生活必需支出的占比分别为 67.7%、12.7%、10.3% 和 90.7%，而文教娱乐支出、家庭设备支出和交通通信支出的占比不足 10%，关于耐用品消费的统计数据，每 10 户家庭拥有 3.08 辆自行车，其他耐用品基本接近于 0，截至 1983 年年底，每 10 户人家才有 0.04 台洗衣机，每 10 户家庭的电冰箱仅有 0.01 台。由上述数据来看，中国农村以及整个中国在改革开放之初，都面临着极为严峻的贫困问题。

3.1.2.2 改革开放以来的减贫成效

改革开放以后，中国社会经济迅速发展，农业、工业和服务业发展取得了显著成效，我国的贫困人口数量也大幅下降，国家也正式进入了全面建设小康社会的阶段。

（1）贫困人口规模大幅下降。

国家统计局的中国农村贫困监测报告显示，根据我国 2010 年出台的扶贫标准，改革开放初期，我国农村贫困人口共计 77 039 万人，农村贫困发生率为 97.5%。截至 2019 年年底，农村贫困人口降低至 551 万人，农村贫困发生率为 0.6%。自 2016 年以后，我国基本实现了每年减少 1 000 万贫困人口的初步目标，直到 2020 年，我国如期完成了精准扶贫任务。世界银行根据其每人

---

① 数据来源：农业部人民公社管理局. 1977—1979 年全国穷县情况 [J]. 农业经济丛刊，1981（1）：48-52.

每天 1.9 美元的贫困标准,对中国的贫困状况进行了测算,在该标准下 2012 年中国共有 8 700 万贫困人口,相较于 1981 年,共减少了 7.90 亿贫困人口,贫困发生率下降至 6.5%,远低于 1981 年的 88.3%,1981—2012 年,我国减少的贫困人口,在全球减少的贫困人口中占比高达 72%①。根据《中国实施千年发展目标报告(2000—2015 年)》,联合国开发计划署认为,1990—2015 年,中国减贫事业发展为全球减贫工作做出了超过 70% 以上的贡献。

表 3-1 为 1978—2019 年中国农村贫困变化(按 2010 年贫困标准)。

表 3-1　1978—2019 年中国农村贫困变化(按 2010 年贫困标准)

年份	农村贫困人口/万人	贫困发生率/%	年份	农村贫困人口/万人	贫困发生率/%
1978	77 039	97.5	2012	9 899	10.2
1980	76 542	96.2	2013	8 249	8.5
1985	66 101	78.3	2014	7 017	7.2
1990	65 849	73.5	2015	5 575	5.7
1995	55 463	60.5	2016	4 335	4.5
2000	46 224	49.8	2017	3 046	3.1
2005	28 662	30.2	2018	1 660	1.7
2010	16 567	17.2	2019	551	0.6
2011	12 238	12.7			

数据来源:中国农村监测报告。

(2)基础设施极大改善。

基础设施缺乏是极其重要的致贫原因,如果能够有效改善贫困地区的交通、水电、通信等基础设施,就能有效减缓贫困地区的贫困。根据中国农村贫困监测报告,2019 年,我国贫困地区基本实现通公路、通电、通电话的自然村全覆盖,所在自然村通宽带和能接收有线电视信号的比例达到 97.3% 和 99.1%,同比增长 2.9 和 0.8 个百分点。贫困地区交通出行也更加便利,2019 年,贫困地区所在自然村主干道路面经过硬化处理的农户比重为 99.5%,同比提高 1.2 个百分点;所在自然村能便利乘坐公共汽车的农户比重为 76.5%,同比提升 4.9 个百分点。

---

① 数据来源:2015 年中国农村贫困监测报告。

（3）公共服务可及性显著提高。

改革开放之初，我国农村地区的文盲率达34%，根据中国农村贫困监测报告，截至2010年年底，我国贫困农户16岁以上成人的文盲率为13.8%，由此可见我国贫困地区仍然存在极为严峻的教育问题①。贫困地区缺乏优质的教育资源，教育水平低下，大部分贫困家庭缺乏先进生产技术和创收能力。由于农村医疗保障的不足，我国农村贫困地区不少居民陷入健康贫困。进入21世纪以后，国家为进一步加强教育和健康扶贫，在农村贫困地区投入了大量的教育和医疗资源。截至2019年年底，我国94%的贫困地区行政村建设了文化活动室，89.8%的贫困地区行政村设置了幼儿园。贫困地区行政村中，上小学便利的农户比重高达91.9%，92.4%以上的儿童在义务教育阶段上学花费时间在30分钟以内。在贫困村劳动力中，高中及以上文化程度占12.3%，初中占42.4%，小学文化程度占36.9%，未上过学的比重为8.4%。贫困地区农村常住劳动力23.6%接受过技能培训，其中81.8%的劳动力接受过农业技术培训，50.7%的劳动力接受过非农技能培训。96.1%的贫困户所在自然村建设了卫生站；86.4%的贫困户所在自然村能进行垃圾集中处理。相比于1978年，经过多年发展，我国已显著提高农村贫困地区的公共服务可及性，并全面提高了贫困地区贫困人口的综合素养。

（4）贫困人口收入稳定增长。

1978年，我国农村住户平均纯收入为133.57元，我国全面落实家庭联产承包责任制以后，农村贫困地区居民的收入水平迅速提高。如表3-2所示，截至2019年年底，我国农村居民人均可支配收入达16 020.7元。

表3-2　农村居民收入增长情况

年份	纯收入/元	可支配收入/元	增长率/%
1978	133.57		
1980	191.33		43.2
1985	397.6		107.8
1990	686.31		72.6
1995	1 577.74		129.9

① 数据来源：2001年中国农村贫困监测报告。

表3-2(续)

年份	纯收入/元	可支配收入/元	增长率/%
2000	2 253.42		42.8
2005	3 254.9		44.4
2010	5 919		81.8
2011	6 977.3		17.9
2012	7 916.6		13.5
2013	8 895.9		12.4
2014		10 489.0	11.2
2015		11 422.0	11.7
2016		12 363.4	8.2
2017		13 432.4	8.6
2018		14 167.0	5.5
2019		16 020.7	13.1

数据来源：国家统计局。

如表3-3所示，精准扶贫实施以来，贫困地区农村常住居民收入水平呈现逐年攀升的态势。我国农村贫困地区农村常住居民的收入水平的稳步提高，为我国脱贫攻坚工作的顺利开展打下了坚实的基础，为全面建成小康社会创造了良好的条件。尤其2013年以来，我国政府不断加大扶贫帮扶力度，贫困地区农村收入水平从2013年的6 079元提升到2019年的11 567元，提升约1.9倍，这与我国精准扶贫政策实施过程中，注重"六个精准"，坚持分类施策，因人因地施策，因贫困原因施策，因贫困类型施策，以及通过扶持生产和就业发展一批，通过易地搬迁安置一批，通过生态保护脱贫一批，通过教育扶贫脱贫一批，通过低保政策兜底一批，广泛动员全社会力量参与扶贫等具体措施息息相关。

表 3-3　2013 年以来贫困地区农村收入水平增长情况

年份	贫困地区农村收入水平/元	贫困地区农村收入增长率/%
2013	6 079	16.6
2014	6 852	12.7
2015	7 653	11.7
2016	8 452	10.4
2017	9 377	10.5
2018	10 371	10.6
2019	11 567	11.5

数据来源：中国农村贫困监测报告。

（5）收入结构优化。

在改革开放初期，集体统一经营的劳动收入是我国贫困地区农村居民的主要收入来源，家庭营业收入在农村居民收入中的占比为 26.79%，仅只有 35.78 元，且这些收入普遍来源于农业生产性收入，而非农性纯收入的占比仅有 8.01%，为 10.71 元。如表 3-4 所示，近几年来，我国农村居民的收入结构有了较大改善。

2019 年，农村居民的收入结构中，自由务工工资性收入的占比突破 41.08%，工资性收入和家庭经营性收入差距越来越小，转移性收入已经成为农户的第三大收入来源，在农户收入中的占比为 20.59%。我国实施精准扶贫以来，国家也逐步提高了社保标准，为低收入群体提供了更多的优惠政策，帮扶力度越来越大，尤其是在提高了农村最低基础养老保险标准以后，也进一步促进了农村居民转移净收入的增长。与 1978 年相比，2019 年我国农村居民的收入结构，不再过度依赖以救济为主的转移性收入，其收入来源越来越多样化，市场参与性收入呈现逐年攀升的态势。农村居民的收入结构正在逐年优化，工资收入金额达到 6 583 元，比 2014 年的 4 237 元增加 2 346 元，增长了 55.37%；家庭经营纯收入也达到 5 762 元，比 2004 年增加 1 525 元，增长了 35.99%；转移性收入从 2014 年的 1 877 元增长到 2019 年的 3 298 元，增长 75.71%，而财产性收入明显不足，仅从 2014 年的 222 元增长到 2019 年的 377 元，在所有收入来源中占比最少。

表 3-4　2014 年和 2019 年农村居民可支配收入来源结构变化

指标	2014 年		2019 年	
	金额/元	比重/%	金额/元	比重/%
可支配收入	10 489	100	16 021	100
1. 工资性收入	4 152	39.58	6 583	41.09
2. 家庭经营纯收入	4 237	40.39	5 762	35.97
3. 转移性收入	1 877	17.89	3 298	20.59
4. 财产性收入	222	2.12	377	2.35

数据来源：中国农村贫困监测报告。

3.1.3　重要反贫困政策与措施

在党的十一届三中全会上，中共中央就我国农业发展出台了《中共中央关于加快农业发展若干问题的决定》，该文件首次明确提出我国贫困人口规模仍然较大，并强调要在 1979—1984 年加快我国农村各项制度的改革，包括市场制度、土地制度和就业制度等。中共中央在 1982—1986 年发布的中央一号文件，全部以"三农"为主题，2004—2021 年，连续十八年中共中央发布的中央一号文件，也全部以"三农"为主题。面对我国新时期的"三农"问题，中共中央从时代背景和农业现代化发展出发作出了一系列重要战略部署，进一步解决了我国的农村贫困问题。1984 年，中共中央和国务院出台了《关于帮助贫困地区尽快改变面貌的通知》，此项通知也标志着我国正式开展全国性的开放式扶贫开发工作，国务院于 1986 年正式成立扶贫工作专门机构，并于 1993 年改组为国务院扶贫开发领导小组，针对全国的扶贫工作进行统筹规划，加速了我国的反贫困治理。"八七扶贫攻坚计划"、两个"十年"的扶贫开发纲要，以及"精准扶贫"的提出，标志着我国反贫困政策逐步完善。

3.1.3.1　中央一号文件中的扶贫政策与措施

农村的稳定与发展关系到国家的长治久安。由于我国大部分贫困人口都主要生活在农村地区，因此，解决农村贫困问题成为解决我国贫困治理的关键。在中央一号文件中，中共中央多次强调"三农"问题，希望通过推动贫困治理，帮助农民群众增产增收，推动农村地区稳定繁荣发展，实现我国农业的转型升级。事实上，贫困治理与中国国民经济全局发展息息相关。尽管近年来的工业化和城镇化发展，导致城乡居民收入差距日益扩大，但在国民经济基础上，农业将长期处于重要地位，是帮助我国贫困人口脱贫，实现农村居民收入增长的关键。1987—2021年，中共中央出台了23个以"三农"问题为主旨的中央一号文件。

（1）以农民增收和解决普遍贫困为主要目标的一号文件（1982—1986年）。

1982年的中央一号文件《全国农村工作会议纪要》就是以解决我国"三农"问题为主，随后在1983—1986年出台的中央一号文件中，主要就调整我国农村经济体制提出了具体意见，以期能够帮助我国农民群众增产增收，解决我国农村地区所存在的普遍贫困问题，如表3-5所示。

表3-5　1982—1986年关于"三农"工作的中央一号文件

年份	文件名称
1982	《全国农村工作会议纪要》
1983	《当前农村经济政策的若干问题》
1984	《中共中央关于一九八四年农村工作的通知》
1985	《中共中央国务院关于进一步活跃农村经济的十项政策》
1986	《中共中央国务院关于一九八六年农村工作的部署》

资料来源：根据1982—1986年各年中央一号文件整理。

在1982—1986年间，中央一号文件中所提出的扶贫相关措施包括：第一，加快农业生产责任制的建设与完善，尽可能延长农民的土地承包期，控制税负降低农户的税收负担，激发农户参与社会生产的积极性与主动性；第二，帮助农村居民养成良好的经济意识，扩大市场溢价收购的占比，尽可能采用合同订购或市场收购的方式，实现农产品在市场中的流通；第三，加速农村地区的商品流通，依托当地政府或社会组织尽快建立各种批发市场，帮助农户实现蔬菜及农副食品的批发，解决农产品进城问题；第四，由困难地区以工代赈、发达地区集资支持的方式加快农村基础设施的建设，为贫困地区创造良好的农业生产条件；第五，盘活农村金融市场，优化和调整农村地区的经济结构，推动农村合作经济发展，鼓励农户通过投资的方式推动农产品精深加工业的发展；第六，加速推广农业科学技术，将现代化科技以及机械设备运用到农业生产中，推动农村的现代化和机械化发展。1986年出台的中央一号文件从资金、技术和人才配套等多个角度出发提出了全国的扶贫计划，以期尽快解决我国最贫困地区的基本温饱问题。

（2）以农民持续增收和解决贫困人口温饱问题为主要目标的一号文件（2004—2013年）。

1982—1986年所发布的中央一号文件，旨在盘活农村经济，解决我国广大农村居民和贫困人口的温饱问题。而随着农户收入水平的不断增加，我国经济发展重心开始向工业化和城镇化转移。1987—2003年，出台的中央一号文件没有再以"三农"为主题，但随着城乡收入差距的持续扩大，我国政府再次认识到推动农村经济发展、缩小城乡收入差距的重要性。因此，2004—2013年连续发布了以"三农"问题为主旨的中央一号文件，其核心内容就是提高我国农村居民的生产能力和收入水平，推动我国农村地区的稳定发展。如表3-6所示，2004—2013年的中央一号文件，重点阐释了我国农民增产增收问题、贫困人口温饱问题以及城乡收入差距逐渐扩大等问题的相关政策措施。

表3-6 2004—2013年关于"三农"工作的中央一号文件

年份	文件名称
2004	《中共中央国务院促进农民增收若干政策的意见》
2005	《中共中央国务院关于进一步加强农村工作提高农业综合生产能力若干政策的意见》
2006	《中共中央国务院关于推进社会主义新农村建设的若干意见》
2007	《中共中央国务院关于积极发展现代农业扎实推进社会主义新农村建设的若干意见》
2008	《中共中央国务院关于切实加强农业基础建设进一步促进农业发展农民增收的若干意见》
2009	《中共中央国务院关于2009年促进农业稳定发展农民持续增收的若干意见》
2010	《中共中央国务院关于加大统筹城乡发展力度进一步夯实农业农村发展基础的若干意见》
2011	《中共中央国务院关于加大统筹城乡发展力度进一步夯实农业农村发展基础的若干意见》
2012	《关于加快推进农业科技创新持续增强农产品供给保障能力的若干意见》
2013	《中共中央国务院关于加快发展现代农业进一步增强农村发展活力的若干意见》

资料来源：根据2004—2013年各年中央一号文件整理。

第一，免除农业税，实施粮食直补。2004年发布的中央一号文件明确提出将取消或部分降低农业税。2005年的中央一号文件，除强调要进一步取消农业税以外，还提出将针对种粮民提供直接的粮食补助，并且采取最低收购价政策，收购粮食主产区的重要粮食品种。2006年的中央一号文件中，提出将全面取消我国农业税，这标志着拥有长达2 600年历史的农业税在我国正式被取消。在2009年的中央一号文件要求应当针对农作物的实际播种面积、农资价格的上涨幅度，为种植粮食的农民发放直接补贴或增加补贴，并引导我国各地方建立利益联结机制，避免出现谷贱伤农的情况。2012年的中央一号文件提出要进一步提高我国种粮农户的直接补贴水平，以确保可以长期稳定地供给农产品。2013年的中央一号文件指出，为解决我国农产品供给和需求之间的矛盾，中共中央要求我国各地区必须采取有效措施进一步控制农业生产综合成本。

第二，加大教育和培训支持力度。2006年的中央一号文件提出全部免除西部地区农村义务教育阶段的学杂费，且免费为贫困家庭的学生提供课本以及寄宿生生活费补助。2006年的中央一号文件再一次加大了关于贫困家庭学生学杂费、课本费和寄宿生生活费的减免力度，全国义务教育阶段学生的学杂费均全面免除。2004年和2005年的中央一号文件明确强调了加快农民职业技能培训和帮助农民创造良好进城就业环境的重要性，在2006年、2008—2010年的中央一号文件中，也再一次强调了加强贫困地区劳动力转移培训力度、实施农村人才培养工程、扶持农民工返乡创业、帮助农民就地就业、中等职业学校农村家庭经济困难学生实施免费的教育和培训等相关政策扶持。

第三，打造全新的金融扶贫模式。2005年的中央一号文件要求我国县级金融机构必须为推动农村地区经济发展，解决"三农"问题提供金融服务，鼓励由自然人和企业共同建立小额信贷组织，为农户提供多元化的联保贷款，县级金融机构必须进一步扩大农业保险试点范围。2007年的中央一号文件开始探索新型的农村金融扶贫模式，提出了农村多种所有制金融组织试点工作，并率先在我国贫困地区开展。2010年的中央一号文件提出将进一步增加贫困村的互助资金，要求金融机构必须增加涉农信贷投放。2012年的中央一号文件则强调鼓励多元化农村金融服务机构的建设与发展。

第四，为贫困地区的农户提供良好的生产生活条件。2005年的中央一号文件要求，必须向"三农"倾斜财政支出和固定资产投资，并且鼓励更多的社会资本参与到农村贫困地区的基础设施建设中。2006年的中央一号文件提出，可采取生态移民和异地搬迁等形式，为缺乏基本生存条件，地区的贫困人口创造良好的生产和生活条件，实现整村推进扶贫开发；2010年的中央一号文件提出，要因地制宜地解决生态移民和异地搬迁过程中所出现的后续发展问题；2011年的中央一号文件提出，要加速建设农田水利设施等基础设施，并向农村贫困地区倾斜更多的基础设施建设资源和资金，促进农村贫困地区的旱涝保收；2013年的中央一号文件要求，加速改造和建设西部地区、连片特困地区的基础设施，并且针对连片特困地区制定针对性的扶贫攻坚规划，加速连片特困地区的区域发展。

第五，建立完善的扶贫投入机制。2004 年的中央一号文件明确提出，未来我国的"三农"工作需要以减少和防止返贫为重点，构建完善的扶贫投入机制，尤其是应当增加龙头企业投入，为农村地区第二产业和第三产业发展创造良好条件，推动当地特色产业发展。2005 年的中央一号文件要求我国各地方必须构建完善的扶贫开发机制，确保每一个农户都能够享受到扶贫效益。2006 年的中央一号文件提出了实施循环农业、订单农业、一村一品等措施，以期通过推动贫困地区龙头企业发展，调整贫困地区的农业结构。2007 年的中央一号文件基于整村推进计划，提出了更加具体和具有针对性的扶贫措施，以确保贫困户提高收益。2008 年的中央一号文件要求我国各地方必须逐步提高扶贫标准，确保更多贫困地区的农户可以获得财产性收入，地方政府必须增加贫困人口的帮扶力度，尤其要解决我国连片贫困地区的贫困问题。2009 年的中央一号文件对原有的扶贫标准作出调整，要求提高贫困人口的自我发展能力，扶贫需扶智，帮助低收入人口和剩余贫困人口解决基本温饱问题。2010 年的中央一号文件强调，要针对重点贫困地区采取针对性的扶贫措施，对其特殊的致贫原因进行综合性治理。2013 年的中央一号文件要求加速农村产权制度的全面改革与创新，确保农民财产权利不受侵害。

第六，构建完善的特殊困难群众社会保障制度。在 2004 年的中央一号文件提出针对已经丧失劳动能力的特困人口，要采取更高的救济标准，解决其基本温饱问题。2007 年的中央一号文件要求建立最低生活保障制度，解决返乡农民工的基本生活问题。2009 年的中央一号文件要求构建完善的扶贫开发有效衔接制度和农村最低生活保障制度，并进一步度解决特殊困难群众的社保问题。

（3）以农村、农业改革创造新动能和全面脱贫为主要目标的中央一号文件（2014—2021 年）。

在"三农"工作中，往往会随着时代发展而出现新的问题和矛盾。如表 3-7 所示，2014—2021 年，我国出台的中央一号文件都明确提出了推动农业现代化建设，加速农业现代化改革与创新的重要性，通过农村和农业的现代化发展，确保我国贫困人口在 2020 年年底全面脱贫，并在 2021 年的中央一号文件中提出持续巩固拓展脱贫攻坚成果。

表 3-7　2014—2021 年关于"三农"工作的中央一号文件

年份	文件名称
2014	《关于全面深化农村改革加快推进农业现代化的若干意见》
2015	《关于加大改革创新力度加快农业现代化建设的若干意见》
2016	《中共中央 国务院关于落实发展新理念加快农业现代化实现全面小康目标的若干意见》
2017	《中共中央 国务院关于深入推进农业供给侧结构性改革加快培育农业 农村发展新动能的若干意见》
2018	《中共中央国务院关于实施乡村振兴战略的意见》
2019	《中共中央国务院关于坚持农业农村优先发展做好"三农"工作的若干意见》
2020	《中共中央 国务院关于抓好"三农"领域重点工作确保如期实现全面小康的意见》
2021	《中共中央 国务院关于全面推进乡村振兴加快农业农村现代化的意见》

资料来源：根据 2014—2021 年各年关于"三农"工作的中央一号文件整理。

第一，深化农村改革。2014 年的中央一号文件，要求我国必须尽快构建完善的农产品目标价格制度，加快我国农村各项制度的全面深化改革，中共中央需要将涉农资金项目的审批权限下放至各个地方单位，推动托管式、订单式、合作式的农业社会化服务体系的完善。2015 年的中央一号文件要求，必须加速农村集体所有制、农村集体经济运转形式、农村规模经营方式和土地流转方式等各项制度的全面深化改革，其改革内容包括村民自治试点工作、农业服务体系、农村法制建设和农村电商。2016 年的中央一号文件，要求必须进一步重视农业供给侧结构性改革，提出提高我国农业的竞争力和产业质量，为农民群众带来更加可观的经济效益，鼓励农民建立休闲旅游合作社，提升农业价值链，实现农业产业链的合理整合，确保能够在产业融合发展进程中，让农民共享增值收益。政府合并了原有的种粮农民直接补贴、良种补贴、农资综合补贴，重新推出了农业支持保护补贴，并在国家教育培训发展规划中，重点强调要针对职业农民进行技能培训。2017 年的中央一号文件，重点强调了通过农业供给侧结构性改革，农业体制和机制的改革与创新，提高我国农业的供给质量，帮助我国农民增产增收，通过教育和培训培养出更多的现代化农民，推动农村地区的稳定发展。2018 年的中央一号文件提出，要继续加速农村机制体制的改革与创新，并提出了乡村振兴战略，要求优先推动我国农村地区的教育事业发展，从而加速建设平安乡村和健康乡村。2019 年的中央一号文件提出，要全面深化农村改革，激发乡村发展活力。深化农村土地制度改革，完善落实集体所有权、稳定农户承包权、放活土地经营权的法律法规和政策体系，深入推进农村集体产权制度改革，以及完善农业支持保护制度。2020 年的中央一号文件提出，抓好农村重点改革任务，以探索宅基地所有权、资格权、使用权"三权分置"为重点，进一步深化农村宅基地制度改革试点。全面推开农村集体产权制度改革试点，有序开展集体成员身份确认、集体资产折股量化、股份合作制改革、集体经济组织登记赋码等工作。2021 年的中央一号文件提出，深入推进农村改革，完善农村产权制度和要素市场化配置机制，充分激发农村发展内生动力，积极探索实施农村集体经营性建设用地入市制度，加强宅基地管理，稳慎推进农村宅基地制度改革试点，探索宅基地所有权、资格权、使用权分置有效实现形式。

第二，提高扶贫精准度。2014 年的中央一号文件提出，我国必须对现有的扶贫开发工作机制做出调整，根据实际情况提出新的扶贫开发考核办法。2015 年的中央一号文件要求针对集中连片特困地区制定针对性的帮扶措施，尤其要加大这部分区域的基础设施建设、公共服务供给、生态保护力度。2016 年的中央一号文件提出了具体的精准扶贫意见，要求必须做到因地制宜和实事求是，从当地的致贫原因出发采取恰当的扶贫措施，如教育扶贫、生态移民、产业扶持、转移就业和异地搬迁等，力求打赢这场脱贫攻坚战。2017 年的中央一号文件强调，我国各地方扶贫办必须贯彻落实中共中央下发的各项精准扶贫政策。2018 年的中央一号文件强调了脱贫攻坚作风建设的重要性，严肃处理我国各地方扶贫办在脱贫攻坚工作中出现的弄虚作假或数字脱贫问题，集中力量解决我国各地脱贫攻坚工作中存在的作风问题。2019 年的中央一号文件提出，聚力精准施策，决战决胜脱贫攻坚，咬定既定脱贫目标，落实已有政策部署，到 2020 年确保现行标准下农村贫困人口实现脱贫、贫困县全部摘帽、解决区域性整体贫困。主攻深度贫困地区，巩固和扩大脱贫攻坚成果，攻坚期内贫困县、贫困村、贫困人口退出后，相关扶贫政策保持稳定，减少和防止贫困人口返贫。2020 年的中央一号文件提出，巩固脱贫成果防止返贫，各地要对已脱贫人口开展全面排查，认真查找漏洞缺项，一项一项整改清零，一户一户对账销号。总结推广各地经验做法，健全监测预警机制，加强对不稳定脱贫户、边缘户的动态监测，将返贫人口和新发生贫困人口及时纳入帮扶，为巩固脱贫成果提供制度保障。2021 年的中央一号文件提出，实现巩固拓展脱贫攻坚成果同乡村振兴有效衔接，设立衔接过渡期。脱贫攻坚目标任务完成后，对摆脱贫困的县，从脱贫之日起设立 5 年过渡期，做到"扶上马送一程"。

第三，创新扶贫机制。2015年的中央一号文件要求尽快构建完善的扶贫资源动员机制、责任划分机制、公告公示监督机制、扶贫考核与退出机制。2016年的中央一号文件要求各地方必须充分明确脱贫攻坚考核工作中的责任与权利，确保将责任落实到个人。2017年的中央一号文件强调，要合理配置扶贫资源，从全过程出发加强扶贫资金的管控，避免在扶贫工作中出现弄虚作假和形式主义的现象，力求提高贫困人口的自我发展能力和内生动力，使其能够依靠自身的力量脱贫致富。2018年的中央一号文件指出，要有效衔接精准脱贫攻坚战和乡村振兴战略的实施，从而推动脱贫扶贫工作的可持续发展。2020年的中央一号文件提出，健全监测预警机制，研究建立解决相对贫困的长效机制，推动减贫战略和工作体系平稳转型。2021年的中央一号文件提出，持续巩固拓展脱贫攻坚成果，健全防止返贫动态监测和帮扶机制，对易返贫致贫人口及时发现、及时帮扶，守住防止规模性返贫底线。

综上所述，近年来中央一号文件都以"三农"问题为核心，提出了多项推动农村、农民和农业的现代化发展的政策和措施，而这些政策措施也有利于脱贫攻坚工作的顺利开展。纵观1982年以来历年的中央一号文件，可以看出尽管这些文件中关于"三农"问题的核心要义及侧重点各有不同，但归根结底都是为了推动农村、农民和农业的现代化发展，强调了改革的重要性。中央一号文件在扶贫工作中，也根据国内扶贫形势的变化适当调整了扶贫的相关政策措施。在2004年以前，我国的贫困人口基数较大，因此，中央一号文件仍然从全局出发，着力于解决"三农"问题；1982—1984年，中央一号文件中还未曾提到过关于贫困的各项内容；1985—1986年，中央一号文件开始提及贫困问题，但此时关于脱贫攻坚工作的开展还没有详细的计划或意见。2004年以后，我国贫困人口的数量大幅减少，国内的脱贫攻坚工作存在集中与分散并存的复杂局面，此后的中央一号文件就贫困问题提出了具体和具有针对性的扶贫措施。2014年以后，为确保能够在2020年前贫困人口全面脱贫，中央一号文件开始提出精准扶贫的政策措施，这也标志着中国的减贫事业正式进入了精细化管理阶段，随后几年，我国每年减少的贫困人口都突破了1 000万人，说明精准扶贫的推进在我国取得了显著成效。

3.1.3.2 国务院扶贫规划中的扶贫政策与措施

1994年，我国正式实施《国家八七扶贫攻坚计划》，提出力争用七年左右的时间（从1994年到2000年），基本解决当时全国农村8 000万贫困人口的温饱问题，随后又实施了两个十年扶贫开发纲要，旨在2020年之前，帮助我国贫困人口全面脱贫，消除我国的绝对贫困。随后国家从战略层面开始制定扶贫纲要和攻坚规划，各项政策措施都聚焦"三农"问题，并根据贫困人口的实际情况采取了有针对性的扶贫措施，一方面推动了我国农村、农民和农业的现代化发展，另一方面又为我国全面建设小康社会创造了良好条件。

（1）《国家八七扶贫攻坚计划》中的扶贫措施与政策。

截至 1993 年年底，我国仍有 8 000 万人挣扎在温饱线上，而这些贫困人口主要集中在生态脆弱地区、革命老区和少数民族地区，这些重点贫困地区受到国家重点扶持。1994 年，我国正式实施《国家八七扶贫攻坚计划》，力求在 21世纪前，解决我国 8 000 万人的基本温饱问题，尽可能减少返贫现象。

为了实现上述目标，《国家八七扶贫攻坚计划》强调要鼓励个体经营和私营经济发展，强调要根据贫困地区的特色资源开发名特新优农产品，并在扶贫开发工作中引入全社会的参与。在实施计划期间，显著推动了贫困地区经济发展，到 2000 年贫困人口锐减至 209 万人。

（2）两个"十年"的中国农村扶贫开发纲要和精准扶贫的措施与政策

进入 21 世纪以后，两个"十年"的扶贫开发纲要和精准扶贫的提出，都以创新扶贫开发机制为基本目标，加速了中国脱贫攻坚工作的开展，尽管纲要和相关政策的侧重点各有不同，但都是为了能够尽可能减少我国贫困人口，提高我国农村贫困人口的收入水平。

2000—2010 年，我国脱贫攻坚工作逐渐凸显出贫困人口增收困难问题，城镇和乡村的收入差距在逐年扩大，且重点贫困地区存在极为显著的返贫问题。在首个十年中国农村扶贫开发纲要中，中央提出了整村推进计划，截至2010 年年底，全国 85% 的贫困村都实施了整村推进计划，共 12.6 万个贫困村。这些贫困村均实施了最低生活保障制度，且在全新的扶贫开发战略中，提出了社会参与和全面发展理念。在这十年间，按照 2010 年的贫困标准，贫困人口年均减少 2 965.7 万人，减贫效果十分突出。

2010 年以后，我国的脱贫攻坚工作变得越来越复杂，贫困人口分散居住和区域贫困相互交织，脱贫攻坚工作中同时存在绝对贫困和相对贫困。面对这一情况，中央政府于 2011 年提出了《中国农村扶贫开发纲要（2011—2012年）》，在该纲要中提出了新的扶贫方略和扶贫目标。2013 年 12 月，《关于创新机制扎实推进农村扶贫开发工作的意见》中提出了建立精准扶贫工作机制，并且在"十三五"规划中进一步明确了精准扶贫和精准脱贫的理念，这也标志着中国的脱贫攻坚工作已经进入了全新的历史时期，通过精准扶贫和精准脱贫，全面建成小康社会目标。我国在 2020 年顺利实现全面打赢脱贫攻坚战。

3.1.3.3　政府年度工作报告中的扶贫措施

政府年度工作目标往往体现了政府所关心的领域与群众，也充分展现了政府当年度的工作重点。我们从政府年度工作报告中关于扶贫工作的内容，也可以看出政府就中国贫困问题所采取的各项措施和手段，也体现了政府的责任履行。在1978—1985年的政府工作报告中关于扶贫工作的开展，其重点就是解决历史遗留问题，通过机制体制的全面创新与改革，提高全国生产力，进而解决普遍性贫困问题。

提前完成或超额完成第六个五年计划以后，我国于1986年正式实施第七个五年计划，主要目的是推动我国社会经济的快速发展，为老百姓创造更好的生活环境。在1986年的政府工作报告首次专门针对贫困问题提出了针对性的措施。1994年是"八七扶贫攻坚计划"实施的第一年，当年的中央政府工作报告明确提出要针对老革命根据地、边境地区、少数民族地区和贫困地区的实际情况采取恰当的扶贫政策和措施，尤其应当处理好对口帮扶工作中的协作关系、联合关系，实现连片特困地区的自力更生。

2001年，国务院印发《中国十年中国农村扶贫开发纲要》，2001年也是我国第十个五年计划的第一年，在2001年的政府工作报告要求我国各地方政府必须从多方面加大力度投入扶贫资金，推进开发式扶贫。2011年，中共中央、国务院印发《中国农村扶贫开发纲要（2011—2020年）》，这一年的政府工作报告中，要求必须加大力度扶持集中连片特困地区，尤其要加大这部分地区的扶贫开发力度，使贫困人口也可以共享中国改革开放的伟大成果。2016年我国第十三个五年规划中，政府提出全力实施脱贫攻坚，贯彻精准扶贫、精准脱贫基本方略，创新扶贫工作机制和模式，采取超常规措施，加大扶贫攻坚力度，坚决打赢脱贫攻坚战。

各年度的政府工作报告都从不同角度提出了扶贫工作的侧重点。1986年以后，在政府工作报告中开始逐渐出现关于扶贫的内容。2013年，习近平总书记提出精准扶贫后，该理念尤其被各级政府部门所重视。2015年的政府工作报告就贫困地区的基础设施建设问题提出了指导意见。2016年的政府工作报告提出要向贫困地区倾斜民生项目和惠民政策，加速推动贫困地区特色产业发展，改造贫困农户的危旧房，构建完善的特困人员救助供养制度和临时救助制度。2017年的政府工作报告，明确强调各地方政府必须加大力度开发集中连片特困地区和革命老区，从整体上推动贫困村的发展，尤其要推动贫困村的特色产业发展，为贫困村投入更多的教育和医疗资源，以便实现贫困地区和贫困群众的自我发展。2018年的政府工作报告强调了财政支出的普惠性和公共性，应当向民生领域和"三农"领域倾斜更多的资源，并提出要严肃查处假脱贫和数字脱贫现象，以便推动社会的公平和谐发展；2019年的政府工作报告提出要坚持农业农村优先发展，加强脱贫攻坚与乡村振兴统筹衔接，确保我国如期实现脱贫攻坚目标、农民生活达到全面小康水平。重点解决实现"两不愁三保障"面临的突出问题，加大"三区三州"等深度贫困地区脱贫攻坚力度，加强基础设施建设，落实对特殊贫困人口的保障措施，从产业、教育等多方面巩固脱贫成果。2020年的政府工作报告提出要坚持现行脱贫标准，增加扶贫投入，强化扶贫举措落实，确保剩余贫困人口全部脱贫，健全和执行好返贫人口监测帮扶机制，巩固脱贫成果。2021年的政府工作报告提出对脱贫县从脱贫之日起设立5年过渡期，保持主要帮扶政策总体稳定。健全防止返贫动态监测和帮扶机制，加大技能培训力度，促进脱贫人口稳定就业，做好易地搬迁后续扶持，发展脱贫地区产业，分层、分类加强对农村低收入人口的常态化帮扶，确保不发生规模性返贫。

3.2 中国农村脱贫人口返贫态势

返贫主要指的是已经脱贫的人口重新返回贫困状态的现象，返贫现象的出现，代表贫困人口并未实现根本意义上的脱贫。返贫有两种形式：第一是临时性返贫，农户此时的贫困程度较浅，再次脱贫难度不大；第二是长期返贫，脱贫农户返贫以后处于并将长期处于绝对贫困状态，很难再次脱贫。中国的贫困人口基数较大，且不同区域的贫困人口致贫原因不同，在中国长期的反贫困治理中，一直以来就存在返贫现象，严重地制约了中国脱贫攻坚工作的开展。中国反贫困治理可主要划分为三个阶段：第一阶段是1978—1985年的推动减贫阶段，此时中国社会正处于农村经济体制的全面改革与创新阶段；第二阶段是1986—2000年的大规模减贫阶段和扶贫攻坚阶段；第三阶段是进入21世纪以后的脱贫阶段。不同的反贫困治理阶段，又可以被划分为不同的小阶段，每个阶段的第一个阶段性目标就是解决我国的普遍性贫困问题，尽可能减少我国的贫困人口。第二个阶段性目标旨在减少绝对贫困人口的数量，基本解决我国贫困群众的温饱问题。第三个阶段又可以被划分为两个小阶段，2001年我国实施了整村推进计划以后，主要为了帮助我国农民群众增产增收，同时达到预防返贫的作用；2011年《中国农村扶贫开发纲要（2011—2020年）》颁布，2013年习近平总书记提出的精准扶贫方略，标志着我国的扶贫工作进入了一个新的历史阶段，其主要目的是解决特殊贫困人口和深度贫困人口的贫困问题。致贫原因，从另一个角度来讲，也是中国贫困人口的返贫原因，尽管中国的贫困治理也获得了显著的成就，但阶段性返贫现象的存在，也严重制约了中国反贫困的成效。

3.2.1 农村经济体制改革推动减贫阶段的返贫现象

经济体制改革推动减贫阶段，我国正式开始实施家庭联产承包责任制，通过废除人民公社等政策措施，为乡镇企业的发展创造了良好的社会条件，体制改革也在很大程度上缓解了我国农村的绝对贫困问题。但当时中国生产力较落后，国家统计局也缺乏先进和有效的统计手段，难以对全国的返贫现象进行专门性调查，只能统计脱贫数量。根据国家统计局数据，按照纯收入水平，本书对比了贫困标准线和农村住户基本情况，我国 1978 年的贫困标准线为人均纯收入每人每年 100 元，截至 1980 年年底，9.21% 家庭的人均纯收入在 100 元以下；1980 年，贫困线标准调整为人均纯收入每人每年 130 元，达到这一标准的农户占比为 25.6%，截至 1985 年年底，仍有 0.95% 的农户人均纯收入在 100 元以下，3% 的农户人均纯收入在 130 元以下。1985 年的贫困标准线为每人每年 206 元，有 25.64% 的农户挣扎在贫困线以下。因此，根据上述数据，1980—1985 年，我国存在十分严重的返贫现象。

如表 3-8 所示，通过对比分析收支结余和贫困标准线，我们也可以对当年度贫困人口的返贫现象有所了解。1978 年、1980 年和 1985 年，我国农村家庭很少有收支结余，当农村人口需要预留出第二年度必要的生活消费支出和生产性固定资产投入时，在第二年的上半年往往会出现入不敷出的现象，原本就处于贫困线以下的贫困人口，有可能会陷入赤贫状态。1978 年、1980 年和 1985 年这三年，我国农村贫困人口出现年中返贫、秋收脱贫、年后再次返贫的循环状态，除特殊人群以外，因我国制定的贫困标准线较低，大部分农村贫困人口的返贫都属于临时性返贫。

表 3-8　1978、1980、1985 年农户收支结余与贫困标准线比较

年份	农户平均全年总收入/元	农户平均全年总支出/元	收支结余/元	贫困标准线/元
1978	151.79	135.82	15.97	100
1980	216.22	195.52	20.70	130
1985	547.31	485.51	61.80	206

数据来源：根据《中国农村住户调查年鉴 2009》整理。

而从分地区统计数据（表 3-9）来看，1980—1985 年，全国农村居民平均总收入从 216.93 元增长到 1985 年的 547.31 元，年平均增长率达到 20.33%，远高于 1978—1980 年的增速，但有部分省份农村居民收入增长缓慢，加上支出的刚性上涨，出现整体性收支结余下降甚至负增长。其中，1980 年全国农村收支结余为 10.7 元，而陕西省农村平均收支结余为 -3.78 元，出现大规模的农村返贫现象。1985 年吉林省农村平均收支结余 -3.7 元，吉林省农村当年出现较大规模的返贫问题。1980—1985 年全国农村居民收入普遍增长较快，但即使增长最快的上海农村居民的年度总收入超过千元，但收入的增长还是难以满足支出的刚性需求。全国 29 个省份（西藏、青海数据不全，此处未考虑）中有 13 个省份农村居民的收入增长速度低于支出增长速度，其中收入增长低于支出增长 10 个百分点以上的有吉林、黑龙江、上海、山东、宁夏、新疆六省级单位，收支缺口较大的这六个省级单位农村居民也是最容易出现贫困人口返贫的区域。

表 3-9　1980—1985 年分地区农村居民人均收支情况

指标	1980 年收支情况/元		1985 年收支情况/元		1980—1985 年收支增长率/%		1980—1985 年收支增长差异/元
地区	总收入	总支出	总收入	总支出	收入增长	支出增长	支出大于收入
全国	216.93	196.23	547.31	485.51	1.52	1.47	-4.88
北京	316.01	287.71	939.70	726.32	1.97	1.52	-44.92
上海	430.47	375.15	1 036.24	1 025.61	1.41	1.73	32.66
吉林	263.29	253.24	645.60	649.30	1.45	1.56	-11.19
黑龙江	225.86	193.73	623.94	576.53	1.76	1.98	21.34
辽宁	299.37	276.30	658.44	634.61	1.20	1.30	9.74
湖北	182.81	172.83	565.49	493.16	2.09	1.85	-23.99
陕西	157.85	161.63	399.92	353.79	1.53	1.19	-34.47
广东	306.61	266.86	671.44	585.45	1.19	1.19	0.40
广西	209.93	192.81	420.28	395.29	1.00	1.05	4.82
四川	224.31	202.38	455.79	421.52	1.03	1.08	5.08
云南	170.69	152.55	466.52	387.58	1.73	1.54	-19.25
宁夏	186.79	151.95	438.38	401.53	1.35	1.64	29.56
新疆	219.21	181.35	594.15	513.58	1.71	1.83	12.16

数据来源：根据《中国农村住户调查年鉴 2000》整理。

3.2.2 市场经济推动经济快速发展阶段的返贫现象

在农村经济体制改革初期，我国农村的经济发展速度越来越快，但1985年后，农村的经济发展出现了较大变化，在加速发展农村非农产业的过程中，由于农业生产技术落后，发展缓慢，极大地增加了农民负担，尤其是工业和农业出现巨大的剪刀差以后，大量的农村剩余劳动力转移向城市，导致农产品产量增长徘徊不前。

根据2014年中国住户调查统计数据，1986—2000年，中国的贫困人口大规模减少，中国经济发展速度持续提升，但在这个阶段内，我国农民的收入增长较为缓慢，且波动较大。1981—1985年，中国农民人均纯收入增长率为15.8%，1986—1990年，增长率下降至11.6%，1991年在严重自然灾害的影响下，农民居民人均纯收入增长率下降至3.24%，1992年后开始提升，1992—1996年，农村人均纯收入年均增长率达22.39%，但1997—2000年，这一数据又大幅下滑至4.03%[1]。陕西省除1990年的人均收入增长为正数以外，1989、1991和1992的人均收入增长均为负数（龚晓宽 等，1996）。

当时农村居民收入增长相对不稳定，但同时负担在不断加剧。1986年，税费支出在农村居民总支出中的占比为3.59%，2000年增长至4.01%。1990—1994年，只有1993年税费支出占农民总支出的比为3.74%，其余年份均超过了4%。与此同时，1990年，医疗保健费用、交通通信支出在农民生活消费支出中的占比分别为2.45%、4.04%，2000年这一数据分别增长至5.24%、11.18%。[2] 1986—2000年，在农村居民的支出数据中，税费、文教娱乐和医疗的支出在逐年攀升，尤其是教育支出。例如，1992年，陕西省农民的人均负担在上年农民人均纯收入中的占比为8.45%，远远超过了国务院所规定的5%（龚晓宽 等，1996）。

这个时期，农村居民收入的增长速度不断下滑，但其负担却在不断增加，两个因素叠加后，导致农民返贫现象愈演愈烈。1993年，云南温饱脱贫和同期返贫分别有201万人和65万人，返贫率高达32.4%；1994—1995年，贵州共有200多万人成功温饱脱贫，但返贫人数高达30万~40万人。根据1993—2000年陕西省安康地区的贫困数据，47.8%的贫困人口脱贫后返贫，高达33万人。1999年，河北省温饱脱贫和返贫人数分别为118万人和8.6万人，2000

---

① 数据来源：《中国住户调查年鉴2014》。
② 数据来源：《中国农村住户调查年鉴2001》。

年年底，有高达 315.9 万人返贫，返贫率为 45.06%，当年挣扎于温饱线的贫困人口仍有 243 万人（刘玉森 等，2002）。1998 年，青海省共有 4.28 万户成功温饱脱贫，其中有 1.03 万户返贫，在总共 22.29 万人中，当年返贫人数高达 5.13 万人。1995 年，甘肃省脱贫人口和返贫人口分别有 66.12 万人和 7.02 万人；宁夏温饱脱贫和当年返贫人口分别有 6.4 万人和 10.4 万人，其返贫人口超过了脱贫人口①。

3.2.3　新世纪头十年的返贫现象

"八七扶贫攻坚计划"后，我国中西部深度贫困地区集中了大量的贫困人口，而这些贫困人口也主要聚集在乡村。在《中国农村扶贫开发纲要（2001—2010 年）》中，共设置了 592 个贫困县，其中提出并实施整村推进计划的贫困村就多达 14.8 万个。中国农村扶贫开发纲要与《国家八七扶贫攻坚计划》的目的有一定差异，其主要目的是为了巩固温饱、防止脱贫人口返贫。在中国的反贫困治理工作中，返贫问题一直是推进扶贫攻坚的重要障碍。2003 年，中国的脱贫人数和返贫人数分别为 1 460 万人和 1 540 万人，由此可以看出中国的返贫人数过高，已经严重地制约了中国贫困治理工作的顺利开展，其中，返贫人数超过 200 万人的省份包括河南省、黑龙江省、陕西省和安徽省（彭俊，2004）。2004 年，我国返贫率高达 10%，而脱贫人数仅有 300 万人（王国良，2006）。2004 年和 2006 年的特大洪灾以及特大旱灾，侵袭了我国四川省东北部贫困地区，也导致这些贫困地区的脱贫人口大量返贫，四川省 2005 年的返贫率高达 20%（黄毅，2009）。2008 年，甘肃省有 230 万返贫人口，其总贫困人口为 680.5 万人，足可以看出返贫率过高是制约甘肃省反贫困治理工作顺利开展的主要原因（梁峡林，2009）。云南省、贵州省和青海省在 2001—2009 年也表现出了十分突出的返贫问题，其贫困发生率逐年攀升（李君如，2011）。2001—2005 年，云南省每年平均返贫人口为 118.91 万人，贵州少数民族地区，2009 年因病返贫人口在总贫困人口中的占比超过 10%（庄天慧 等，2011）。

3.3.4　精准扶贫后我国返贫情况

我国大规模推动扶贫开发工作的发展，进一步减少了贫困人口的数量，提高了贫困居民的收入水平。但农村脱贫户返贫问题的存在，也极大地制约了我

---

① 数据来源：国家计划发展委员会政策法规司《西部大开发战略研究》。

国扶贫工作的开展。

3.3.4.1 返贫问题的形势状况

首先，我国返贫现象高发。万喆（2016）认为，中国贫困的返贫现象高发是贫困治理工作中最主要的问题。2016年，我国各地区的返贫形势仍然较为严峻（顾仲阳，2017）。根据国家统计局的数据，2000—2010年，我国农村返贫率普遍在20%以上，2009年部分贫困地区的返贫率甚至达到62%，2017年，我国年均返贫率下降为15%，部分深度贫困地区达到了50%以上的返贫率（卜海，2018）。

其次，我国贫困人口大进大出。根据国家统计局的相关数据，2015年，我国新增的贫困人口可以被划分为已脱贫再次返贫人口和首次迈入贫困的人口，其分别占比为41%和59%，由此可见，我国贫困人口存在十分严重的大进大出现象（王芳，2018）。

3.3.4.2 返贫人口的分布情况

总体看来，我国贫困人口分布比较广泛，东、中、西部地区都存在一定程度的脱贫户返贫现象。胥爱贵（2018）指出在我国脱贫攻坚工作进入最后的攻坚阶段以后，各个地方也面临着更加严峻的返贫形势，江苏省近两年新增的返贫人口就多达15万人。

从不同区域来看，我国西部地区的返贫人口最多，中部地区次之，东部地区最少。首先，全国近60%的贫困人口来自西部地区，西部地区各省市也存在极为严重的脱贫人口返贫现象。事实上，西部地区社会经济发展滞后，缺乏良好的生态环境和生存条件，也缺乏完善的基础设施，这也是其贫困人口和脱贫人口众多的主要原因。根据2012年的《中国西部发展报告》，西部地区的平均返贫率在15%~25%，部分少数地区的平均返贫率达30%~50%。其次，中部地区由于缺乏合理的农村经济结构，导致大部分生产要素向东部发达地区流动，也使得中部地区经济发展缓慢，返贫问题凸显。2017年，湖南省的返贫率为6%，湖南省的张家界作为我国著名的旅游胜地，其返贫率为6.8%。最后，我国东部地区的贫困人口相对较少，且贫困人口较为分散，再加上东部地区的经济发展水平较高，其贫困发生率和返贫率相对较低。

3.3 我国农村脱贫人口返贫的原因

除了自然、社会和历史因素会对贫困户返贫产生影响以外，经济、制度以及贫困人口的自身原因都有可能致使脱贫人口返贫（吴晓俊，2010）。本书对农村脱贫户返贫的相关研究资料进行归纳和总结以后，将从主客观两个层面进一步分析我国农村脱贫户返贫的类型。

3.3.1 主观能力素质低下

脱贫人口综合素质低下，或者无法持续性提高脱贫人口的综合素质，就有可能导致脱贫人口返回贫困，这里的综合素质主要包括思想观念、受教育水平、就业技能和身体健康状况等。我国存在十分严重的健康型返贫现象，根据2016 年的全国建档立卡相关数据，我国因病致贫、返贫的贫困户高达 734 万人，在贫困总户数中的占比高达 42.6%。一旦脱贫人口返回贫困，就会出现"贫穷→子嗣繁多→教育水平有限→个体素质能力低下→返贫"这种恶性循环，此时脱贫人口的个人能力较低，难以通过个人技能发家致富，最终出现脱贫后又返贫的现象。贫困人口的综合素质难以持续提升，导致其陷入了返贫危机，为了避免出现返贫现象，就有必要开展可持续扶贫，尤其是应当提高我国农村贫困人口的综合素质，从而切实解决农村脱贫返贫问题。我国大部分贫困农村地区都面临着严峻的收入低下问题，即使通过精准扶贫顺利脱贫的人口，仍然可持续增收困难，再加上部分农村地区本身缺乏良好的生态环境和自然资源，导致其现代化水平、交通网络、科技化程度都远远落后于我国城镇地区。而贫困人口本身思想观念较为落后，再加上未能接受过良好的教育，缺乏长远规划能力，虽然在政策或帮扶下短期脱贫，但这种脱贫具有一定脆弱性，仍然容易再次陷入贫困。

虽然脱贫人口通过传统的种植和养殖能够自给自足，但由于脱贫人口本身往往未能接受良好的教育，无法在短时间内提升其种植或养殖技术，也未能形成规模经济，或者农产品难以较好地销售出去，最终导致其农产品的产量较低且缺乏核心竞争力。大部分贫困群众的受教育水平较低，在政府开展扶贫工作时，存在严重的等靠要思想，甚至极为安于现状。另外，贫困农村本身缺乏完善的制度体系，也缺乏健全的养老基础设施和医疗保障措施，且老百姓间普遍存在养儿防老的落后理念，出现越穷越生、越生越穷的情况，在家庭养育负担较重的影响之下很容易陷入贫困，即使在国家政策的帮助下成功脱贫，由于个人综合素质不够，也容易再次返贫，进入"贫困→脱贫→返贫"的恶性循环圈。

我国目前的教育形式比较多元，有普通教育、职业教育、民办教育和公办教育等不同的表现形式。在当前，父母往往希望能够为孩子提供更好的教育，甚至愿意付出更高昂的费用，让孩子接受贵族学校的教育，但贫困家庭的孩子往往却难以承担教育费用，早早地输在了起跑线上，失去了享受良好教育资源的机会。低收入脱贫人口家庭的孩子仍然面临着生存的压力，与同龄人相比，有着更多来自柴米油盐的苦恼，而难以安心学习。不少脱贫家庭只能通过借债的方式负担孩子的教育费用，但高额债务可能会导致刚刚脱贫的家庭重新又返回贫困。此外，我国存在严重的教育资源分配不均的问题，经济文化更发达的地区拥有更多高质量的优质教育资源，而贫困山区和农村明显缺乏师资力量，导致各地区出现极大的人才质量和数量差异。这种教育资源分配不均形成的教育差距，最终产生极为显著的代际效应，如果无法改变这种教育制度上存在的差异，就难以解决因教育返贫的问题。

基础教育不仅可以提高贫困人口的专业素养，也有利于其未来的可持续发展，但我国贫困农村本身缺乏完善的教育基础设施和资源，其义务教育质量原本就落后于发达地区。在严重缺乏教育资源的情况下，贫困地区的学生仍然存在难以通过教育来提高自身能力和素质的情况，同样也难以通过教育来改变原有的思想观念，提高自身的就业竞争力，长此以往必然会阻碍脱贫人口的可持续生计，教育缺失也导致脱贫农户难以通过自身努力获得较高收入，维持稳定的脱贫状态，最终只能通过国家的救济与扶持短期脱贫，容易又返回贫困。

3.3.2　客观外部扶持不持续

供体扶持的不可持续性，也是造成我国农村贫困人口返贫的主要原因，这里的供体扶持主要指的是外部的社会环境以及外部经济状态。如果社会环境和经济状态出现变化，就有可能无法持续有效地为贫困地区供给资源。例如，我国贫困地区农村往往缺乏健全的社会保障制度，在缺乏完善基础设施和公共服务的情况下，就有可能导致贫困地区缺乏外部支援，贫困主体本身也缺乏自我发展能力，最终出现"贫穷→扶贫资源匮乏→难以维持经济需求→返贫"等一系列问题。对于这样的经济欠发达区域而言，供体扶持的长期有效性，才有利于开展脱贫后脱贫人口的收入可持续增长，以及这些地区的长效发展。

扶贫并不是只是经济扶贫，还包括生态、科技、教育以及文化等方方面面的内容，而这些内容才是可持续扶贫的本质，不少贫困地区的扶贫制度上忽略了文化、教育、科技以及生态等要素的重要性，才使得大部分贫困人口脱贫后再次返贫，使得返贫成为后续扶贫工作的重要难点。由于缺乏外界资源的可持续供给，贫困农村的经济发展受阻，缺乏基础社会保障体系和资源导致贫困农户只能拥有少量且质量低下的社会资源。

历年来，我国政府从多方面对贫困地区农村加大了扶持力度，其后续政策、资金和项目的稳定性也会影响脱贫农户的返贫问题。从资金方面看，我国政府每年都投入大量扶贫资金，在扶贫政策取消或者减少后，若缺乏大量资金和项目的扶持，脱贫农户的可持续生计也容易存在一定的困难。从基础设施建设方面来看，在缺乏可持续资金投入的情况下，基础设施的建设难以为继，容易导致贫困地区农村的交通、水电以及网络等基础设施的建设严重滞后。从教育培训方面来看，贫困地区本身缺乏优质的外部教育资源，其技术教育、职业教育和基础教育的普及率相对偏低，脱贫后若未注重后续投入，脱贫人员仍可能因为个人技能不足而陷入贫困。从医疗保障方面来看，虽然我国推出了新农合医保制度，但仍有部分疾病不在保险报销范围内，导致出现这些病症的农村贫困人口看不起病也吃不起药，最终导致农村贫困人口出现大量因病致贫、因病返贫的情况。从养老保障方面来看，我国的养老保障体系正处于发展初期，目前的保障层次、覆盖面以及社会化程度均较低，贫困农村仍然存在严峻的养老问题，失去劳动能力的贫困老年人未能得到良好赡养也成为返贫的一个重要原因。

3.3.3 应对市场风险型能力薄弱

在经济全球化发展进程中，市场发展也会面临着较大风险。例如，美国2008年爆发次贷危机，进而引发了全球金融危机，危机所到之处，公司破产、工人失业，产生了大量的贫困人口。因此，在市场环境波动下，许多农村脱贫人口也容易重新返回贫困。这是由于市场的变化总是无法提前预测，如果脱贫人口无法充分把握投资环境中的风险，也未能掌握市场中的各种真实可靠的信息，最终就将面临投资失败的风险。一方面，投资者本身缺乏良好的投资能力，未能充分识别和评估投资风险，导致其在市场经济中容易被风险吞没；另一方面，市场本身是一个优胜劣汰的发展过程，有人在市场中胜出，就有人在市场中被淘汰，而脱贫人口本身缺乏良好的经营和管理能力，一旦无法有效应对市场风险，就只能再次返回贫困。

3.4 我国农村脱贫人口返贫的特征

我国农村的返贫现象也具有与其他国家不同的显著特征，如返贫人口分布具有地域性，返贫发生时间具有反复性，农村贫困户返贫具有频发性等。

3.4.1 脱贫人口返贫具有地域性

我国幅员辽阔，各区域的农村贫困分布并不均衡，虽然不同地区都存在脱贫户返贫现象，但脱贫户返贫现象具有显著的地域性特征，其返贫分布并不均匀。一方面，我国东部经济发达地区经济发展水平较高，且本身贫困面积较小，只出现个别农户返贫的现象，且返贫的程度较低，大部分返贫人口都只是零散地分布于不同的区域。另一方面，中、西部连片贫困地区本身缺乏良好的自然环境，面对着频频暴发的自然灾害，中、西部连片贫困地带存在较为严重的返贫现象。在我国 14 个集中连片特困区中，东部地区只集中了 4 个区域，而中、西部地区则集中了其他 10 个区域，因此，我国脱贫户返贫现象具有十分显著的地域性特征。

3.4.2 脱贫人口返贫具有反复性

脱贫人口本身缺乏良好的风险抵御能力，无法有效应对市场变化、政策调整、自然灾害和突发疾病带来的风险，最终出现返贫现象。首先，人们无法有效抵抗疾病和自然灾害，一旦遭受大病和自然灾害的侵袭，贫困户有可能会很快返贫。其次，政府的扶贫政策会随着时间的推移而不断调整，但贫困户本身缺乏稳定的经济条件，在政府调整了原有的扶贫和优惠政策以后，因得不到持续的帮扶，贫困户有可能会再次返贫。最后，贫困户缺乏风险抵御能力，一旦面临市场风险，就有可能会返回贫困。单个贫困户依靠自身能力，往往会瞬间陷入贫困，虽然在政府的帮助之下可以脱贫，失去帮助后又容易陷入贫困，进入一个"脱贫→返贫→再脱贫→再返贫"恶性循环，出现反复性特征。

3.4.3 脱贫人口返贫具有频发性

我国返贫现象出现的频率较高，部分深度贫困地区每年都会出现 1~2 次大规模返贫现象（漆敏，2012）。造成脱贫人口返贫的因素较多，如自然灾害、子女教育费用增加、意外事故和重大疾病等。虽然我国实施了多种扶贫措施，但在经济落后的贫困地区，由于农户脱贫具有一定的脆弱性，他们往往容易在一次小的事故或变动后，再次返贫。尤其是在自然灾害频发的深度贫困地区，由于部分脱贫人口缺乏脱贫致富的内生动力和自我发展能力，即使在国家的帮助之下暂时摆脱贫困，一旦国家停止扶贫政策和帮扶措施，或者遇到自然灾害威胁，这些脱贫人口就容易再次返回贫困。因此，在无法彻底摆脱自然灾害威胁的情况下，深度贫困地区的贫困户容易长期陷入"脱贫→应对灾害→返贫"的恶性循环之中，必然会频频发生返贫现象。长期处于这样的循环怪圈下，容易给脱贫人口极大的心理打击，可能会抑制他们脱贫致富的主动性和积极性。

3.5　本章小结

本章首先从中国反贫困发展阶段、取得成效、重要反贫困政策与措施等方面梳理了中国贫困治理发展历程，然后分析了中国农村脱贫人口返贫态势，包括：农村经济体制改革推动减贫阶段的返贫现象、市场经济推动经济快速发展阶段的返贫现象、21 世纪头十年的返贫现象以及精准扶贫后我国返贫情况，并从主观能力素质低下、客观外部扶持不持续和应对市场风险型能力薄弱等方面分析了我国农村脱贫人口返贫的特征，提出了我国农村脱贫人口返贫的特征：地域性、反复性和频发性。

4 西部民族地区贫困治理
及返贫态势

本章拟首先梳理广西、宁夏、新疆、内蒙古、西藏五个西部民族自治区农村贫困治理的现状，然后分析当前西部民族地区农村返贫的现状，并从脱贫户自身原因返贫、政策制度原因返贫、资源环境原因返贫等方面探讨西部民族地区农村返贫原因，分析其返贫治理中存在的问题，并总结出西部民族地区农村脱贫户返贫的影响。

4.1 西部民族地区农村贫困治理现状

4.1.1 西部民族地区农村贫困治理整体概况

2011 年，我国颁布出台了《中国农村扶贫开发纲要（2011—2020 年）》，将农村扶贫标准从原来的 2 000 元国家贫困标准提高到 2 300 元，并提出了"两不愁三保障"的扶贫总目标。自此以后，扶贫开发工作进入巩固温饱成果、提高发展能力、加快脱贫致富、缩小发展差距、改善生态环境的新阶段，扶贫开发从解决温饱向可持续发展转变。本书根据国家统计局全国居民家庭的抽样调查数据，从多元角度对西部民族地区农村贫困状治理况进行了分析。

4.1.1.1 西部民族地区农村贫困人口规模

改革开放以来，西部少数民族地区经济社会发展取得了举世瞩目的成就，城乡面貌发生了翻天覆地的变化，贫困人口大幅减少，贫困发生率有了较大水平的下降，群众生产生活条件明显改善，经济、社会各项事业得到较快发展。特别是 2013 年习近平总书记提出精准扶贫以来，西部少数民族农村地区可以说发展最快、变化最大、各族群众得到实惠最多，这些充分体现了国家对少数民族地区的重视和支持，也是中华民族凝聚力不断增强、民族大团结不断巩固的结果。

　　近年来，我国政府从财政、物资、金融、人才、技术等方面不断加大对少数民族地区的扶持，不断加大投入，中央资金向少数民族地区倾斜，并从法律上强化了对少数民族地区贫困地区的扶贫开发。各种扶持政策的实施，极大地推动这些贫困地区发展，扶贫效果显著，使贫困人口大幅度减少，贫困发生率大幅度下降。如表4-1所示，以2 300元为贫困标准来看，2010年以来，国内的农村贫困人数量由1.66亿人降低到2019年的551万人，贫困人口共减少1.61亿人，年均减少1 783万人。自精准扶贫以来，西部民族地区农村贫困人口从2013年的1 093万人下降到2019年的84万人，减少92.31%，年均减少168.17万人。作为全国扶贫攻坚的重要战场，西部民族地区减贫人口占全国减贫人口的15.25%，为全国扶贫开发事业做出了重要贡献。就西部民族五省区而言，广西农村贫困人口下降583万人，贫困人口减少最多，其次是新疆、内蒙古、西藏和宁夏，分别减少202万人、108万人、68万人和48万人。截至2020年年末，精准扶贫收官之时，广西、宁夏、新疆、内蒙古和西藏均已实现全面脱贫。

表4-1　2013—2019年西部民族地区农村贫困人口规模　单位：万人

地区	2013年	2014年	2015年	2016年	2017年	2018年	2019年	减少
广西	634	540	452	341	246	140	51	583
宁夏	51	45	37	30	19	9	3	48
新疆	222	212	180	147	113	64	20	202
内蒙古	114	98	76	53	37	14	6	108
西藏	72	61	48	34	20	13	4	68
西部民族地区合计	1 093	956	793	605	435	240	84	1 009
全国总计	8 249	7 017	5 575	4 335	3 046	1 660	551	7 698

数据来源：中国农村贫困监测报告。

　　如图4-1所示，2013年以来全国农村贫困发生率从2013年的8.5%下降到2019年的0.6%，下降7.9个百分点，而西部民族地区农村贫困发生率则从2013年的16.9%下降到2019年的1.22%，下降了15.68个百分点，降幅远高于全国的平均水平。就西部民族五省区而言，降幅最大的为西藏，贫困发生率减少了27.4个百分点，其次是新疆、广西、宁夏和内蒙古，分别下降18.1、13.7、11.5和7.7个百分点。

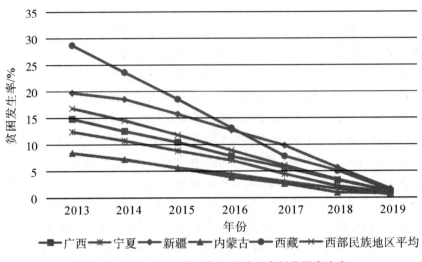

图 4-1　2013—2019 年西部民族地区农村贫困发生率

数据来源：中国农村贫困监测报告。

4.1.1.2　西部民族地区农村居民收支情况

如表 4-2 所示，近年来，随着我国经济持续、快速的发展，我国农村常住居民收入和生活水平不断提高，全国农村常住居民人均可支配收入从 2013 年的 9 430 上升到 2019 年的 16 021 元，年均增长 9.24%。西部民族地区农村常住居民可支配收入从 2013 年的 7 775 元上升到 2019 年的 13 578 元，年均增长 9.74%，高于全国平均水平。西部民族五省区中西藏年均增长速度最快，年均增速达到 11.74%，其次是广西、内蒙古、宁夏和新疆，分别年均增长 9.83%、9.26%、9.16% 和 8.95%。

表 4-2　2013—2019 年西部民族地区农村常住居民人均可支配收入

单位：元

地区	2013 年	2014 年	2015 年	2016 年	2017 年	2018 年	2019 年
广西	7 793	8 683	9 467	10 359	11 325	12 435	13 676
宁夏	7 599	7 410	9 119	9 854	10 738	11 708	12 858
新疆	7 847	8 724	9 425	10 183	11 045	11 975	13 122
内蒙古	8 985	9 976	10 776	11 609	12 584	13 803	15 283
西藏	6 653	7 359	8 244	9 094	10 330	11 450	12 951

表4-2(续)

地区	2013 年	2014 年	2015 年	2016 年	2017 年	2018 年	2019 年
西部民族地区平均	7 775	8 430	9 406	10 220	11 204	12 274	13 578
全国平均	9 430	10 489	11 422	12 363	13 432	14 617	16 021

数据来源:中国农村贫困监测报告。

就支出而言,如表4-3所示,我国农村常住居民人均消费支出从2013年的7 485元增长到2019年的13 328元,年均增长10.09%。而西部民族地区则从2013年的6 612元增长到2019年11 212元,年均增长率达到了9.20%,低于全国平均水平。西部民族五省区中西藏年均增速最快,年均增速达到12.73%,其次为广西、宁夏、内蒙古和新疆,年均分别增长12.21%、9.26%、7.25%和6.42%。

表4-3 2013—2019年西部民族地区农村常住居民人均消费支出

单位:元

地区	2013 年	2014 年	2015 年	2016 年	2017 年	2018 年	2019 年
广西	6 035	6 675	7 582	8 351	9 437	10 617	12 045
宁夏	6 740	7 676	8 415	9 138	9 982	10 790	11 465
新疆	7 103	7 365	7 698	8 277	8 713	9 421	10 318
内蒙古	9 080	9 972	10 637	11 463	12 184	12 661	13 816
西藏	4 102	4 822	5 580	6 070	6 691	7 452	8 418
西部民族地区平均	6 612	7 302	7 982	8 660	9 401	10 188	11 212
全国平均	7 485	8 383	9 223	10 130	10 955	12 124	13 328

数据来源:中国农村贫困监测报告。

4.1.2 广西农村贫困治理现状

根据《中共中央 国务院关于打赢脱贫攻坚战三年行动的指导意见》,2019年,广西壮族自治区委和区政府坚持实事求是原则,根据"两不愁三保障"目标,从广西的实际情况出发,因地制宜地实施扶贫政策,显著提高了贫困地区农民群众的收入水平,大幅降低了广西的贫困发生率,为群众带来了显著的获得感和幸福感。根据国家统计局广西调查总队贫困监测的相关数据,广西2019年共减少86万贫困人口,贫困地区的农村居民人均可支配收入为 11 958 元，与 2018 年相比，同比增长 11.1%，高出全国农村平均水平的 1.5 个百分点。

4.1.2.1　广西脱贫攻坚成效显著

截至 2019 年年底，广西农村地区共有 51 万贫困人口，与 2018 年相比，共减少 89 万贫困人口，其贫困发生率为 1.2%，与 2018 年相比下降 2.1 个百分点。2013—2019 年，广西农村地区共减少 583 万贫困人口，其贫困人口下降幅度高达 91.96%，6 年间每年平均减少贫困人口 97.17 万人，2013 年，广西的贫困发生率为 14.9%，2019 年这一数据下降至 1.2%，如表 4-4 所示。

表 4-4　2013—2019 年广西农村贫困人口和贫困发生率

年份	贫困人口		贫困发生率	
	数量/万人	下降/万人	水平/%	下降比例/%
2013	634	121	14.9	2.6
2014	540	94	12.6	2.3
2015	452	88	10.5	2.1
2016	341	111	7.9	2.6
2017	246	95	5.7	2.2
2018	140	106	3.3	2.4
2019	51	86	1.2	2.1

数据来源：中国农村贫困监测报告。

4.1.2.2　贫困地区农民收入持续稳定增长

（1）贫困地区农民收入增长持续增长。

2019 年，广西贫困地区农村居民的人均可支配收入为 11 958 元，与 2018 年相比，同比增长 11.1%。可以看出，2013—2019 年，广西贫困地区农民的人均可支配收入呈现逐年攀升的态势，6 年间共增长了 91.29%，增加 6 075 元，如图 4-2 所示。

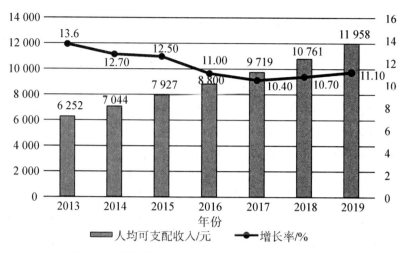

图 4-2　广西贫困地区农村人均可支配收入与增速

数据来源：中国农村贫困监测报告。

从各分项目来看，贫困地区农村居民的转移净收入和工资性收入的增长幅度较大。如表 4-5 所示，2019 年年底，广西贫困地区农村居民的人均可支配收入为 11 958 元，与 2018 年相比，增加 1 197 元。其中，工资性收入和转移净收入分别为 3 377 元和 3 535 元，与 2018 年相比，其涨幅分别为 11.4% 和 17.4%。另外，经营净收入的平均增长率为 7.0%。但是要增加农民收入，不能只靠农业经营，财产性收入的比重偏低且增长缓慢成为贫困地区农民居民增收的一大制约因素，提高农民财产性收入，还需把农村现在的土地资源盘活，加快土地承包经营权的流转，为增加农民财产性收入创造了条件。

表 4-5　2018、2019 年广西贫困地区农村居民人均可支配收入情况

指标名称	2019 年/元	2018 年/元	增加额/元	增幅/%
人均可支配收入	11 958	10 761	1 197	11.1
工资性收入	3 377	3 032	345	11.4
经营净收入	4 901	4 582	319	7.0
财产净收入	145	136	9	6.6
转移净收入	3 535	3 010	525	17.4

数据来源：中国农村贫困监测报告。

（2）贫困地区收入增速高于全区水平。

首先，贫困地区收入水平在全区的占比在逐年变大。相关数据显示，在广西壮族自治区政府及相关部门的共同努力之下，贫困地区农村居民人均可支配收入水平在逐年提升，2019年，贫困地区农村居民人均可支配收入在农民收入中的占比为87.4%，而2013年这一数据只有80.2%，可以看出，贫困地区农村居民人均可支配收入和全区农民收入之间的差距在逐年缩小。

其次，贫困地区收入增长速度比全区水平更高。2013—2019年，广西农民收入增长水平有所下滑，但是和全区平均水平相比，贫困地区农民收入水平的增长速度仍然更高，广西贫困地区农民人均可支配收入在2019年的增长速度是11.1%，高出全区水平1.1个百分点。

（3）消费支出涨幅扩大，居住、交通支出增长较快。

2019年，广西贫困地区农民的人均生活消费支出为10 368元，与2018年相比，同比增长10.9%，增加1 016元。从贫困地区农民的消费结构来看，在自治区水果价格、猪肉价格和粮食价格下滑的背景之下，2019年，贫困地区农民的人均食品消费支出为3 212元，与2018年相比，同比增长12.78%，其中，衣着支出和居住支出分别为359元和2 336元，分别同比增长11.14%和11.82%。一方面，广西的异地搬迁工作获得成功后，大量贫困人口通过异地搬迁拥有了住房，另一方面，居民的消费水平和收入水平得到明显提升，这也使居民的各项消费支出涨幅不断扩大，住房装潢维修消费在居民住房消费中的占比呈现大幅攀升的态势，而生活用品及服务支出、教育文化娱乐支出、交通通信支出、医疗保健支出等都呈现上涨态势。

4.1.2.3　农村基础设施和居民生活条件逐步改善

（1）农户家庭居住条件持续改善。

包含2019年的建档立卡贫困户危房改造任务在内，国家于2018年为广西下达了建档立卡贫困户危房改造任务共计12.04万户，2018年其中7.72万户已经竣工。另外，广西实施异地扶贫搬迁政策，截至2019年年底，广西提前一年完成"十三五"易地扶贫搬迁规划建设任务，71万搬迁人口全部入住。从住房结构来看，2019年，广西贫困地区农村居民住房主要以钢筋混凝土和砖混结构为主，居住竹草土坯房的农户基本消失，贫困群众的住房条件得到持续性改善。

（2）贫困地区基础设施和公共服务状况持续改善。

2019年，广西继续开展美丽广西乡村建设活动，不仅优化了广西壮族自治区农村的人居环境，同时推动了贫困地区基础设施的建设与发展，切实提高了当地的公共服务供给能力。2019年，广西贫困地区所在自然村通公路、通电话、能接收有线电视信号的农户比重均达到100%；进村主干道硬化的农户比重为99.7%；通宽带的农户比重为96.1%；所在自然村有卫生站的农户比重为 90.5%；能便利上幼儿园的农户比重达 86.2%；能便利上小学的农户比重为 89.7%。从上述数据来看，通过各级地方政府和相关部门的通力协作，极大地改善了贫困地区的基础设施和公共服务状况。

（3）群众饮水和厕所使用问题得到有效解决。

广西致力于解决贫困地区群众的厕所使用问题和饮水问题。2019 年，在贫困地区的农村居民中，使用管道供水的农户比重达到 91.8%，同比提升 5.8 个百分点，使用经过净化处理的自来水的农户比重 42.4%，同比提升 3.8 个百分点，因此，广西贫困地区农村居民饮水和厕所问题已经得到较大改善。

4.1.3 宁夏农村贫困治理现状

2019 年是我国脱贫攻坚工作中的关键年，我国以实施乡村振兴战略为契机，坚持在深度贫困地区贯彻落实精准扶贫方针。一方面加速推动产业扶贫和就业扶贫的发展，另一方面又在深度贫困地区加速建设基础设施，提供公共服务。宁夏贫困地区的精准扶贫工作获得显著成果，也大幅提高了贫困地区农民的收入水平。

4.1.3.1 贫困人口明显减少

根据国家统计局数据，截至 2019 年年底，宁夏贫困地区共有 4 万人成功脱贫，比上年降低 57.1%，剩余农村贫困人口仅 3 万人，贫困发生率为 1.4%，与全国贫困发生率相当，贫困发生率呈连续下降趋势，如图 4-3 所示。

图 4-3　2013—2019 年宁夏农村贫困人口与贫困发生率

数据来源：中国农村贫困监测报告。

4.1.3.2　贫困地区农民收入持续稳定增长

（1）贫困地区农村居民人均可支配收入增速继续高于农村。

我国精准扶贫工作在 2016 年后成效凸显，极大地缩小了贫困地区全区农村居民间的收入差距。2019 年，宁夏贫困地区农村居民的人均可支配收入为 10 604 元，与 2018 年相比，名义上同比递增 10.9%，增加 1 241 元，高出全区农村居民人均可支配收入水平增长速度 1.1 个百分点，发展态势良好。

（2）不同收入来源增减不同。

随着精准扶贫工作的推进，贫困地区农村居民四项收入呈现增减不同的态势。

首先，贫困地区农村居民工资性收入得到稳步提升，工资性收入比上年增长 10.1%，达到 3 913 元，占人均可支配收入的 35.72%。这与贫困地区农村居民拥有多样的务工渠道有关，究其原因主要有：一是农村现代化农业发展速度越来越快，农村地区出现了一大批农业发展公司和农业经营大户，尤其是在政府部门加速建设美丽村庄、小城镇，开展农村危房改造工程以后，越来越多的农民可以直接在家乡就业，其工资性收入得到稳步提升。二是贯彻落实就业扶贫政策的影响。贫困地区涌入了一大批专门针对建档立卡贫困户招工的企业，这些企业为贫困户累计提供了几千个公益性岗位。

其次，经营净收入在总收入占比最大，其增长率为 10.5%，达到 3 913 元，占总收入的 36.22%。从产业来看，第一产业经营性收入，在雨水充沛、气候条件优越等各种因素的影响之下，宁夏回族自治区的蔬菜产量、价格双双上涨，也为农民带来了更高的经营性收入；畜禽产品价格上浮以后，牧业经营净收入比也有所上浮。宁夏的三大产业进入融合发展之路以后，推动了贫困地区的经济建设与发展，第二产业和第三产业农民的净收入也有所提升。

再次，贯彻落实惠农政策，持续性快速增加贫困群众的转移净收入。2019 年，宁夏贫困地区农村居民人均转移净收入为 2 963 元，为可支配收入的增长做出了 27.43% 的贡献，同比增长 14.1%。一方面，农村在持续性增加低保和养老金标准，促进了转移净收入的增加；另一方面，国家也出台了各项政策，推动养殖业和种植业发展，加强教育扶贫、技能培训，进一步增加了农村居民的转移性收入。

最后，财产净收入不增反降，对可支配收入增长做出的贡献最少。2019 年，宁夏贫困地区农村居民财产净收入比上年下降 32.7%，仅为 69 元，未来如何增加贫困地区农村居民财产性收入仍是摆在政府部门面前的一个难题。

4.1.3.3　贫困地区农村居民生活条件不断改善

随着精准扶贫的稳步推进，2019 年，宁夏贫困地区农村居民的生活条件有了较大改善，人均住房面积达 27.5 平方米，比 2018 年提升 1.9 平方米，贫困地区农户使用净化自来水的比重达到91.7%，同比提升10.8%。

4.1.3.4 贫困地区农民生活水平持续改善

国家统计局数据显示，2019年，宁夏贫困地区农民的人均生活消费支出为9 580元，与2018年相比，同比上涨7.6%，增加676元。农村居民消费水平也稳步提升，从2018年的10 790元增长到2019年的11 465元，增长6.3%，因此，贫困地区农村居民消费增速略高于全区平均水平，但贫困地区农村居民消费水平与全区平均水平仍相差1 885元，生活质量仍有一定差距。

4.1.4 新疆农村贫困治理现状

2019年，新疆聚焦社会稳定和长治久安总目标，围绕"两不愁三保障""七个一批"和"六个精准"，继续推进精准扶贫工作，新疆贫困地区贫困人口持续减少，贫困发生率明显下降，贫困地区农民收入快速增长，生活质量和环境稳步改善。

4.1.4.1 新疆农村贫困人口及贫困发生率持续降低

截至2019年年底，新疆农村地区共有20万农村贫困人口，与2018年相比，农村贫困发生率显著下降，下降约4%，共减少44万贫困人口。党的十八大以来，新疆农村贫困地区就展开了脱贫攻坚战，如图4-4所示，2013年年底，新疆地区有222万贫困人口，其农村贫困发生率为19.8%，2019年贫困人口降低至20万人，其农村贫困发生率为1.7%，贫困发生率下降了18.1个百分点。

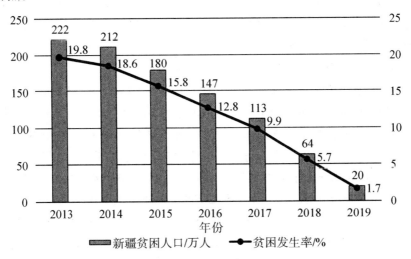

图 4-4　2013—2019 年新疆农村贫困人口与贫困发生率

数据来源：中国农村贫困监测报告。

4.1.4.2 贫困地区农村居民收入稳步增长

2019 年，新疆贫困地区农村居民的人均可支配收入为 12 035 元，与 2018 年相比，同比上涨 10.3%，比新疆农村居民平均水平的增长幅度高出 0.7 个百分点。贫困地区农村居民的收入水平稳步提升，新疆贫困地区农村居民收入水平和全区平均水平之间的差距，随着时间的推移在不断缩小，2019 年这一差距仅为 1 087 元。

（1）收入结构稳中向优。

新疆农村地区的剩余劳动力开始向城镇转移以后，贫困地区农村居民的工资性收入水平不断攀升，在其人均可支配收入中的占比于 2019 年达 28.2%，与 2018 年相比，提升了 0.8 个百分点。尽管经营性收入在农村居民收入结构中的占比有所下滑，但经营性收入仍然是农民群众的主要收入来源，转移净收入在农民收入结构中的占比提升了 1.1 个百分点，达 23.7%。

（2）经营净收入和转移净收入增速提高。

2019 年，新疆贫困地区农村居民的工资性收入人均 3 399 元，与 2018 年相比，同比增加 13.8%，上涨 412 元。其中，经营净收入和转移净收入分别为 5 553 元和 2 853 元，与 2018 年相比，分别同比增长 3.4% 和 15.9%，分别上涨 185 元和 392 元。

4.1.4.3 贫困地区农村居民生活消费水平明显提升

（1）生活消费明显提高。

2019 年，新疆贫困地区农村居民人均生活消费支出 8 162 元，与 2018 年相比，同比上涨 15.7%，增加了 1 106 元，经过新疆各级政府的不断努力，贫困地区农村居民的生活水平显著提高。

（2）消费结构进一步优化。

食品烟酒类消费支出是农村居民的主要消费类型，而食品烟酒类占比下滑，也极大地降低了居民的生存类消费占比。2019 年，新疆贫困地区农村居民吃穿用等生存型消费支出人均 3 772 元，在生活消费支出中的占比为 46.2%，低于 2018 年 2.7 个百分点。由此看来，随着精准扶贫的推进，大大提高了贫困地区农村居民的生活质量。其中，食品烟酒消费支出、衣着消费支出、生活用品和服务消费支出分别为 2 509 元、682 元和 581 元，在人均消费支出中的占比分别为 11.3%、8.4% 和 7.1%，与 2018 年相比，同比下降了 1.2、1.3 和 0.2 个百分点。此外，教育文化娱乐消费支出和居住消费支出也呈现上涨状态。在国家危房改造工程以及异地搬迁工作得到落实以后，新疆贫困地区农村居民的人均居住消费支出在不断攀升，从 2018 年的 1 506 元提升到

2019 年的 1 765 元，同比提升 259 元，增长 17.2%。教育文化娱乐消费支出从 2018 年的 759 元增长到 2019 年的 1 023 元，提升 264 元，同比增长 34.8%。

4.1.4.4　农村公共服务和基础设施不断改善

（1）居住环境持续改善。

2019 年，新疆贫困地区农村居民的住房建筑面积为户均 112.9 平方米，均为钢筋混凝土、砖瓦砖木或者砖混材料，在贫困地区几乎没有了竹草土坯房，且贫困地区 98.9% 的农户已经修建了独立使用的厕所。饮水条件不断提升，2019 年，新疆农村贫困地区 93.7% 的农户实现了管道供水。

（2）基础设施建设成效明显。

2018 年，新疆贫困地区农村基本实现了电话、公路、同宽带、有线电视信号、有卫生站、主干道路硬化等的全覆盖。92.4% 的村庄可以便利乘坐公共汽车，81.3% 的村庄实现了垃圾的集中处理，99.0% 的村庄可以便利地上小学，与 2018 年相比，分别提升了 14.0、6.6 和 1.8 个百分点。由此可以看出，新疆贫困地区农村的基础设施建设正逐步完善，取得了极其显著的成效。

4.1.5　内蒙古农村贫困治理现状

2019 年，内蒙古有机结合乡村振兴战略和精准扶贫，立足以减少贫困村和贫困人口，围绕"两不愁三保障"，按照"五个一批""六个精准"，致力于推动农村贫困地区产业发展和基础设施建设，同时让贫困地区群众积极参与到脱贫攻坚工作中。政府部门通过生产奖补、就业补助和以工代赈等多种方式，在扶贫产业发展和扶贫项目推进中，充分发挥贫困人口的力量，获得了显著的扶贫效果。2019 年，内蒙古贫困地区农村居民的生活消费支出以及人均可支配收入水平都得到了显著提升，不仅显著地改善了内蒙古居民的人居环境和生产条件，也使得贫困地区农村居民产生了强烈的幸福感和获得感。

4.1.5.1　贫困人口明显减少，贫困发生率显著下降

首先，内蒙古农村地区贫困人口大幅减少。由图 4-5 可知，2019 年，内蒙古农村地区贫困人口共计 6 万人，远远低于 2018 年的 14 万元，其贫困发生率为 0.8%，比 2018 年的 1% 降低了 2 个百分点。虽然贫困人口有了大幅减少，但剩余贫困人口贫困程度较深，后续脱贫和返贫治理仍有较大的挑战。

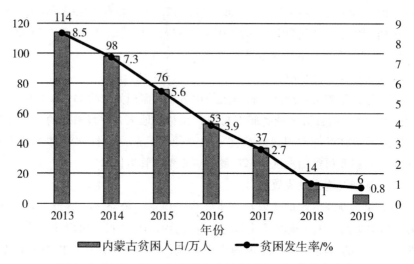

图 4-5　2013—2019 年内蒙古农村贫困人口与贫困发生率

数据来源：中国农村贫困监测报告。

4.1.5.2　贫困地区农村居民可支配收入突破万元大关

2019 年，内蒙古贫困地区农村牧区居民的人均可支配收入为 12 272 元，与 2018 年相比，同比上增长 11.9%，增加了 1 307 元。

（1）可支配收入增速快于全区平均水平。

2019 年，内蒙古贫困地区农村居民人均可支配收入的增长速度均快于全区农村居民可支配收入 1.2 个百分点，因此，内蒙古贫困地区农村居民人均可支配收入与全区平均水平的差距在进一步缩小。自党的十八大以后，内蒙古自治区在党中央的号召之下，农村居民可支配收入水平得到显著提升，年均增长率达 10.2%，累计增加 5 395 元，与全区平均水平相比，高出 2 个百分点。2012 年，内蒙古贫困地区和全区的农村居民收入比为 1∶1.43，2019 年这一数据降低至 1∶1.26。

（2）四大项收入增减不一。

2019 年，内蒙古贫困地区农村居民工资性收入为人均 2 364 元，在农村居民可支配收入中的占比为 19.3%，与 2018 年相比，同比上涨 12.8%，对可支配收入增长产生的拉动作用为 2.4%。经营净收入为人均 5 924 元，在农村居民可支配收入中的占比为 48.3%，与 2018 年相比，同比上涨 2.6%，对可支配收入增长产生的拉动作用为 1.4%。财产净收入人均 209 元，与 2018 年相比，同比下降 7.7%，对可支配收入增长产生的拉动作用为−0.2%。转移净收入人均 3 775 元，在贫困地区农村居民可支配收入中的占比为 31.5%，比 2018 年增长 31.5%，对可支配收入增长产生的拉动作用为 8.3%。

对于贫困地区农牧民人均可支配收入增长的影响因素而言，主要有以下几方面原因：一是产业扶贫增加了农牧民的收入。内蒙古近年来在精准扶贫中，专门扶持了内蒙古的八大优势特色产业作为扶贫重点产业，重点支持贫困地区特色产业的发展，并注重在贫困地区支持和扶助农牧业龙头企业和加工企业的发展，通过"合作社+基地+贫困户"模式，以合作社为基础，推动当地产业发展，在产业链中纳入内蒙古的贫困户，帮助建档立卡贫困户获得更多的收入。二是农牧产品产量和价格的上涨，增加了农牧民的收入。与 2018 年相比，牛羊等牲畜的产量以及出栏量都有所增加，且其市场价格快速攀升，正因为农牧产品的产量和价格在大幅攀升，才为农牧民带来了更加可观的收入。三是金融扶贫为农牧民提供了多元化获取收入的渠道。金融扶贫富民工程推出以来，在扶贫领域中引入了更多的社会资本和金融资金，解决了贫困地区在脱贫攻坚工作中出现的资金问题。银行参与和市场化运作，为贫困旗县的产业发展提供了全新的贷款模式，采取"联户联保、村委会担保、保险公司履约保险"等模式，尽可能为贫困农牧民提供低息贷款；采取 3 户富裕户带动 2 户贫困户、2 户富裕户带动 1 户贫困户等模式，确保内蒙古自治区广大贫困农牧户，可以直接获得政府和社会资金的帮助，能够在政府和社会组织的共同帮助之下，获得良好的生产生活条件，凭借着自身的力量发家致富。

4.1.5.3　贫困地区农牧民消费层次进一步提升

国家和内蒙古在实施了多项惠农政策以后，不仅增加了农牧民的收入，也改变了农牧民的生活消费结构，农牧民收入水平和消费水平不断提升，在获得了良好的生产生活条件以后，农牧民幸福感和获得感也逐步提升。2019 年，内蒙古贫困地区农牧民生活消费支出人均 11 376 元，比 2018 年增长了 11.5%，增加了 1 171 元，在扣除了价格等因素的影响以后，其实际同比上涨 9.0%，

（1）增速快于全区农牧民平均水平。

贫困地区农牧民的生活消费支出会随着其收入水平的增长而增长，农牧民的消费能力也呈现逐年上升的态势。2019 年，内蒙古贫困地区农牧民生活消费支出同比上涨 11.5%，比全区农村居民平均水平高出 2.4 个百分点。2012—2019 年，相比于全区农牧民，贫困地区农牧民的人均生活支出增长速度更快，在较短时间内，提升了农牧民的消费规模。

（2）贫困地区农牧民消费结构进一步优化。

农牧民各类基本消费支出呈现稳步上涨的态势。根据国家统计局数据，2019 年，内蒙古贫困地区农牧民食品烟酒支出为 3 183 元，在总消费支出中的

占比为 27.98%，同比增长 9.1%；衣着支出为 607 元，在总消费支出中的占比为 5.34%，为 607 元，比 2018 年增加了 56 元；人均居住支出在消费支出中的占比为 16.19%，为 1 842 元，比 2018 年增加 167 元；人均生活用品和服务支出在消费支出、交通通信支出、教育文化娱乐支出、医疗保健支出以及其他用品和服务支出分别为 471 元、1 867 元、1 489 元、1 673 元和 245 元，分别同比增长 8.7%、16.1%、11.4%、11.2%和 36.8%。

（3）食品支出比重下降。

2019 年，内蒙古贫困地区农牧民的食品烟酒消费在消费总支出中的占比为 28.0%，略低于 2018 年的 28.6%。2012 年以来，贫困地区农牧民食品支出在消费总支出中的占比逐年下降，从 2012 年的 37.5%下降到 2019 年的 28.0%，说明人们开始产生越来越多的非食品支出，恩格尔系数逐年下降。由此可见，贫困地区农牧民的消费观念已经发生了变化，早期的温饱型消费已经逐渐转变为享受型消费。

4.1.5.4 贫困地区农牧民生活及居住条件明显改善

（1）居住条件明显改善。

精准扶贫以来，内蒙古贫困地区农牧民的生活条件与居住条件有了明显改善，不仅增加了农牧民的住房面积，居住环境也有了较大改善。2012 年，内蒙古贫困地区农牧民户均住房面积为 67.3 平方米，2019 年这一数据增长至 79.7 平方米，96.3%的农牧户居住在砖混结构、砖瓦砖木结构或者钢筋混凝土结构的建筑内，与 2012 年相比，提高了 31.5%。2019 年，内蒙古贫困地区仅有 2.8%的农牧户居住在竹草土坯房内，远低于 2012 年的 23.7%；96.6%的农牧户住宅外道路为硬化路面，远高于 2012 年的 40.2%。

（2）耐用消费品拥有量迅速提高。

贫困地区的农牧民获得了更多的家庭收入以后，开始改善自身的生产生活条件，耐用消费品的拥有量也呈现逐年攀升的态势。2019 年，内蒙古贫困地区农牧户中，每 100 户拥有的洗衣机、电冰箱、彩色电视、热水器、和计算机拥有量分别为 93.3 台、97.8 台、106.0 台、21.0 台、23.0 台和 17.5 台，与 2012 年相比分别增加 30.3 台、29.8 台、4.6 台和 14.9 台，2019 年移动电话和汽车拥有量分别为 237.1 部和 25.7 辆，与 2012 年相比分别增加 75.9 部和 22.1 辆。

（3）生活设施进一步改善。

内蒙古开展的各项扶贫工程，切实改善了贫困地区农牧民的生活条件。2019 年，内蒙古贫困地区农牧民中，使用管道供水、使用净化自来水、使用独立厕所、使用炊用柴草的农户占比分别为 68.1%、50.6%、95.2% 和 46.1%，与 2013 年相比，前三者分别提高 34.2、21.6 和 3.5 个百分点，使用炊用柴草的农户占比下降 31.8 个百分点。

4.1.5.5 基础设施和公共服务水平持续提升

（1）"四通"实现全面覆盖。

2019 年，内蒙古贫困地区自然村基本全面覆盖了电网、电话、有线电视、公路，97.0% 的农户通宽带，与 2018 年相比，同比上涨 2.7%。贫困地区所在自然村在基本全面覆盖了公路交通网络后，基础设施水平进一步完善，2019 年，自然村通客运班车、便利乘坐公交车的农户占比分别为 68.7% 和 77.7%。

（2）医疗卫生条件改善。

2019 年，内蒙古贫困地区的医疗卫生条件得到了明显的改善，72.9% 的农户能够直接在所在的自然村集中处理垃圾，同比增加 0.7 个百分点。贫困地区 98.3% 的自然村拥有卫生室，89.7% 的行政村卫生员有合法行医证，分别提高 3.2 和 2.5 个百分点。

（3）教育资源配置持续改善。

从内蒙古自治区贫困地区的上学便利性情况来看，2019 年，74.4% 的农户可以在其所在的自然村便利地上幼儿园，与 2018 年的 79.5% 相比，下降了 5.1 个百分点，这主要是由于部分自然村幼儿园合并导致便利程度下降；贫困地区 79.5% 的农户可以便利地上小学，与 2018 年相比，上涨 5.1%。98.4% 的孩子在义务教育阶段的上学花费时间控制在半小时以内，同比提升 2.1 个百分点。从内蒙古农村贫困地区的师资满意度可以看出，普通高中阶段和义务教育阶段的师资条件评价结果中，认为师资评价非常好的占比分别为 71.5% 和 67.8%，同比提高 7.2 和 9.1 个百分点。中等职业教育阶段的师资满意度有所下降，49.9% 的人认为职业学校的师资条件非常好，同比下降 14.4 个百分点。

4.1.6 西藏农村贫困治理现状

2019 年，西藏开始从全局出发部署脱贫攻坚工作，提出了各项扶贫方针和对策，采取"十三对关系"等方法，力求在这场脱贫攻坚战上取得成效。经过西藏自治区委政府的不断努力，显著地提高了农牧民的收入水平和消费水平、全区农牧区的基础设施水平以及公共服务供给能力，同时大幅降低了区内的贫困人口以及贫困发生率。

4.1.6.1 西藏农村贫困和减贫情况

西藏自治区政府自 2013 年以来认真贯彻落实精准扶贫的基本方略，采取了一系列措施，大大降低了西藏的贫困人口和贫困发生率。2013年，全区共有72万贫困人口，贫困发生率为28.8%，2019年这一数据分别下降至4万人和1.4%（图4-6），可以看出短短6年间，全区的脱贫攻坚工作就获得了显著成果。

图4-6　2013—2019年西藏贫困人口和贫困发生率

数据来源：中国农村贫困监测报告。

4.1.6.2　贫困地区农民收入提速增长

中国农村贫困监测报告显示，2013—2019年，西藏农村居民的可支配收入水平呈现大幅增长态势，早在2017年，其可支配水平就超过了五位数。西藏农村居民，2019年的人均可支配收入为12 951元，与2018年相比增长13.1%，增加了1 501元。

（1）工资性收入。2019年，西藏贫困地区农村居民工资性收入为人均3 907元，与2018年相比，同比上涨28.6%，占贫困地区农村居民可支配收入的30.2%。事实上，全区农牧民生态补偿岗位自2016年以来就得以大幅提升，原本每年3 000元的岗位工资标准提升至每年3 500元。究其原因主要有：一是西藏在党的十九大以后，开始全面建设边贸小康村，并在此基础之上推出了十项提升工程，加速构建西藏特色优势产业链，帮助边境农村居民在周边就业，其工资性收入水平得到明显提升。二是西藏各地市陆续出台了"本地农民工建筑队就近就便务工"等相关政策，农村居民就近就业平台逐步增多，也拉动了工资性收入的提升。三是西藏各级政府组织开展了多项转移就业培训，提升了贫困地区农村居民的各项技能，加大了转移就业的力度。

（2）经营净收入。2019 年，西藏贫困地区农村居民经营性收入为人均 6 364.5 元，与 2018 年相比，同比上涨 8.1%，增加 475.5 元。首先，西藏在实施了"冬游西藏共享地球第三极"活动以后，实现了农家乐、藏式家庭旅馆、藏家乐的全面发展，全面提高了贫困地区农村居民的收入水平。其次，西藏政府在不断优化了当地的养殖基地，产业布局和种植基地产业布局以后，带动了当地特色产业的发展，依托于产业扶贫，增加了农牧民的收入。最后，推动了西藏净土健康产业的发展，不断扩大西藏农村特色种植业和养殖业的规模，一方面可以为当地农牧民带来更多的经营性收入，另一方面也可以满足消费者对本土绿色农畜产品的需要。

（3）财产净收入。2019 年，西藏农民的财产性收入人均 436.5 元，与 2018 年相比，增长 2.2%，增加 9.3 元。一方面，农村土地流转，为农民获得了更多的土地经营权转让收入；另一方面，产业脱贫，依托于集体合作社或民族手工业发展，使农村居民拥有了更多的红利收入。

（4）转移净收入。2019 年，西藏农民的转移净收入为人均 2 243 元，与 2018 年相比，同比增长 7.0%，增加 146.5 元。一方面，自治区党委政府针对西藏的实际情况，实施了各项惠农政策和强农政策，不断扩大了关于农村居民的养老保险、医疗保险和最低生活保障覆盖面，在足额发放了各项生活性补贴和政策性补贴以后，展现出了十分显著的政策托底效应。另一方面，近年来，国家在实施了"兴边富民行动十三五规划"，面向西藏贫困地区，不断提高了边疆民众的补贴标准，西藏大约有 16 万农村贫困居民获得了国家发放的补贴，其转移净收入得到明显提升。

4.1.6.3　贫困地区农村居民消费稳步提升

西藏在建设了较为完善的基础设施以后，农村居民的收入水平以及生活消费支出稳步提升。2019 年，西藏贫困地区农村居民的生活消费支出年均 8 418 元，与 2018 年相比，同比增长 13.0%，增加 966 元。

西藏贫困地区农村居民的耐用消费品拥有量呈现逐年大幅攀升的态势。2019 年，西藏农村居民中，每 100 户拥有洗衣机、电冰箱和计算机的数量分别为 78.8 台、77.8 台和 4.6 台，比上年分别增加 1.8 台、6.3 台和 1.2 台；每 100 户拥有移动电话数量 258 部，比上年增长 4.7 部。

4.1.6.4　基础设施和公共服务状况大大改善

西藏各级地方政府扶贫工作中，始终将改善民生放在了首要地位，在基础设施建设和公共服务供给方面不断增加投入，建设了一大批有利于推动当地农牧业发展的基础性工程，不仅有效优化了农村地区的产业结构，同时也改善了农牧区的公共服务供给状况和生产生活条件。

（1）明显改善当地的基础设施和公共服务。2019年，西藏农村自然村通公路基本实现了全覆盖，所在自然村通电话的比重也达到100%。农村贫困地区85.4%的自然村能够接收有线电视信号，72.5的自然村可以便利地乘坐公共交通，84.3%的自然村能够集中处理垃圾，98.4%的自然村可以便利地上幼儿园，与2018年相比，分别同比提高3.1、6.1、6.0和7.1个百分点。

（2）当地的生活和卫生条件明显改善。2019年，在西藏贫困地区农村24.0%的农民居住在钢筋混凝土房屋内；30.5%的农民居住在砖混材料房屋内；36.6%的居民居住在砖瓦材料房屋内；0.9%的农民居住在竹草土坯材料房屋内；0.8%的农民居住在其他材料住房内。此外，贫困地区68.8%的农户可以使用管道供水，39.4%的农户可以使用经过净化的自来水，81.3%的农户已经修建了独立使用的厕所。

（3）当地的医疗服务水平显著提高。2019年，西藏加速改革公立医院，推进基层医疗卫生设施的建设和完善医疗卫生团队，力求解决群众的医疗需求。2019年，西藏农村基本实现了医疗卫生站的全覆盖，82.8%的贫困地区自然村建设了卫生站。

4.2　当前西部民族地区农村返贫的现状与原因

返贫问题一直困扰着世界各国扶贫工作的开展，我国早期的返贫问题与国际返贫问题大致相似。一方面，国内经济出现波动就有可能导致部分脱贫人数返贫；另一方面，出现重大自然灾害、意外事故也有可能导致部分脱贫人口返贫。西部民族地区由于经济发展相对落后，受基础设施和自然条件影响，返贫问题也变得更加复杂。

4.2.1　西部民族地区农村返贫的现状

4.2.1.1　西部民族地区返贫问题严峻

改革开放以后，我国的扶贫脱贫工作就获得了显著成就，但返贫一直是我国扶贫工作开展中的一大难题。例如，1995年，我国西北某省的脱贫人口为61.65万，但却有高达70.09万返贫人口，部分地区返贫人口占贫困总人口的一半以上。课题组调研发现，进入21世纪后，我国返贫率平均约为15%，而西部民族地区的返贫率更高，部分省区甚至超过20%。

4.2.1.2 脱贫人口个体能力不足

在不考虑贫困地区客观因素的情况下，仅从贫困人口的自身素质来看，西部民族地区贫困农村居民的受教育水平普遍偏低，再加上他们往往并不注重提升自身的专业素养和劳动技能，在过去保守落后的观念和思想的影响之下，西部民族地区贫困农村居民大部分难以胜任高技术水平的工作，只能从事简单的重体力劳动，这就难以提高西部民族地区农村居民的人均收入水平。另外，西部农村部分脱贫群众本身心理素质和身体素质偏低，其个体能力不足以帮助其发家致富，导致其在脱贫后仍然有较高的返贫风险。

4.2.1.3 贫困地区返贫现象频发

从时间轴分析西部民族地区农村返贫现象，可以发现其返贫问题也存在显著的易发性和频繁性特征。这是因为西部民族地区贫困人口本身缺乏抵抗贫困的能力，再加上脱贫人口在脱贫以后，缺乏持续增收的能力，一旦外界经济环境变差，或遭受意外事故，就有可能导致这部分脱贫人口返贫。加之西部民族地区部分深度贫困地区，其自然环境恶劣，十分容易遭受自然灾害，使得因灾返贫的概率远远高于其他区域，虽然部分脱贫人口具有增收致富的积极性，但由于其大部分脱贫人口的收入来源仍十分单一，主要收入来源仍然是种植和养殖业，一旦遭受自然灾害，其收入水平大大下降，再次陷入贫困的概率大大增加。

4.2.1.4 返贫现象呈现区域性

我国返贫现象存在显著的区域性特征，相比于零散小面积的贫困地区而言，西部民族地区集中连片贫困地区的返贫率更高，更容易出现返贫现象。我国西北和西南某些贫困地区的返贫率甚至突破了20%。课题组调研发现，西部民族地区的历年返贫率一般在17%左右，一旦某年遭受自然灾害，返贫率就可能达到25%以上。东南沿海城市乘着改革开放的春风，社会经济快速发展，拥有雄厚的经济基础，而西部民族地区本身交通闭塞，地理位置偏远，存在一些历史遗留问题，在缺乏资源且抵御自然灾害能力不足的情况下，西部民族地区存在极为严峻的返贫问题，对于深度贫困地区和集中连片特困地区而言，其返贫率远高于其他区域，因此，其返贫现象呈现显著的区域性特征。

4.2.1.5 返贫现象对农村危害较大

返贫主要指的是脱贫后返回贫困状态，原本已经解决了基本温饱问题的群众，又重新返回无法吃饱穿暖，难以看病养老的贫困状态。脱贫人口返贫不仅会导致其重新陷入贫困，同时还会对其心理造成巨大的冲击，甚至部分返贫人口还会出现心理扭曲的问题。根据西部民族地区农村贫困的返贫现象来看，部分群众多次返贫，对脱贫致富产生了质疑，也失去了依靠自身能力成功迈入小康社会的信心，甚至认为脱贫只能是人生中的昙花一现，自己的宿命就是贫穷，而这种思想也并不利于国家扶贫工作的顺利开展。精准脱贫收官后，防止返贫成为摆在眼前的重要任务。在新的阶段，只有真正解决了返贫问题，才能推动全体人民共同迈向共同富裕，实现社会主义现代化。

4.2.2 当前西部民族地区农村返贫原因

4.2.2.1 脱贫户自身原因返贫

课题组调研走访发现，西部民族地区脱贫户自身原因返贫主要有健康原因返贫、能力原因返贫和观念原因返贫这三种情况。

健康原因返贫主要包括因病返贫、因残返贫。一是因病返贫。西部民族地区贫困乡村长期存在看病难和看病贵问题，这与这些地区未构建完善的医疗保障制度和医疗体制，缺乏统一的药价管理制度有关，大部分农村脱贫家庭都无法支撑巨额的医疗费用，导致贫困农户看病难和看病贵。脱贫家庭刚刚挣脱贫困的枷锁，其生活水平也只是刚刚超过贫困标准，而农村贫困地区本身是重大疾病的高发区，一旦面临昂贵的医疗费用，脱贫家庭也只能重返贫困。二是因残返贫。因残返贫表现为两方面的贫困。一方面，身体出现残疾以后往往需要花费高额医药费用，长期用药维系身体机能运转，这就导致有残疾人的家庭往往会在金钱和精神的双重消耗之下返回贫困；另一方面，残疾人本身失去了劳动能力，导致贫困家庭丧失劳动力，在收入减少、支付增加的情况下，贫困家庭面临着更重的经济压力。

能力原因返贫主要指的是脱贫者自身缺乏自我发展能力而重新返回贫困的现象。首先，"因学、因技"不足而返贫。脱贫人口普遍未能接受良好的教育，大部分农民工的受教育水平就是小学或初中，这就导致其缺乏良好的求生技能和就业知识，在缺乏相应信息和就业渠道的情况下，农民工也难以获得较高的劳动收入。在我国的九年义务制教育环境中，贫困家庭的孩子无须缴纳学费就可以读完小学和初中，但部分西部民族地区贫困家庭仍然无力支撑孩子高中及大学的教育费用，孩子升学至高中以后，教育费用极有可能会拖垮一个家庭，因此，不少贫困家庭都会让孩子在上完初中以后选择让其辍学外出务工，或者直接在家务农。事实上，这种选择会出现贫困的代际传递，并不能很好地改善贫困家庭的贫困状况。

观念原因返贫主要指的是返贫者自身存在等、靠、要的落后保守封闭思想，甚至对现有的生活已经习以为常，未能从主观层面产生脱离贫困的想法或意识，也没有艰苦奋斗和自力更生的精神，即使已经掌握了获得更高收入的方法或途径，也只是三天打鱼两天晒网，其生活水平容易下降到国家贫困线标准以下。反贫困学者缪尔达尔（1991）认为，人们的这种落后陈旧的宿命观加上受这种腐朽的贫困文化的影响，人们长期陷入贫困，并久久无法自拔。由此可见，内部因素是出现返贫现象的主要原因，返贫户本身缺乏良好的综合素养和自我发展能力，最终导致其无法有效提高自身收入，而长期在贫困线徘徊。造成返贫的主要根源就在于贫困人口落后腐朽的观念，这就要求西部民族地区不仅需要进行物质扶贫，尤其还需要重视精神扶贫。脱贫户只有从内心深处产生主动脱离贫困的想法，不对政府和社会其他组织的救济产生依赖，不再怨天尤人，而是产生了要依靠自身努力来彻底摆脱落后与贫困的想法以后，才能在真正意义上摆脱贫困，避免返回贫困。张祝平（2018）在研究中发现，部分贫困农户过度相信宿命论，再加上贫困地区本身未能构建完善的基本公共服务设施、文化产业发展设施，导致当地的文化发展严重滞后，出现文化贫困的现象。部分贫困户容易在扶贫救济中得过且过，甚至认为这种混日子的方式更舒适、安逸。农村大部分青壮年劳动力都转移到城市，只有老、弱、病、残留守在家，这些留守农村的人甚至已经对当下的生活状态产生了麻木感，每天得过且过。政府在贫困地区实施的扶贫措施，贫困人口认为是国家给予自己的优惠政策，但这些贫困人口仍不知道未来国家扶贫脱贫工作的发展方向，甚至有不少贫困人口愿意一直停留在贫困线以下，以求得到国家优惠政策和救济。正是在这种坐享其成的思想，导致西部民族贫困地区频频出现返贫问题，难以更好巩固现有脱贫攻坚成果。

4.2.2.2 资源环境原因返贫

资源环境型返贫，主要指的是贫困地区缺乏丰富的自然资源和良好的环境承载能力而陷入贫困的返贫类型。西部民族地区贫困地区本身缺乏丰富的资源和良好的环境承载力，一旦暴发自然灾害，资源枯竭，脱贫人口就有可能会返回贫困。我国的贫困县和贫困村大多集中于我国的边疆地区、革命老区和少数民族地区，这些地区存在返贫现象的主要原因在于当地的地区资源环境。西部民族地区地处于我国内陆深处，其贫困问题由资源环境造成。目前，水资源缺乏区域和高寒山地区域居住着大量的低收入脱贫人口，水资源匮乏区域主要包括西北地区，新疆的喀什地区、克孜勒苏柯尔克孜州、和田地区等，高寒山地区域主要包括新疆阿勒泰的高寒阴冷山区等。西部民族地区的贫困问题及其形成原因与当地的资源环境有着重要联系，返贫者所生存的自然条件以及地理环境是导致其出现返贫现象的重要原因。

地理环境决定论认为，一个国家的自然地理环境会影响这个国家的政治制度、风俗习惯和文化教育（安树伟，1999）。地处于偏远山区的贫困人口，本身生活在自然条件恶劣的环境中，缺乏适宜农耕的土地，当地的地理环境对贫困地区的经济发展造成了极大的负面影响。例如，西北地区本身干旱少雨，难以找到灌溉水源；黄土高原存在严重的水土流失问题，且年降雨量较少；青藏高原贫困地区的空气稀薄，资源匮乏，光照多但热量少；西南喀斯特地区又缺乏适宜农耕的土地。上述贫困地区本身缺乏良好的地理环境和丰富的自然资源，加上恶劣天气的影响，极大地影响农民的收成，农民将难以获得稳定的收入，一旦出现自然灾害，就有可能会返回贫困。

脱贫户因抵御自然灾害的能力较低而返贫也是资源环境原因返贫的重要原因之一。近几年来，西部民族地区农村常常会出现因灾返贫案例，如海洋灾害、冰雹、地震或洪涝等灾害导致的返贫。这些具有突发性、严重性和不可避免性的自然灾害，一方面会威胁人类的生命安全，另一方面也会给国家和个人带来不可估量的经济损失。脱贫户刚刚脱贫，其本身就缺乏抵御自然灾害的能力，一旦面临自然灾害，就有可能会迅速陷入贫困。例如，西南地区 2010 年 5 月出现严重旱灾，有 218 万人因旱灾而返回贫困，旱灾给西南地区带来的经济损失高达 350 亿元。因灾返贫是难以预防的，2016 年我国农作物的受灾面积达到 262 207 000 千公顷，1.9 亿人遭遇自然灾害，成为部分地区脱贫农户返贫的重要原因。

4.2.2.3 政策制度原因返贫

制度政策型返贫包含两种情况：制度惯性型返贫和政策扭曲型返贫（薛澜 等，2010）。制度分为正式制度与非正式制度，由于制度惯性的存在，当扶贫情景发生变化时，扶贫政策和手段没有随之发生变化，扶贫效果不佳，返贫率居高不下。正式制度对于返贫的影响更为深刻，如城乡二元结构的长期存在，城乡户籍度产生了"农民"和"市民"的身份差别，农民不论是在就业、生活，还是子女的教育上面，都与市民有显著的差别。农村贫困居民在国家的帮助下能够达到脱贫的状态，但是其可持续发展的空间仍然不足，城乡二元结构限制了农村劳动力的流动，农村富余劳动力很难再次转移就业，即使能够在城市就业，其工资和社会福利水平与市民的平均水平也有一定的差距。另外，对于以农业生产为主的农民来说，由于当时工农"剪刀差"造成的农业的不可持续发展，粮食价格的上涨幅度远远低于市场其他物价上涨的幅度，除去生产成本和人力成本，农民生产农副产品毫无利润可图，因此，难以靠发展生产来脱贫致富。如果不能改变城乡二元结构的现状，提高农副产品价格或对农产品种植的补贴，那么农民越种地越穷困，这种现象伤害了农民耕种的积极性，在这种情况下，在国家帮扶下的脱贫状态必然存在着返贫的风险。

首先，在制定和执行政策的过程中，一旦政策效果和现实需求出现偏差，就有可能会存在政策扭曲，出现制定的扶贫政策可能不符合贫困对象的实际情况。课题组调研发现，西部民族地区某些地方政府只注重于物质扶贫，缺乏精神扶贫，导致贫困户产生了等、靠、要的惰性思维，最终出现贫困地区的贫困户越扶越贫的情况。尽管政府拨付大量资金，短期内获得良好的扶贫效果，但是贫困人员在接受国家的救济后即使暂时脱贫，其精神和能力也远未达到长期稳定脱贫状态，缺乏自我发展能力，当政府停止救济和扶持时，脱贫户就有可能会返回贫困。

其次，扶贫政策未能得到贯彻落实。西部民族地区基层扶贫资源本身存在局限性，在基层的反贫困治理工作中，存在一定的数据扶贫和形式主义的情况。基层干部本身掌握了一定的扶贫资源分配权利，这就导致部分工作人员在扶贫开发工作中可能将扶贫资源分配给与自己有一定紧密社会关系的对象，难以公正地为真正贫困的人提供资源。再加上西部民族地区未能构建完善的基层干部监管体系和绩效考核制度，基层干部为了追求短期政绩，容易追求"数字脱贫"，而忽视了脱贫质量。

最后，扶贫政策资源与地区发展需求不符。西部民族贫困地区往往缺乏完善的交通基础设施，往往无法高效地完成农产品销售。地方政府在贫困地区投入的资金和资源不足，难以完善公共基础设施，而它们对教育资源和医疗资源的投放，仅通过简单的物质扶贫，尽管物质扶贫能够在较短时间内获得一定的扶贫效果，然而一旦停止物质扶贫，贫困问题就会随时复发。政府部门实施的产业扶贫、项目投资和异地搬迁等扶贫措施均产生了良好的效果，不仅推动了地方基础设施完善和经济建设，也有助于拉动地方就业，但部分地区在扶贫政策的实施过程中却出现一定的偏差，部分开发商或扶贫企业以贫困户的名义为自身谋取利益，未能提升脱贫农户长远的可持续增收能力，最终只能使脱贫户重新返回贫困。

此外，虽然部分脱贫农户的收入超过了最低贫困线，但其教育、健康、卫生、住房等方面未能得到根本改善，其自身能力、生产技术、生活条件、社会保障也未能得到有效提升，脱贫后其收入状况仍堪忧，返贫概率大大提升。政策扭曲和制度惯性等问题的存在，导致制度政策性返贫现象的出现，使得扶贫难以达到理想的效果。

4.2.2.4 基于乡村产业的返贫成因分析

（1）农业生产风险较大。

农业风险主要指的是在农业生产经营活动中，人们因不确定事件而遭受损失的可能性。导致人们在农业生产经营活动中面临风险的原因较多，包括自然风险、市场风险、技术风险和社会风险等。其中，自然风险和市场风险是出现返贫问题的主要原因。自然风险主要指的是自然灾害导致农户的农业生产遭受生产安全风险。与其他行业相比，农业受到自然灾害的影响最大，以人类目前的科技力量，还无法有效地抵御自然风险，而遭受自然风险最大也是最集中的行业就是农业。西部民族地区面积广阔，不同省市和地区之间的气候及地理环境都存在较大的差异，这也就使得西部民族地区的农业风险变得更加复杂，如干旱洪涝等不同类型的自然灾害都会对农业造成较大的影响，而因为自然灾害而引发的农业风险，也存在明显的地域性和时空性特征，且这些自然灾害的影响范围较大。例如，干旱往往会横跨几个地市，这必然会对当地的农业生产带来致命的危害。近几年全球气候变暖，也极大地增加了自然灾害的频率，因农业自然风险而引发的返贫问题越来越严重。2011年《〈中国农村扶贫开发的新进展〉白皮书》提到，我国超过60%的贫困人口都处于脆弱且不稳定的状态，且这些贫困人口普遍生活在我国自然生态环境较弱，频频暴发自然灾害的地区，一旦自然灾害发生，贫困人口无法有效防灾抗灾，就会出现返贫现象。这是因为当生态环境较为脆弱时，当地的农业和牧业生产也面临诸多威胁，靠天吃饭的贫困人口自然无法有效抵御自然灾害，一旦当年出现特大自然灾害，就有可能会陷入贫困（王延中 等，2016）。我国贫困人口在面对农业自然风险时，极有可能因为无法有效抵御自然风险而返贫，部分贫困地区本身自然环境较为恶劣，常常会出现丰年温饱和灾年返贫的情况。

市场风险，主要指的是农户在农业生产经营活动中，因农贸市场环境恶化、市场供求关系不稳、农产品价格大幅下降、农户自身缺乏对市场前景的了解、农户本身缺乏良好的自我管理能力等原因，而面临的经济受损风险（梁兆基，1998）。我国自改革开放以后，不断加快市场化进程，改革农产品流通体制，市场供求关系的变化，也会影响农产品在市场中的价格，这也就导致农户在农业市场中面临较大的市场风险。首先，由价格波动引发的市场风险主要表现在：普通农民在农业生产活动中只注重生产出更多的农产品，而忽视了农产品质量的重要性，而农产品在市场中本身容易出现产能过剩的问题，一旦供过于求，农产品价格就会大大降低，为农户带来不必要的损失。根据国家统计局的数据，我国西部地区2015年的肉鸡、肉牛和肉羊等养殖就出现了供过于求的情况，市场局部过剩导致这些农牧产品价格大大下降。农业产能过剩会降低农产品价格，进而降低农民的收入水平，农民也不再愿意积极主动地投入农产品的种养殖活动中，导致部分脱贫农户极其容易出现返贫的问题。农产品生产和销售在时间上存在不对称性，这就导致农产品的市场价格和供求关系容易出现周期性波动。而农民的预期收益总是以当前市场价格为准，一旦市场中某农产品的产量大增，该农产品的价格未来就会大幅下滑，而生产经营该项农产品的农民就有可能会因此返回贫困。其次，大部分农产品的保质期较短，通常无法长期储存，只能通过迅速流通来变现，但烦琐的流通环节会极大地增加农产品的流通成本，而西部民族地区大部分农村地区往往缺乏先进的冷链运输技术，流通效率较低，农产品在流通过程中会出现较大损耗，脱贫农户一旦无法通过销售农产品获得收入，就容易返回贫困。最后，西部民族地区的贫困农村仍然以小规模家庭经营为主要的农业生产模式，这种分散型的农产品生产经营活动，不利于贫困农户收集市场信息，一旦出现信息不对称问题，农民在农产品市场中就极易引发道德风险和逆向选择。小规模家庭经营的市场效率本身偏低，会极大地降低农户在市场竞争中的竞争力。我国在加入世界贸易组织以后，国外廉价农产品和我国农产品形成了直接竞争，而跨国公司本身拥有雄厚的资金实力，以分散经营为主的小农户往往无法与跨国公司竞争，必然会面临更大的市场风险。总而言之，西部民族地区脱贫农户在生产经营活动中面临严峻的市场风险，也会导致脱贫农户具有返贫风险。

（2）农业劳动生产率低。

农业劳动生产率主要指的是劳动时间和劳动成果的比值，代表了劳动者在生产活动中的能力（刘桂芝 等，2004）。蔡继明（2018）认为，农业劳动生产率过低是我国农村陷入贫困的主要原因，而人地矛盾又是我国农业劳动生产率迟迟得不到提升的主要原因，这是因为我国农业人口过多，人均耕地面积过小。美国学者珀金斯提出，中国的人口数量、农业总产量和耕地面积在 14 世纪到 20 世纪中期都处于不断攀升的态势，但与之相反的是，中国的劳动生产率在这个时间段内却停滞不前。在我国首个五年计划期间，我国提出了重工业发展计划，以推动我国社会经济建设与发展，在这个过程中出现了牺牲农业补贴工业的局面，从而为我国工业发展提供更多的资本，进一步降低了我国农业劳动生产率。尽管在首个五年计划中，我国就建立了较为完整的工业体系，但却忽略了对农业的生产扶持。后来发生的"大跃进"运动和三年自然灾害，也使得我国的农业发展出现迅速倒退的情况，未能纠正我国工业化战略中存在的错误，农民在农业生产中失去了主动性和积极性，农业发展严重滞后。我国在改革开放以后开始实施家庭联产承包责任制，随着土地制度的全面深化改革，我国农民开始积极主动地投入到农业生产中，彻底改变了我国农村地区的面貌，切实提高了农村生产力。

虽然改革开放后我国农村生产力有了较大的提升，但《中国现代化报告2012》指出："截至2012年年底，我国的农业劳动生产率仅只有美国的1%，只有发达国家的2%。"农业劳动生产率过低，极大地阻碍了我国扶贫事业的发展。在我国市场经济快速发展进程中，中国经济也开始逐渐融入世界经济，但在农村经济发展中却出现了大量的不稳定因素，西部民族地区农村本身缺乏良好的农业基础设施和机械设备，这就极大地提高了农民的生产成本，再加上这些农民处于分散生产经营的状态，其农业劳动生产率较低，不利于农村产业的现代化和机械化发展，农村剩余劳动力无法成功转移就业，并进一步阻碍了农业劳动生产率的提升，最终导致农业发展陷入严重的恶性循环。第二三产业与第一产业的劳动生产率之间的差距在逐年扩大，从事第二三产业的工人能够获得更高的工资收入，普通农村居民获得的经营收入越来越少。蒋乃华（2004）在研究中发现，农业生产经营收入水平不断下滑的主要原因就是劳动生产率的不断降低。农业生产是脱贫农户可以成功脱贫的主要收入来源，这部分脱贫农户本身未能接受良好的教育，未能积累大量资本，也缺乏良好的知识技能，这就导致其农业劳动生产率远远低于平均水平，从事农业生产只能解决其温饱问题，但无法提高其收入水平，但随着物价的不断上涨，脱贫农户如果仍然保持其原有的收入水平就极其容易返回贫困。因此，正由于西部民族地区的农业劳动生产率偏低，其农村贫困地区容易陷入了"脱贫→返贫→再脱贫→再返贫"的恶性循环中。

（3）缺乏合理的利益联结机制。

尽管我国西部民族地区部分农村产业也取得了良好的发展成效，但农村贫困地区仍然存在脱贫人口收入不高和返贫问题，这可能是因为西部民族地区主要依靠外来投资发展贫困地区的农村产业，当地许多脱贫人口并为真正参与到产业发展进程中，自然也无法共享产业发展的成果。从实践来看，新型农业经营主体和脱贫农户，只有建立起紧密的利益联结机制，双方才能够在产业发展过程中共享成果，产业发展才能真正意义上提升脱贫人口的收入，解决返贫问题。西部民族地区部分农村由于未能构建完善的利益联结机制，导致脱贫农户在产业发展过程中也逐渐被边缘化，甚至在脱贫以后难以享受产业发展的成果，最终只能返回贫困。

首先，未能构建完善的产业扶贫利益联结机制。以市场为导向的产业扶贫工作，其核心内容就是经济效益，在扶贫开发过程中，需要将产业发展的杠杆作用充分发挥出来。要想真正意义上直接解决农村贫困问题，最有效的方式就是产业扶贫。我国产业扶贫工作在党的十八大以后获得了显著成果，但部分西部民族地区的贫困户和脱贫农户，仍然无法通过产业扶贫增产增收，扶贫产业未能真正发挥带动帮扶作用，这是因为扶贫产业和帮扶对象还未能建立完善的利益联结机制，双方之间的关系还不够紧密。对于参与产业扶贫的企业而言，其最终的目的是通过发展产业获得利润，而不是扶贫本身，这就导致大部分龙头企业在发展扶贫产业时，吸纳部分贫困户和脱贫农户就业的前提条件是不会对企业的经济效益造成影响，只有达到这一条件后，龙头企业才会承担一定的扶贫责任。部分企业带有极强的逐利逻辑来参与产业扶贫，甚至有部分企业只是为了获取政府的政策优惠或扶贫补贴才为贫困户提供就业岗位，在开展产业扶贫时，未能真正承担起社会责任。这些企业为贫困户安排的岗位往往并不切合实际，贫困户也只能获得较低收入，一般难以在扶贫产业发展中作出应有的贡献，自然也就无法获得产业发展的长期收益，使得贫困农户缺乏主动参与扶贫产业发展的积极性，贫困户即使在脱贫后也常常会出现返贫现象。另外，企业和贫困户的合作，并无平等的经济地位和话语权，在扶贫产业中，贫困户很容易被边缘化，企业也极其容易侵占贫困户的利益，产业扶贫项目的真正获益者变成了参与了产业扶贫的企业，但贫困户却未能在产业扶贫项目的实施过程中真正获益，这就导致贫困户对产业扶贫项目失去了信心，也不愿意再主动参与项目的运作，这就为后续的扶贫工作的开展造成了一定的阻碍。

其次，新型农业经营主体，未能和农户建立恰当的利益联结机制。我国提出的新型农业经营主体与贫困农户的合作方式多种多样，也成功地让一部分西部民族地区的贫困农户脱贫，但农户和新型农业经营主体之间未能构建紧密的合作关系，双方只能依靠合同来维系利益关系，无法有效保障各自的利益，这也导致新型农业经营主体和农户之间的利益连接机制容易引发风险。一方面，新型农业经营主体，在得到产业扶贫项目帮助以后取得较快发展，但这部分经营主体本身缺乏契约精神，也并不深刻了解市场运行机制，如果发现自己生产经营的农产品在市场中的价格上涨，就有可能会违背和龙头企业以及专业大户之间的约定，如果市场行情发生变化，这些经营主体也有可能会大受打击，甚至使得在主体工作的脱贫农户重新返回贫困。另一方面，新型农业经营主体往往会通过牺牲农户利益的方式来保障自身的利益不受影响，但刚刚脱贫的农户本身缺乏抵御市场风险的能力，也缺乏市场竞争力，往往极为依赖新型农业经营主体，一旦新型农业经营主体选择牺牲农户利益，就有可能导致刚刚脱贫的农户重新返回贫困。

（4）农村产业融合度低。

推进农村三次产业融合发展，一方面有利于推动我国乡村振兴战略的贯彻落实；另一方面也有助于加速我国农业供给侧改革，切实提高农村居民的收入水平，实现全体人民共同富裕的目标。西部民族地区农村产业融合发展在政府的推动之下，目前已经取得了显著的成果，但目前农村产业融合的层次和程度较低，脱贫人口在农村产业融合发展初期阶段，还未能找到有效的增加收入的渠道，这也成为其返回贫困的重要原因。

首先，产业融合链条较短，附加值低。西部民族地区大部分贫困乡村的产业融合发展都处于起步阶段，农户也只会对农产品进行简单的初步加工，产业融合链条较短，无法显著提升农产品的附加值。目前在农业市场中，生产经营成本不断攀升，但农产品价格却在不断下降，在成本上涨和售价下降的双重挤压之下，必然会减少农民的收入。由于西部民族地区农村本身缺乏较长的融合链条，无法通过农产品加工销售来赋予农产品更高的附加值，以求获得更高的利润，这就导致脱贫人口本身缺乏良好的增收渠道，一旦遇到一些突发事件，脱贫农户很有可能会在较短时间内返回贫困。

其次，新型农业经营主体缺乏带动能力。三大产业融合发展属于典型的跨界融合发展，涉及的范围较广，但脱贫农户由于本身缺乏良好的经营管理能力和综合素养，在三大产业融合发展进程中，脱贫农户往往无法发挥较大的作用。鼓励发展新型农业经营主体，将有利于解决小生产与大市场对接难的问题，新型农业经营主体，可以在农村三大产业融合发展进程中发挥应有的带头作用。因此，西部民族地区各级政府应充分重视培育新型农业经营主体的重要性。但西部民族地区新型农业经营主体在农村产业融合发展进程中，普遍未能真正发挥其带动作用。第一，大部分农村地区都缺少拥有一定实力和规模的新型农业经营主体，且这些经营主体在农村产业融合发展进程中不具备自我发展能力。第二，新型农业经营主体本身缺乏完善的管理制度和经营结构，目前还未能依托于现代化技术建立完善的一体化生产加工销售体系，无法在真正意义上拓宽销路，解决农产品的销售问题。第三，部分地区的农业合作社未能发挥真正的推动乡村产业融合发展的作用，无法在真正意义上解决脱贫农户在生产经营活动中遇到的问题，未能帮助脱贫农户享受农业全产业链的经济效益，而脱贫人口凭借自身有限的能力，难以适应激烈的市场竞争，只能被市场淘汰，最终容易返回贫困。

最后，忽略了农业的多功能性。第一产业是第二三产业得以发展的基础，而在经济社会发展过程中，社会大众往往未能充分重视农业的多功能性。农村地区除了需要生产出大量的农产品以外，还具有保护农村文化遗产、保障国家粮食安全、确保农民就业和保存生物多样性等多种功能（陈秋珍 等，2007）。学者们的研究表明，在经济、政治、文化、社会以及生态等多个层面中，农业都具有重要的功能（周立 等，2018）。农业的经济功能往往表现得较为明显，但却因此容易忽视农业的政治、文化、社会和生态功能，进而无法充分发挥农业的自身价值。在市场经济中，不同产业之间展开了残酷竞争，这就导致农业需要和第二三产业被迫进行竞争，抢夺社会中有限的资源，但受到自然条件约束的农业，本身在市场中的需求弹性较小和市场供给弹性较大，极大地降低了农业的竞争力，使其无法和第二三产业竞争。进城务工的收入远远高于从事农业生产的收入，使得越来越多的农村年轻人选择进城务工，乡村在失去了大量的农村青年劳动力以后，也导致农业的发展日渐凋零，这也是西部民族地区农村存在显著贫困和返贫问题的主要原因。由此可见，挖掘农业的不同功能，有利于从多个角度出发提高农业的价值，为农村居民找到更多的增收渠道。目前西部民族地区大部分农村区域还未能很好地挖掘农业的功能，也未能实现农业和其他产业之间的深度融合发展。即使目前部分区域有农业和旅游业融合发展的思路，但由于它们规划的旅游项目还是以观光为主，未能很好地开发农村的民族历史人文资源，在旅游观光路线中未能体现出当地的乡土文化和民族风土人情。这些项目的设计忽略了农业的多功能性，未能找到三大产业融合发展的基点，极大地降低了西部民族地区农村产业融合发展的速度，无法有效增加脱贫农户的收入，出现严峻的返贫问题。

4.2.3 西部民族地区农村返贫治理存在的问题

近年来，西部民族地区政府的扶贫开发工作取得了显著成就，但扶贫相关政策在制定和实施过程中也存在一些问题，如数字脱贫、输血式扶贫、快速催肥式的短期扶贫，而这些扶贫问题的存在使得扶贫成果具有一定的脆弱性，进而可能引发严峻的返贫问题。总体看来，我国西部民族地区农村返贫治理存在如下几个问题：

第一，重视物质投入，忽视精神扶贫。西部民族地区部分地方政府在开展扶贫工作时，尤为重视依托现有的行政体系来投入物力和财力，却忽视了精神扶贫、思想观念教育的重要性。长期生活在贫困之中的贫困者，其生活方式和思维模式本身较为特殊，容易产生安于现状和好吃懒做等不好的习惯，而正是因为这种不良习惯的存在，才导致贫困者长期陷入贫困。尤其是部分地区采取以救济为主的扶贫模式，又使得贫困者和低收入脱贫人口本身产生了等、靠、要的思想，这种怠懒的思想又限制了西部民族贫困地区的经济发展。越来越多的贫困者或脱贫人口向政府伸手要钱要物，不思进取，不愿意凭借自身的能力发家致富，这种行为也导致贫困地区的贫困者难以脱离贫困，即使在国家的帮助之下逐渐解决温饱问题，一旦出现一些突发事件，这部分群体就极其容易返回贫困。

第二，农村扶贫投资结构不合理的问题。尽管西部民族地区每年都会向贫困乡村发放大量的扶贫资金，但这些资金主要用于贫困地区的农业发展，而这些资金很少被投入卫生医疗、社会保障和教育等领域。另外，投资在农业投资结构中的资金也主要集中于种植业，且大部分资金被投入了与农业生产关系不大的项目中。这种只注重输血的扶贫模式，并不能够提高脱贫用户的综合素质，尤其是在缺乏完善医疗条件和社会保障的情况下，贫困人口即使通过政府部门的扶贫工作帮助下成功脱贫，也很有可能出现因病返贫的情况。

第三，扶贫的短期行为问题。西部民族地区部分地方政府在扶贫工作中存在严重的短期行为，未能从长远规划出发来制定扶贫政策。部分地方政府在开展扶贫工作时，更期望寻找短、平、快的项目，尽管这些项目能够立竿见影地为贫困者带来短期收益，在较短时间内帮助贫困者成功脱贫，但由于贫困者缺乏自我发展能力和生存能力，一旦失去了政府部门的后续救济，就容易重新回到贫困状态。也有部分扶贫工作人员认为，只要给足钱和物就能帮助贫困人员脱贫，他们认为救济是扶贫工作的主旋律，只注重尽可能地增加脱贫人口的数量，却严重忽视了扶贫的质量。从实践来看，这样的短期行为将极大地阻碍后续扶贫工作的开展，这种治标不治本的扶贫方式，会导致脱贫人者总是在贫困边缘来回波动，一旦遇上天灾人祸，脱贫者就会很快返回贫困。

第四，贫困者并非真正的脱贫主体。西部民族地区的一些贫困户往往无法充分发挥自身的主观能动性和积极性，在国家的扶贫工作中无法成为真正的扶贫主体。在以政府为主导的反贫困工作中，贫困者往往会过度依赖政府组织，这种依赖性也不利于贫困者的自主发展。而部分工作人员出于政绩的考量，在扶贫工程中未充分考虑贫困者的实际情况，未能充分鼓励贫困者发挥其主观能动性，这就导致部分贫困者产生了"扶贫工作的主体只有政府"的错误观念，甚至出现了"自我发展能力越弱，就越能够获得政府救济"的思想，这种等、靠、要思想导致政府和贫困者在等待扶贫的过程中出现了博弈。虽然政府的扶贫行动在短期为贫困者带来了更高的收入，但是脱贫人口一旦失去政府的救济，则就有可能因缺乏自我发展能力而重新陷入贫困。

第五，"数字脱贫"和"政绩脱贫"问题。虽然我国于 2020 年年末已顺利完成了精准扶贫的收官任务，大部分地区贫困人口也清零，但也不排除存在少部分区域在开展扶贫工作时出现弄虚作假的情况。部分地区在开展扶贫工作时，存在数字脱贫的情况，虽然贫困人口表面的收入超过了国家贫困线，但其就业并不稳定，收入也往往在贫困线附近徘徊，脱贫后面临较大的返贫风险。上级党组织和政府在制定各项决策时，往往需要重点参考来自基层的扶贫数据，但基层政府在上报扶贫数据时却只注重"数字脱贫"，这也导致上级政府无法制定与实际情况相契合的后续扶贫政策，不利于返贫治理工作的正常开展与规划。

4.3　西部民族地区农村脱贫户返贫的影响

返贫问题引发的后果极其严重，返贫人口不仅承担着过重的生活负担，还会失去脱贫信心。返贫后扶贫标准会再次攀升，社会各界也将会面临着更大地扶贫压力。返贫问题的出现，极大地降低了扶贫效果，不利于实现既有的脱贫目标和巩固现有的扶贫成果。

4.3.1　返贫户生活负担加重

从生活层面看，脱贫后返贫人口将面临更重的生活负担。当西部民族地区脱贫户返贫以后，返贫对其健康、住房、就业、教育和家庭生活都产生了巨大的负面影响。贫困家庭的成员希望能够通过不断的努力再次脱贫，必然面临着极高的生活和工作压力，生活负担越来越重。从精神层面来看，脱贫后返贫的群众容易失去脱贫信心。返贫户经历"贫困→脱贫→返贫"的过程以后，除了需要面临更重的生活压力以外，对外界的眼光、子女的教育问题，返贫户也会有较大的心理压力，这种心理压力会降低返贫户成功脱贫的信心，甚至导致返贫户产生等靠要思想，难以在后续的扶贫工作中产生主人翁意识，这就会极大地增加返贫户再次脱贫的难度。

4.3.2　社会各界扶贫压力增大

西部民族地区部分脱贫农户虽然已经脱贫，但其平均收入水平仍然十分接近全国扶贫标准，如果无法帮助脱贫农户大幅提高他们的收入水平，就有可能出现一边扶贫，但又一边产生大量新的贫困人口的情况。根据《扶贫蓝皮书：

中国扶贫开发报告（2017）》，我国低收入农户的收入水平增长较为缓慢，而这部分农户也面临着较高的返贫压力。精准扶贫时期，我国最低的扶贫标准是2010年的2 300元，而这一标准每年都在上升，到2020年已经达到4 000元。事实上，我国的"两不愁三保障"标准也比国际日均消费3.1美元的贫困标准更高。扶贫标准年年上涨，面临已经上涨的扶贫标准，为了帮助返贫户再次脱贫，社会各界必然需要付出更多的人力资、物力和财力资源。

4.3.3 政府扶贫效果降低

截至2019年年底，西部民族地区仍有84万贫困人口，且主要分布在农村地区，而这些地区在气候、经济、交通和文化环境等的影响之下，贫困程度较深，扶贫成本和扶贫难度更大。虽然近年来，西部民族地区大批贫困人口成功脱贫以后，进一步缩小了我国贫困人口的总体规模，减轻了我国社会各界扶贫参与主体的不同压力，有利于民族地区社会的稳定和谐发展；但是已经脱贫人口若再次返贫，就会削弱现有的扶贫成效。而这些返贫群众在过重的工作和生活压力之下，可能会做出违法行为，不仅扰乱民族地区的社会治安，还会对公民的人身安全和财产安全造成威胁，影响了社会的长治久安。

4.4 本章小结

本章首先对西部民族五省区的贫困治理现状进行了梳理，从西部民族地区返贫问题严峻、脱贫人口个体能力不足、贫困地区返贫现象频发、返贫现象呈现区域性、返贫现象对农村危害较大等方面分析了西部民族地区农村返贫现状，并从脱贫户自身原因返贫、资源环境原因返贫、政策制度原因返贫等方面探讨西部民族地区农村返贫原因。并且，本章提出了西部民族地区返贫治理存在重视物质投入、忽视精神脱贫，农村扶贫投资结构不合理，扶贫的短期行为问题，贫困者并非真正的脱贫主体，"数字脱贫"和"政绩脱贫"等问题，在此基础上，本章还分析了西部民族地区农村脱贫户返贫的影响，包括返贫户生活负担加重、社会各界扶贫压力增大和政府扶贫效果降低等。

5 西部民族地区返贫诱因及生成机理

贫困农户脱离贫困以后，可能因不同原因而其再次返贫，我们只有从本质上分析返贫现象的形成原因、生成机理，并探索其返贫的演化过程，才能在此基础之上，找到有效预防返贫的方法，熔断返贫的发生。

5.1 西部民族地区农村返贫诱因

脱贫人口返贫的影响因素较多，包括主观因素和客观因素，笔者通过对西部民族地区农村返贫原因的深刻分析，可以发现主要包括脱贫户导向型返贫、资源环境导向型返贫和制度政策导向型返贫。

5.1.1 脱贫户导向型返贫

脱贫户导向型返贫，主要指的是其返贫问题的形成是脱贫户的自身原因。在对相关文献资料进行归纳和总结以后，可以发现脱贫户返贫最主要原因有健康型返贫（程玺，2017）、能力型返贫（孟强，2016；郑瑞强 等，2016）和观念型返贫（王石川，2017）。因病返贫，因婚返贫，因思想落后返贫，因脱贫人口自身缺乏自我发展能力等都是导致其重新返回贫困的主要原因。本书将针对上述几种类型的返贫进行探讨。

5.1.1.1 健康型返贫

健康型返贫主要指的是脱贫户突发重大疾病或慢性病恶化，导致其身体健康出现问题，在自身缺乏稳定经济来源和完善医疗保障的情况下，脱贫户往往难以承担高昂的医疗费，而出现迅速返贫。事实上，健康问题一直也是贫困人口普遍存在但又无法彻底解决的问题，刚脱贫又遇上重大疾病会对原本经济状况就不稳定的脱贫家庭造成巨大冲击，导致脱贫户返贫。

（1）脱贫户因慢性病恶化而返贫。

慢性病的形成原因较为复杂，病情的持续时间较长，医疗费用较高，例如慢性心脑血管疾病、慢性呼吸系统疾病和心脏病等。西部民族地区政府部门也推出了一系列医疗保障政策，虽然从一定程度上能够减轻慢性病患者的贫困户家庭的医疗费用支出，然而一旦慢性病恶化，极有可能造成患者因病致残，从而使其丧失劳动能力。贫困户家庭不仅需要承担昂贵的治疗费用，长期还缺乏经济来源，必然会迅速返贫。课题组对西部民族地区部分贫困村进行的实地调研发现，因病致贫返贫的 251 人中慢性病患者有 185 人，占比高达 73.71%，慢性病恶化是因病致贫返贫的主要因素。

（2）脱贫户因重大疾病突发而返贫。

重大疾病主要指的是需要花费较长时间和较多金钱治疗的疾病，这些疾病往往存在突发性，其昂贵的医疗费用也会为患者家庭的正常生活以及工作带来巨大的冲击。事实上，在脱贫后的一段时间内，贫困户都缺乏稳定的经济来源，一旦有家庭成员罹患重大疾病，昂贵的医疗费用就有可能导致脱贫户返贫。尽管西部民族地区各级地方政府出台的相关政策已经向贫困户倾斜资源，缓解了患者的医疗费用问题，但对于脱贫户的经济能力而言，重大疾病的实际报销比例仍然偏低，脱贫户在患重大疾病以后，极有可能会迅速返回贫困。

5.1.1.2　能力型返贫

返贫人口缺乏足够的自我发展能力，即自身素质较差是其返贫的一个原因。例如，贫困人口缺乏劳动能力和学习能力，也缺乏抵御自然灾害和市场风险的能力，这些将导致脱贫户缺乏自身发展的内生动力，难以依靠自身的力量脱贫致富，最终在脱贫后返贫。

（1）脱贫户因学习能力较差而返贫。

脱贫户未来的发展与脱贫人口的学习能力息息相关。贫困户往往未曾接受高等教育，只能从事简单的生产活动和经营活动，也很少接触新鲜事物。如果贫困户脱贫以后无法在短期内提升自身的学习能力，无法掌握新的科学技术和经营管理理念，就无法适应当前迅速变化的时代，这必然会阻碍脱贫户的长期发展。在当前的互联网时代中，高新技术推动着农业的发展与进步，如果贫困户脱贫后无法持续性提高自身的学习能力，就会被社会所淘汰，最终返回贫困。

（2）脱贫户因劳动能力不足而返贫。

劳动能力主要指的是通过体力或脑力劳动进行生产或生活的能力，劳动能力往往能够体现出一个人的个体能力素养。首先，交通事故、工伤事故或疾病都有可能会导致个体失去劳动能力或劳动能力下降，一旦脱贫户家庭成员出现劳动能力缺陷，家庭收入就会大幅减少，最终导致脱贫后返贫。其次，家庭因老因弱等问题导致生产力不足而返贫。西部民族地区贫困农村的青壮年劳动力大多转移到城市务工，滞留在乡村的主要是老、弱、妇、孺，这部分农村居民本身缺乏良好的综合素养，难以在较短的时间内接受新科学、新技术和新工艺，因此，其创收能力有限。留在农村的老年人大部分年龄较大，已经失去了劳动能力，只能依靠国家和社会组织的救济，维持基本的生活。部分脱贫家庭的整体经济收入中，大部分都要用于养老支出，这已经严重影响了这些家庭的日常生活，因此，这类人群具有较高的返贫风险。

（3）脱贫户因应对市场风险的能力薄弱而返贫。

由于农业生产受自然风险和其他不可测风险的影响较大，任何农户都无法成功抵御市场风险，如果仅依靠个体户自身来抵御自然风险或市场风险，他们最终将付出较大代价。脱贫户只具备正常的农业生产经营能力，本身缺乏自我保护能力，无法有效抵御农业市场风险。即使脱贫户在地方政府的引导之下进行结构调整，搞大棚种植或大规模养殖，但因为缺乏强大的综合能力，尤其是在区域存在结构性产能过剩的情况下，脱贫户很难应对未知的市场风险，一旦遇到风险，就有可能重新返贫。

5.1.1.3 观念型返贫

观念型返贫主要指的是周围的贫困环境和落后的个人观念，导致贫困户跟随落后的风俗陋习，习惯了不劳而获和等、靠、要，政府一旦停止对脱贫户"输血"，这部分脱贫户就会再次陷入贫困。事实上，观念型返贫也真实地反映出了贫困代际传递理论的实质。

（1）脱贫户因不思进取而返贫。

尽管西部民族地区大规模扶贫工作已经取得了显著成就，但在精准扶贫过程中仍有不少贫困户不愿意"脱贫"，因为他们将"扶贫"和"送钱"等同，抱有"等、靠、要"的思想，过度依赖国家的扶贫保障，一旦国家不再对贫困户给予保障，贫困户就极有可能再次返贫。例如，广西某国家级扶贫重点县，政府针对区域内每个贫困户发放 5 只成年"扶贫羊"，通过成年羊繁育后代的方式，帮助贫困户发家致富。但课题组调研时发现，不少贫困户家里的羊不仅没有增加，还在不断减少，部分村民仅仅为了改善伙食，将羊宰杀吃掉了。

（2）脱贫户因风俗陋习而返贫。

因风俗陋习而返贫主要指的是由于当地的不良习俗或落后的消费观念而引发的返贫问题。脱贫户过度崇尚风俗，体现为喜欢大操大办婚礼和丧事，甚至有脱贫户为了操办一场"体面"婚礼和丧事，而回到赤贫状态。西部民族地区贫困乡村尽管大部分脱贫户都已经进入正常的生活轨道，但贫困户仍然保持着固有的思想陋习，且在短时间内很难消除这种陋习，由于对风俗陋习的过渡崇尚，这些脱贫户容易再次返贫。例如，在不少贫困地区都存在大随份子、大肆操办红婚礼或丧事、高额彩礼或嫁妆等陋习，这些陋习只是为了满足人们的"面子"，但一场仪式下来却掏空了整个家底。尽管部分贫困户在政府和社会的帮助之下逐渐脱离贫困，但部分脱贫户甚至出现负债买房、买车的情况，且其消费已经严重超出了自身能够偿还的能力。享乐攀比，这种错误的消费观念导致其游走在返贫边缘，一旦政府不再给予帮扶和救济，这些脱贫人口就会重新返贫。经课题组调研，西部民族地区部分贫困乡村，高价礼金的结婚风俗让不少农民返贫。近年来，西部民族地区贫困乡村部分区域新人结婚彩礼高达15万到25万元，再加上还需要购买小汽车和新房，结婚需要花费的资金高达40万元，但脱贫人口家庭净收入往往只有2万~3万元，换言之，全家要不吃不喝10余年才能攒下娶媳妇的礼金。事实上，西部民族地区各地农村普遍存在这种天价彩礼的现象，导致脱贫户因风俗陋习而返贫。

5.1.2 资源环境导向型返贫

载体循环的不可持续性，是指贫困地区恶劣的自然、生态环境得不到持续有效的治理，使贫困人口陷入"贫困生态环境破坏→自然灾害→返贫"的循环中。这意味着地方政府相关部门仅在短时间内对贫困地区的恶劣生产环境进行了治理，虽然能够帮助贫困人口短期内成功脱贫，但是若生态环境未能得到彻底治理，脱贫人口也极易再次陷入贫困，因此，载体循环的不可持续性也是脱贫成功率较低的主要原因之一。

5.1.2.1 资源要素缺乏型返贫

西部民族地区贫困乡村往往存在资源匮乏的问题，自然资源的稀缺也是贫困地区经济发展之后的主要原因。荒漠地区本身就严重缺乏土地资源，农民在缺少土地的情况下就等于失去了持续获得收入的主要渠道。在城镇化和工业化发展进程中，贫困地区部分农村居民的土地因各种缘由被征用，但是农民获得的一次性土地补偿款却较少，农民群众在较短时间内用完这些补偿款以后，就成了没有社保、没有工作也没有土地可以耕种的农民，这对于原本就积贫积弱的农村居民而言，无疑雪上加霜。贫困地区农村居民本身就是靠山吃山、靠水吃水，但在当地极度缺乏自然资源的情况下，农户就只能毁林开荒，而开垦耕地和草地过度，就有可能会破坏当地的生态环境，从而进一步加剧贫困。

5.1.2.2 地理环境阻隔型返贫

西部民族地区地形地貌较为复杂，有诸多冰川、荒漠、山顶、高原、戈壁以及绿洲等，正因为这里有大量完全不同的地理地貌特色，所以在这些地区进行交通基础设施修建，会耗费巨额的成本，也极大地提高了当地居民经济活动的成本。投入高、产出低成为部分农村贫困地区生产生活的重要特点，这些也导致西部民族地区存在大量连片的贫困问题。由于缺乏完善的交通基础设施，当地产业发展成本过高，不利于当地和外地之间的经贸往来，经济发展举步维艰，低收入脱贫人口具有较高的返贫风险。

5.1.2.3 自然灾害型返贫

自然灾害主要指的是干旱、台风、地震、冰雪、洪水、寒潮等常见的自然灾害，不同贫困地区往往会暴发不同的自然灾害。南方多雨，常常会暴发大量的地质灾害，如泥石流或山体滑坡；地处内陆的西北地区，年降雨量较少，则往往易暴发寒潮、干旱等自然灾害。西部民族地区贫困农村往往未能建立能够有效预测灾害的基础设施以及预警体系，地方政府难以提前针对自然灾害做出应对措施，再加上脱贫人员本身未能积累大量的物质财富，缺乏抵御自然灾害的能力，遭遇自然灾害时就容易返回贫困。例如，2010年暴发的西南东川大旱，云南、贵州以及广西等地共有218.54万人返贫。南方地区年年都会遭遇强台风，而贫困地区的政策性农业保险的发展十分缓慢，一旦大面积的自然灾害暴发，地方政府往往无法为农户提供及时的救助补贴，最终导致贫困地区出现规模性返贫。

生态环境是哺育生命的源泉，人类只有依托生态环境才得以生存与发展，但人们对自然资源的过度开采利用，导致生态环境失去了自我平衡和自我调节的能力，最终引发了生态问题，进一步导致贫困问题。西部民族地区农村的贫困人口本身受教育水平较低，保持着传统的"靠山吃山，靠水吃水"的落后理念，在不加节制地过度挖掘自然资源的情况下，即使短期内摆脱贫困，也会因为乱砍滥伐、过度开垦、无限度开采而再次陷入贫困。资源的过度开发容易造成生态危机，频频暴发的自然环境灾害，如干旱、沙尘暴、洪水和暴风雪等，就会引发严重的水土流失，这对贫困地区的低收入人群都将产生致命的影响。根据生态环境部的数据，截至2020年6月底，我国荒漠化土地面积为261.16万平方千米，其中大部分的荒漠化土地分布于西部民族地区。人们对自然环境和生态环境造成了破坏，频频引发自然灾害，对人们赖以生存的农田，也造成了难以挽回的损害，而西部民族地区刚脱贫的家庭有可能因为各种自然灾害而再次陷入贫困。

5.1.3 制度政策导向型返贫

制度政策导向型的返贫，指的是除了脱贫户自身因素会导致其返贫以外，由于制度政策的改变而造成的返贫。范和生（2018）认为若国家扶贫政策发生变化，取消或者减少某些扶持项目，就有可能会出现返贫情况。因此，本书将从政策型返贫、供给型返贫和监督型返贫这三个角度出发分析制度政策导向的返贫类型。

5.1.3.1 政策型返贫

政策型返贫主要指的是当政府调整了原有的扶贫政策和措施后，导致脱贫户失去了国家的扶持或补贴，最终陷入贫困的现象。对于西部民族地区部分乡村贫困户而言，其收入的一半以上都来源于政府的扶持或补贴，但这种政府输血式扶贫的方式，不具备可持续性，一旦政府调整了原有的扶贫政策，就有可能导致脱贫户返贫。

（1）脱贫户因扶贫政策不持续而返贫。

西部民族地区各级地方政府的扶贫政策提升了贫困户的生活水平，尽管政府输血式扶贫为贫困家庭带来了福利，但贫困家庭却往往缺乏自我发展能力以及发家致富的内生动力，在缺乏稳定收入来源的情况下，极有可能会返贫。因此，过度依赖政府的扶持政策，脱贫户即使脱贫，一旦政府调整了原有的扶持政策，其收入水平就会大大降低，导致其难以抵抗外界风险，也会再次陷入贫困。

（2）脱贫户因新政策的出台而返贫。

社会性政策返贫和环境性政策返贫，是贫困户因国家政策出台或调整而重新返贫的主要形式（郑瑞强 等，2016）。社会管理是社会政策领域中的主要表现形式，一旦变更行政区划，就有可能会减少脱贫户在发展进程中所获得的资源。例如，国家出台的三孩政策，也可能导致脱贫户因生育过多而返回贫困；国家出台的退耕还林、还草政策也可能使贫困户土地拥有量减少，导致贫困户返贫。

5.1.3.2 供给型返贫

丁军和陈标平（2010）在研究中发现，缺乏公平公正的社会环境，有可能导致农村贫困地区无法获得持续的资源供给，而贫困地区的贫困户也有可能因为缺乏资源而返贫。相比于政策型返贫，供给型返贫指的是当资金、社会保障、教育、医疗和基础设施等供给不足时，导致脱贫户返贫。供给型返贫实质上反映了当地政府对贫困户脱贫后的持续帮扶力度不够。

西部民族地区各级地方政府需要在后续扶贫工作中发挥主导作用，引导社会各界也广泛参与到后续的扶贫工作中。后续扶贫的参与主体，包括社会组织、爱心人士和民营企业，在社会扶贫工作中，这些参与主体都将发挥重要的作用。政府不应在巩固脱贫攻坚成果工作中唱独角戏，而应将全社会力量和资源充分整合起来。尤其是在产业扶贫工作中，企业是帮助贫困人口脱贫致富的中坚力量；在农村返贫治理工作中，社会组织又是不可或缺的社会性力量，如基金会、社会团体和部分中介组织；此外，社会各界的爱心人士的帮助也能在后续扶贫工作做出一定的贡献。

仅凭政府的力量，还不足以真正实现全面脱贫，如果社会扶贫主体无法为贫困户提供充足有效的资源，在缺乏外部援助的情况下，脱贫户很容易再次返贫。课题组在调研中发现，部分脱贫农户家里有多个小孩上学，因学费支出太高而造成因学返贫，贫困户的家庭缺乏专业技能，导致其因就业困难而陷入贫困，甚至在脱离贫困以后再次返贫。西部民族地区部分贫困农村由于缺乏文化供给、资金供给和技术供给，极大地限制了大部分贫困户脱贫后的发展。

5.1.3.3 监督型返贫

监督型返贫主要指的是扶贫监管部门未能科学合理地监督扶贫工作人员，导致其缺乏良好的责任意识，在脱贫攻坚工作中作风散漫，扶贫小组也未能制定并严格落实各项工作措施、管理机制和评估考核标准，最终导致贫困户返贫。不少学者分析我国脱贫户返贫原因时提出，我国必须首先构建完善的社会监督机制，才能做到真扶贫和扶真贫。正因为缺乏监督与管控，扶贫工作人员未能在工作中做好本职工作，最终损害了贫困户和脱贫户的利益，出现监督型返贫。

地方政府的扶贫工作往往容易存在一定的时限性，而这种短期行为也意味着部分扶贫措施难以稳定、持续进行。西部民族地区部分扶贫干部对扶贫工作不够重视，也未能深刻地理解扶贫政策的内涵，根据当地的实际情况转换扶贫方式。更有甚者，部分地方政府在扶贫开发工作中急功近利，未对扶贫工作进行长远规划，只看重短期目标，希望能够在短时间内做出扶贫政绩。这种短期行为并不具备可持续性，只能在短期内解决贫困户的基本温饱问题。在这种扶贫模式下，贫困户在接受救济以后能够脱贫，但是又在较短的时间内迅速返贫。例如，西部民族地区部分区域出现的数字脱贫现象，部分扶贫干部为了追求政绩而玩数字游戏，部分官员甚至在扶贫工作数据上弄虚作假，贫困户"被动脱贫"，扶贫工作并未达到实际的扶贫效果，必然会出现返贫现象。

5.2 返贫现象的生成机理

在分析了西部民族地区返贫诱因后，本书将进一步探索其返贫现象的生成机理。海因里希（1931）提出的事故因果连锁理论，能够帮助我们理解返贫现象的生成机理。事故因果连锁理论认为，伤害是一连串事件和多种因素造成的结果，由此产生一系列的连锁反应。从该理论来看，脱贫人口返贫往往会经历一系列连锁反应，包括"管理缺陷→工作或个人条件因素→直接原因→事故→损失"五个主要环节，一旦其中一个环节出错，就会引起一系列连锁反应。

（1）在"管理缺陷"环节中，若扶贫政策措施制定与贫困人口的实际情况不相符，则可能引发错位问题。虽然在2013年习近平总书记提出了"精准扶贫"，但西部民族地区部分基层扶贫干部在实施精准扶贫时，却未能深刻理解其思想以及内涵，导致部分地区出现了数字扶贫的情况，扶贫工作沦为门面工程。部分基层干部认为只要提高经济发展指标，就可以解决贫困者的脱贫问题，但贫困户自身能力未能得到有效提升。尽管在精准扶贫推进过程中政府在不断完善扶贫政策，但部分地区扶贫开发工作仍然存在一些问题，如扶贫资金的到货率较低、扶贫贷款政策门槛过高，这些问题的存在都导致贫困人口难以享受国家扶贫的优惠政策。有地方政府提出，每户贫困人口贷款额度不超过1万元整，贴息期限最长为1年，最高贴息不超过500元（含）。周期过短且贷款额度较低的扶贫贷款政策，并不足以真正解决贫困户在产业发展进程中的资金问题，而贫困户本身也常常难以达到银行的贷款要求，由此扶贫政策实施有效性大大降低。

（2）在"工作或个人条件因素"环节，若西部民族地区部分贫困农村扶贫管理机制存在缺陷，会影响到脱贫人口的工作和个人条件，造成扶贫管理缺陷。从工作因素来看，西部民族地区部分扶贫机构的成立时间较短，且这些扶贫机构未统一管理模式，导致扶贫机构存在多头管理的问题，一些行政单位和事业单位均下设了扶贫机构，而有些扶贫机构又隶属于民政或农业部门。这种分头管理和分散管理的模式，不利于我国后续各项扶贫工作的顺利开展，区域的扶贫效率也显著下滑。此外，我国建档立卡户数较多，有限的扶贫工作人员往往无法做到事无巨细，甚至无法有效监管扶贫项目的资金，出现基层管理缺位的问题。从个人条件因素来看，大部分低收入脱贫人口受教育水平较低，缺乏自我发展能力，难以有效提升自身的收入水平。在工作因素和个人条件的共同影响之下，才导致扶贫管理的缺陷问题变得更加严重，最终导致脱贫人口返贫。

（3）"直接原因"是产生返贫现象的根本原因，如暴发大型自然灾害，脱贫人口缺乏可持续发展动力等。若西部民族地区贫困乡村暴发大型自然灾害，由于贫困地区本身未能构建完善的农业保险制度和救济制度，突发自然灾害给脱贫家庭带来了巨大冲击，使他们面临巨大的人员和财产损失，难以在短时间内恢复原有的生活和收入水平，从而又返回贫困。部分地区输血式扶贫方式，治标不治本，脱贫者即使在政府的帮助之下短期顺利摆脱贫困，但由于脱贫者自身缺乏发展能力，未能掌握基本的发家致富技能，往往在一段时间后又重新返回贫困。

（4）"事故"和"损失"在上述上环节之后。"事故"环节代表的是广义层面的返贫，主要指的是脱贫人口再度返回贫困。"损失"环节，主要指的是在国家经济发展进程中，通过国家财政补助的方式帮助贫困人口解决温饱问题，但是却并不能从根本上解决贫困问题，这与我国全面建成小康社会的初衷相悖。

事故因果连锁理论，探讨了各个环节之间的相关性，如果地方政府无法构建完善的扶贫政策和实施措施，扶贫资金没有用在刀刃上，就不能帮助脱贫人口掌握发家致富的能力和自我发展能力，最终只能逐渐返回贫困。

5.3 返贫现象的演化过程

19 世纪后半期，经济学领域出现了演化经济学分支，相比于主流经济学而言，演化经济学更倾向于以发展的眼光来分析问题，强调研究变化。演化经济学认为，事物的发展会随着时间的推移而不断演化，人们总是在适应了现有生存环境以后做出理性选择。演化经济学理论强调从起源出发看待问题，探讨事物的本质。因此，本书也将基于演化经济学理论来分析返贫的发展规律，希望能够找到返贫演化的过程以及本质内涵。

（1）惯性与返贫的演化过程。演化经济学认为，人们的理性选择往往会受到思想惯性的影响，并不完全是理性选择的结果。每一个家庭的组织记忆都各不相同，而家庭关系也可以看作这个家庭在发展过程中的某种基因，这个基因决定着整个家庭的生活轨道以及发展方向。西部民族地区农村贫困家庭已经形成了从事农业生产的惯性，形成了固定的生产和经营方式，但正是这种传统落后的生产方式未得到改变，才导致农村贫困地区的生产力极其低下，最终陷入物质贫困。贫困地区的人们在这种惯性思维的影响之下，难以接受新的技术和思想，只能保持落后的行为模式和习惯，即使在外力作用下短时间内改变了贫困地区人们的生活状态，但他们却仍然保留着过去落后的行为习惯，这种习惯难以轻易纠正。在惯性思维的影响之下，这些贫困人口即使得到了国家的帮扶而脱贫，也难以真正脱离贫困的惯性。我国自古以来就有极为浓重的乡土意识，农村家庭的生活本身具有内生稳定性，子女辈往往会继承父母辈的思想观念和性格，形成文化传递。但由于各方面因素的影响，贫困人口往往无法在较短的时间内突破现有的束缚，打破家庭中所隐藏的稳定力量。我国自古以来就是子承父业，且在当代我国仍然有很多这种继承方式，贫困者依靠祖上流传的手艺谋生，但却并未对技艺进行更新或升级，改变自己的生存方式和发展方式，只能在贫困的泥潭里挣扎，而无力改变现状。正是因为贫困者存在这种生存惯性，无法轻易打破自己的行为习惯和思维模式，即使通过国家的帮扶短期成功脱贫，贫困者也没有持续提高自己收入的能力和动力，最终造成返贫。

（2）模仿与返贫的演化过程。一些学者研究发现，人们总是习惯于模仿所处的社会群体的领导者，会受到领导者行为、思想、性格以及习惯的影响。在这种影响下，其他人总是愿意效仿领导者。例如，父母在家庭中往往是管理者和决策者，孩子总是会受到父母言行的影响，甚至会在日常的生活和工作中模仿父母辈的思维方式和行为准则。贫困家庭的父母辈的眼界、思维不够开阔，也会限制孩子的行为与思维，不利于孩子的发展。贫困家庭虽然通过国家的帮扶和自己的努力能短期脱贫，但其收入水平仍维持在较低水平，最终其致富的斗志容易被现实所磨灭，甚至产生了逆来顺受的消极态度，愿意接受这种低收入的现实。孩子在这样的家庭中，也会受到父母消极思想的影响，产生这种接受现实并逆来顺受的思维。政府只能从物质上帮助贫困人口脱离贫困，获得更好的生活条件，脱贫人口继承自父母辈的思维方式和行为习惯却难以改变，因此，即使父母辈能够在国家的帮助之下成功脱贫，但在父母辈影响之下的子女辈，也仍然有可能返贫。模仿还会出现相互模仿，同一个区域内的社会个体，往往会相互影响对方的行为和思想，在西部民族地区贫困乡村，往往会有着一大批贫困者，他们拥有相似的遭遇，在生产生活中也有相似的做法和行为。贫困户在国家的帮扶之下成功脱贫，但这些贫困户落后的贫困思维，如等、靠、要思想，往往会对周边其他人的思想和行为产生较大的影响，甚至有部分家庭选择主动返回贫困来获取国家的扶持。

（3）行为演变与返贫的演化过程。演化经济学认为，惯例行为和创新行为属于两种适应性行为。在社会发展进程中，人们往往会形成特定的习惯来适应社会，而这种习惯还会通过遗传或传承的方式保留下来，在遗传和传承的过程中，这些惯例行为或习惯又可能发生突变而产生创新（周宗社，2017）。人作为社会群体中的一员，他人或外界往往会影响个体的思维方式、处事原则以及行为习惯。例如，孩子的行为习惯和思维方式与父母往往有着极为密切的关联，且在短时间内，孩子通常无法改变自己的行为习惯和思维方式。人的行为会朝着两个方向演化：第一，不会发生变化，延续惯例，惯性在贫困演化的过程中占据着主导地位，尽管有可能会出现间断性变化，但这种惯例的束缚仍然会导致贫困者无法挣脱贫困的枷锁，彻底改变贫困的面貌，最终只能重返贫困；第二，打破惯例，创新改变了人们的行为习惯和思维方式，人们将走入新的发展路径。然而，当惯例压制创新，人们即使在政府的帮助之下，改善了现有的生活和物质条件，也无法长久稳定脱贫，最终只能返回贫困。

5.4 本章小结

本章首先从脱贫户导向、资源环境导向和制度政策导向三方面分析了西部民族地区农村返贫诱因，其中脱贫户导向型返贫包括健康型返贫、能力型返贫和观念型返贫；资源环境导向型返贫包括资源要素缺乏型返贫、地理环境阻隔型返贫和自然灾害型返贫；制度政策型返贫包括政策型返贫、供给型返贫和监督型返贫。然后，本书用事故因果连锁理论分析了西部民族地区返贫现象的生成机理，用演化经济学理论分析了西部民族地区返贫现象的演化过程。

6 西部民族地区返贫阻断机制与返贫预警机制

返贫阻断机制的建立与完善，在整个脱贫攻坚工作中具有重要的地位，只有建立完善的返贫阻断和预警机制，才能巩固现有脱贫攻坚的成果，达成理想的脱贫效果。本章根据西部民族地区农村脱贫人口的返贫类型，提出了不同的返贫阻断机制，在此基础上提出了返贫监测预警指标体系和返贫预警机制。

6.1 西部民族地区脱贫人口返贫阻断机制

6.1.1 脱贫户导向型的返贫阻断机制

前文曾经提到健康型返贫、能力型返贫、观念型返贫等返贫现象都与贫困户的自身因素有关，因此，基于贫困户建立返贫阻断机制，就需要提高脱贫人口的健康水平和自我发展能力，通过教育，切实改变脱贫人口传统落后的思想以及行为模式。

6.1.1.1 健康机制

疾病是造成脱贫人口返贫的内在因素，也是西部民族地区脱贫人口返贫的重要诱因之一，西部民族地区应采取有效的阻断措施，防止因健康原因造成的返贫。首先，建立完善的疾病预防机制，必须做好重大疾病和慢性病的前期预防和预警工作；其次，构建完善的医疗保障制度，为脱贫人口提供良好的医疗保障；最后，建立完善的对口帮扶机制，确保各医疗机构之间可以共享资源，加大帮扶力度。

（1）疾病预防机制。

与疾病治疗相比，疾病预防可以达到事半功倍的效果，有利于大幅提高人们的身体健康水平。大部分疾病如不在患病初期加以干涉，后期就很难治愈，加强疾病预防，一方面可以提高脱贫人口的身体健康水平，另一方面又能避免脱贫人口因治病面临更大的开销，从而因病返贫。第一，免费体检。西部民族地区地方政府可以组织县市级医院或乡镇医院，免费为脱贫人口进行体检，并且在疾病监测系统中录入体检的所有数据，确保可以对所有检查对象的健康状况进行全程监督，避免因突发性疾病或慢性病恶化而导致脱贫后返贫。第二，加强预防宣传教育。通过专题讲座和发放宣传手册等多种形式，向农村脱贫人口宣传与重大疾病或慢性病预防相关的知识，同时还可以利用现代媒体或传单海报等多种形式，加强宣传与教育，使贫困地区的居民也能养成预防疾病的良好习惯，避免因重大疾病而重新返回贫困。

（2）医疗保障机制。

西部民族地区只有构建完善的医疗保障制度，才能解决农村低收入脱贫人口的看病问题。首先，适当提高医疗报销比例。政府部门可根据本地区的脱贫人口生活水平，适当提高医疗报销比例，确保医保和新农合参保群众能够真正享受到医疗保障机制的优惠。其次，取消预付押金制度。面对建档立卡贫困户、低保户、特困人员、贫困残疾人等贫困人口，可以采取先诊疗后付费的制度，第一时间为患者治疗，减轻患者的经济负担。最后，建设全国统一的城乡居民医保制度。确保城镇居民和农村居民都可以享受同等的医疗保障，实现我国医疗资源的均衡分配，政府还必须注意参保人员重复参保和贫困户重复补贴的问题，确保居民的切身利益不受损害。

（3）对口帮扶机制。

西部民族地区省市级医院可以建立定向培训制度，对对口医院进行专项培训，以便于从整体上提高县级以下各级医院的业务能力。首先，鼓励三级医院和贫困地区县级医院建立对接帮扶制度。三级医院本身拥有丰富且先进的医疗资源，如果能够加强贫困地区县级医院与三级医院之间的交流与合作，充分学习和了解三级医院的管理机制、医疗技术，就能精准地提高贫困地区县级以下医院的医疗水平、整体业务能力。其次，建立贫困地区县级医院和乡镇卫生院对接机制。乡镇卫生院的医务人员可以轮流到县级医院学习，参加各种培训活动，县级医院也可以派遣技术人员到乡镇卫生院提供指导。最后，加强乡镇卫生院与贫困村卫生室交流。乡镇卫生院可以针对贫困乡村卫生室的实际情况构建完善的管理制度，并不定期地给予技术或人力支援。对口帮扶机制，能够自上而下地提高我国西部民族贫困地区卫生组织的综合业务能力。

6.1.1.2　能力机制

能力机制主要用于解决能力型返贫问题，这是因为脱贫户往往缺乏自我发展能力，难以有效抵御自然灾害和市场风险，本书所提到的能力机制主要包括素质提升机制、技能培训机制和利益连接机制。

（1）素质提升机制。

西部民族地区政府应牵头开设"一村一名大学生"工程，当农民接受培训并通过考核以后，可以为农民颁发相应的技能证书，达到条件的可以颁发大专文凭证书。农民大学生毕业以后，又可以回到家乡向本村村民传授学习经验，发挥农民大学生的引领示范作用。此外，应鼓励大学生和农民工等返乡创业。来自农村的退役士兵、高校毕业生和农民工，往往比较了解当地农村的风土人情，更清晰地了解农民群众在脱贫致富方面的想法和观点。因此他们能够从农民群众的需求角度出发开展培训，能够更切合实际地提高农民群众的学习能力和综合素养。农村大学生和返乡创业人员能够帮助脱贫户有效提高其学习效率，帮助脱贫户在经济发展过程中做出应有的贡献，遏制脱贫户返贫。

（2）技能培训机制。

完善的技能培训机制，提升脱贫人口的自身劳动能力，是有效阻断脱贫户返贫的关键。首先，创造良好的技能培训环境。西部民族地区地方政府必须牵头建立便利、开放的技能培训环境，通过现代化的技能培训设施等引导脱贫人口积极主动地参与技能培训。例如，为距离较远的脱贫户提供免费午餐和接送服务。其次，开设技能培训班。地方政府需要加强脱贫人口的就业调查，充分了解脱贫人口的就业意愿和就业方向，因地制宜地开设培训课程，提高脱贫人口的专业能力，使其能够找到更好的就业机会。最后，拓宽技能培训模式。应采取多元化的技能培训模式，如案例分析法、情景模拟法、演示法，提高他们的学习兴趣，确保他们能够在技能培训活动中充分掌握专业技能，学会一技之长，通过就业或创业的方式帮助自己发家致富，避免返贫。

（3）利益连接机制。

市场环境错综复杂，脱贫户仅凭自身的能力，并不足以预防和评估市场风险。组织是农村得以快速发展的关键，只有形成强大的利益联合体，他们才能充分保障自身的利益。首先，加速农村集体产权制度的全面深化改革。一方面，要确保在集体经济组织中农民的合法权益不受侵害，西部民族地区地方政府需要从立法层面保障农民的集体收益、宅基地使用权和土地承包经营权；另一方面，加强农民股份合作，明确集体产权的归属关系，实现各贫困地区农村经济的规模化和集约化发展，确保农村居民也可以共享我国经济发展的成果。其次，建立新型农业经营体系。专业大户和龙头企业本身拥有丰富的经营经验，可以在农业产业链中发挥带头作用，推动整个农业的组织化和专业化发展，帮助农村贫困群众有效应对市场风险。最后，建立农民合作社。脱贫户在脱贫以后，如果能加强生产资料合作，就能扩大自己的生产经营规模，实现市场化和专业化运作。农业合作社建立专业团队，就可以在农产品的生产加工和销售过程中明确分工，这是因为以专业团队为基础开展农业生产和销售，往往能够依托集体力量，有效预防和应对市场风险。

6.1.1.3 观念机制

落后的思想观念也是脱贫人口返贫的主要原因，如果脱贫户本身缺乏先进的理念，即使在政府帮助下成功摆脱贫困，也容易在一段时间内重返贫困。不思进取、落后的等靠要思想是脱贫户返贫的重要原因，因此，在此我们提出了思想转变机制和观念更新机制，希望能够通过观念机制来阻断思想落后脱贫户返贫。

（1）思想转变机制。

首先，坚持"扶贫先扶志"。扶贫干部要积极宣传脱贫人口发展致富的成功案例，使脱贫户能够产生主动提高收入的决心与毅力，彻底摒弃等、靠、要的思想，提高脱贫户的自我发展能力和内生动力。例如，通过面对面的教育方式和采取适度的激励机制，帮助脱贫户在后续致富道路上发挥主人翁精神。其次，坚持"扶贫必扶智"。西部民族地区政府需要向贫困地区投入更多的资金和资源，加大教育扶贫力度，开展希望工程和贫困生资助工程。政府相关部门需要向贫困地区投入更多的公共教育资源，缩小我国教育资源的城乡差距，以推动贫困地区教育和技能培训事业的发展，提高贫困地区脱贫人口的综合素养。加强农村地区基础教育和文化建设，有助于引导农村脱贫人口彻底改变其落后守旧的思想观念，从真正意义上转变思想，阻断思想落后的脱贫户返贫。

（2）观点更新机制。

部分脱贫户落后守旧的思想观念，会导致其难以接受社会新的思想和技术，生产能力落后，最终只会以返贫告终。要想在真正意义上阻断返贫，前提就是更新脱贫人口的思想观念。首先，倡导农村社会新风尚。一方面，由村里年长且具有威望的村民牵头成立红白事理事会，由理事会制定村民婚丧嫁娶的各项规定，避免婚丧嫁娶仪式中出现浪费铺张的情况，彻底摒弃西部民族地区农村传统婚丧嫁娶中过度铺张的陋习；另一方面，改变传统的婚庆消费观，打破高额彩礼习俗。可以鼓励年轻人举办集体婚礼，由村干部或乡镇干部对年轻人进行表彰，鼓励当代农村年轻人建立正确的婚庆消费观。其次，加大力度宣传移风易俗。移风易俗的宣传教育，能够打破贫困地区的一些愚昧思想，改变西部民族地区贫困地区脱贫人口的落后风俗习惯，使其能够从时代发展的角度出发学习现代文明理念。

6.1.2 资源环境导向型的阻断机制

6.1.2.1 生态移民机制

生态搬迁扶贫主要指的是当贫困地区的自然环境极度恶劣，政府在征得居民的同意以后，另外寻找一个地方作为安置点，为贫困人口或低收入脱贫人口提供就业机会和经济适用房，为他们提供良好生活和发展条件的扶贫方式。第一，部分贫困地区由于自然环境极度恶劣才陷入贫困，将贫困人口搬迁到有着更好生活和生产条件的安置点，能够避免继续破坏原本就极为脆弱的生态环境，有利于该地重建生态系统；第二，加强异地开发，能够为贫困人口带来新的生活环境，改变其原有的落后生活状态；第三，减少自然保护区的人口压力，有利于更好地保护自然环境中的自然景观和生物多样性。对于西部民族地区乡村部分低收入脱贫人口而言，由于其生活的外部环境本身就极其脆弱，通过生态移民，能够从根本上解决贫困问题。目前西部少数民族地区最常见的反贫困手段就是生态移民，尤其是在石漠化片区，这种做法能够为贫困人口带来更加优越的生存和生活条件，打破原本的资源束缚，真正帮助贫困地区的人口找到发家致富的途径。

6.1.2.2 生态补偿机制

西部民族地区的地理环境和生态环境极为特殊，是我国极其重要的生态安全屏障。这里的居民大多以农业生产为主，这些地区是我国极为重要的初级产品和原材料供应地。我国在改革开放的进程中，为了东部地区的发展更多的资源供给向东部地区倾斜，这也是我国西部民族地区发展严重落后于东部地区的重要原因。目前，仅凭西部民族地区自身的力量，难以有效保护当地的生态环境，这就要求我国必须尽快建立完善的生态补偿机制。首先，政府要从宏观层面向西部民族地区的发展进行更多的基础性投资，以加强当地通信、电力和交通等基础设施的建设与完善；而东部发达地区也应当为西部民族地区的发展提供更多的资金和资源，给予一定的利益补偿。其次，建立多元化和多层次的生态补偿机制，如由下游地区对上游地区进行补偿，发达地区向欠发达地区补偿等方式。在西部民族地区的生态环境建设期间，也可以由政府出面引入更多的社会资本参与，并严格坚持"谁建设，谁受益"的原则，有效保障生态建设保护者的合法权益。最后，要尽快就生态保护和生态补偿建立完善的法律法规，以推动生态补偿机制的规范化与合法化发展。中央政府应针对西部民族地区的具体情况，制定相关的政策法规，做好顶层设计，从立法层面有效明确西部民族地区生态补偿的主体、客体，以及生态补偿的范围、标准、形式，同时还需要构建完善的生态补偿监管机制，要加强对生态补偿费用的管理以及对征收要进行严格的监督。

6.1.2.3 灾害治理机制

首先，建立灾前防治机制。西部民族地区地方政府要做好防灾减灾的宣传演练工作，尤其应当在灾害发生前储备大量的资源，如信息、人力和财力资源，由专家负责预测当地可能发生的灾害，相关部门构建相应的预防机制，为群众提供转移方案或临时生活保障方案等。其次，建立扎实社会救助体系。地方政府在发生灾难时除了要发挥救助作用，还需要将社会其他资源和力量充分整合起来，如消防队、专业救援队、武警部队、社会基层救援队、企事业单位和志愿者。政府部门需要和上述一系列社会组织以及政府组织建立密切联系，在发生灾难以后确保能够及时地实施抢灾救灾，保护灾民的人身和财产安全。政府还需要对受灾信息进行统计分析，在第一时间了解了灾情以后，尽快向灾区拨款。最后，构建完善的灾后保障体系。有机结合扶贫开发政策和灾后恢复工作，确保其扶贫开发政策，能够为灾区群众带来帮助。政府部门还需要加大社会保障力度，如为灾区群众提供灾害保险和农业保险等，避免灾区群众因为某些突发的灾害而遭受巨大的经济损失。政府部门还应当成立专门的心理咨询小组，充分关注灾后群众，与灾后群众进行沟通与互动，给予其心灵上的慰藉。通过完善的灾害治理机制，有助于避免脱贫户因灾返贫。

6.1.3 制度政策导向型返贫阻断机制

制度政策导向的返贫现象主要包括政策型返贫、供给型返贫和监督型返贫，这就要求我国政府必须构建完善的后续扶贫政策和供给体系，并加强对后续扶贫工作的监督与管理，避免出现腐败现象，才能有效阻断环境导向返贫。

6.1.3.1 政策机制

尽管脱贫人口在政府扶贫政策的帮扶之下成功脱贫，但如果在脱贫以后政府政策不能持续，或出台的新政策与原有的差异较大造成脱节，就有可能导致脱贫户再次陷入贫困，西部民族地区政府必须高度关注这种政策性返贫现象。因此，政策机制旨在解决政策性返贫问题，希望能够阻断脱贫户政策性返贫。

（1）政策衔接机制。

脱贫人口本身缺乏持续性增收的能力，西部民族地区政府必须对脱贫人口的后续发展给予高度的关注与重视。首先，坚持"脱贫不脱帮扶"。指定帮扶责任人和帮扶联系人，负责对脱贫人口进行一对一或者多对一的帮扶，持续关注脱贫户的后期生活生产情况，尽可能巩固现有的脱贫攻坚成果。其次，坚持

"脱贫不脱政策"。部分贫困户脱贫以后，仍然需要依靠政府的政策支持，收入才能稳定在贫困线以上，这就要求政府必须保障其各项政策的连续性，可以继续向他们提供一定的优惠政策。另外，政府部门还需要对扶贫干部进行定期考核，加强监督检查。最后，坚持"脱贫不脱项目"。政府需要持续性的发展扶贫项目，从税收方面给予扶贫企业一定的优惠，为参加扶贫项目的民营企业提供低息贷款，鼓励企业和脱贫人口共同创业创新，形成脱贫攻坚的长效机制，避免脱贫人口再次返贫。

（2）动态监测机制。

对脱贫人口的后期生产生活情况进行动态监测，可以通过实地跟踪并将相关信息录入网络，就可以充分掌握脱贫人口的后续发展和返贫情况。首先，建立实地跟踪回访制度。基层扶贫干部要定期或不定期地对脱贫人口的后续生产、生活进行跟踪调查，了解脱贫人口的家庭收支、生产生活情况，明确脱贫人口是否能够继续享受政府的政策扶持、是否出现了政策性返贫情况。一方面，实地跟踪可以帮助政府了解脱贫人口的家庭发展情况以及最新变动情况，另一方面，实地跟踪调查也可以帮助政府扶贫相关部门掌握后续脱贫攻坚工作的效果，为有效阻断脱贫人口返贫提供有针对性的建议。其次，建立网络动态监测系统。在扶贫信息网络系统中，应定期录入并更新脱贫人口的详细信息，实时监测脱贫人口各项指标的数据变化以及其发展情况，如果在实施监测过程中，发现因某项政策导致某脱贫户存在返贫风险，则应当立即针对该脱贫户家庭实施有针对性的帮扶工作，因地制宜地制定扶贫方案，避免出现政策型返贫。

6.1.3.2 供给机制

西部民族地区政府应充分整合社会组织、志愿者等多方力量，构建完善的供给体系，提升各组织在后续扶贫工作的协同作用，才能有效阻断脱贫户返贫，解决供给型返贫问题。

（1）多方供应机制。

在分配社会资源的过程中，社会各界可以发挥应有的作用，资源尽可能地向农村贫困地区倾斜，构建平等和谐的城乡外部环境。从政府的角度来看，一方面，西部民族地区政府部门必须构建健全的后续扶贫制度，针对每个不同时期的脱贫人口发展需求，调整原有的扶贫制度，包括绩效考核制度、目标责任制度、扶贫资金管理制度等，尽可能为脱贫人口带来实质性的帮助；另一方面，建立城乡统一的供养制度，使城乡居民都能够享有同等的教育、医疗和养老等资源，确保低收入脱贫人口也能够享受社会发展的成果。从企业的角度来看，一方面，大力开发扶贫项目，实现企业和脱贫家庭的合作共赢，不仅可以提高低收入脱贫家庭的自我发展能力和内生动力，同时可以帮助脱贫家庭获得持续稳定的收入，确保其可以稳定脱贫；另一方面，应当将企业的管理、技术和资金优势充分发挥出来，避免政府在扶贫工作中承担过重的压力。从其他扶贫主体的角度来看，首先，供给公共服务，其他扶贫主体可以在保健、医疗和教育领域的扶贫工作中查漏补缺，弥补政府和企业扶贫工作的不足；其次，要从社会各阶层出发筹措扶贫资金，开展贫困助学活动或紧急救援活动，确保可以将社会各方资源充分整合起来；最后，加强社会监督，鼓励社会团体、社会公众以及现代媒体必须加强对后续扶贫工作的监督，确保政府相关部门能够高效开展后续扶贫工作。

（2）协同参与机制。

西部民族地区的扶贫工作需要政府及社会多元主体的共同参与，实现社会多方力量的有效整合，以便获得良好的后续扶贫效果。对于政府而言，要充分发挥自身的组织和领导作用，从宏观层面对社会各界资源进行合理整合与科学分配，并应当明确不同部门和不同组织的扶贫责任。各级地方政府和各个部门之间在后续扶贫工作中必须建立深度联系，确保可以更好地贯彻落实出台的各项后续扶贫政策。对于市场而言，政府要引导企业积极主动地参与扶贫工作，提升政府、企业和农户之间在脱贫攻坚战中的良好互动。政府可以通过招商引资和金融扶贫等多种形式，切实提高扶贫工作的效果和质量。对于社会力量而言，地方政府部门需要加强定点帮扶，明确定点帮扶的责任人；鼓励社会志愿者、基金会和社会团体，积极主动地参与到国家的后续扶贫工作中，发挥其应有的力量；社会公众以及新闻媒体也可以加强对扶贫工作的社会监督，让扶贫工作能够在阳光下运行，确保扶贫资金能够使用在刀刃上。

6.1.3.3 监督机制

相关部门对后续扶贫工作必须加强监督，以防止部分扶贫工作人员出现权谋私行为或工作懈怠。因此，建立完善的监督机制，加强对后续扶贫开发工作过程的监督，可有助于阻断脱贫户的监督型返贫。

（1）评估考核机制。

第一，建立完善的干部考核制度。若能将返贫率也纳入干部后续扶贫的绩效考核中，也有利于解决监督型返贫问题。在制定考核指标时，需要有机结合帮扶责任人的个人目标以及扶贫部门的整体扶贫目标，其最终的考核结果还将直接体现在干部的选拔与任用之中，从而增强扶贫干部的责任感和紧迫感，使其能够积极主动地参与到扶贫工作中。第二，构建完善的绩效评价体系。针对后续扶贫工作进行精准的评估，有助于有效遏制返贫，一套科学完善的后续扶贫绩效评价体系，将更有利于降低脱贫人口的返贫风险。西部民族地区政府需要从后续扶贫工作的实际情况出发，选择科学且具备可操作性的绩效评价指标，其评价结果也将为各级地方政府扶贫相关部门开展接下来的扶贫工作提供重要的指导，在充分掌握了扶贫开发工作中存在的问题以后，也可以对原有的扶贫模式进行调整和创新，从而获得更好的后续巩固脱贫成果的效果，避免脱贫人口再次返贫。

（2）执纪问责机制。

首先，加强扶贫工作的内部监督和外部监督。一方面，加强内部监督，要求西部民族地区各基层政府必须尽快构建完善的监督委员会，且委员会成员必须定期培训，具备独立的监督意识和工作能力，能够承担起相应的监督责任和政治责任。另一方面，强化外部监督。外部监督包括政府相关部门、社会组织、新闻媒体、人民群众等的监督，应尽可能将外部监督的作用充分发挥出来。其次，构建完善的责任追究机制。政府必须本着零容忍态度，针对扶贫领域中出现的一系列不作为行为，如"数字脱贫"现象、扶贫资金挪用和占用现象、政绩脱贫现象，要求扶贫开发的相关责任人和当事人必须承担相应责任。

6.2 返贫预警指标体系的设计

在返贫预警工作中，最重要的工作就是找到恰当的返贫预警指标，指标的确定也是返贫预警工作的起点，本次在确定返贫预警指标体系时，主要包括脱贫户导向型、资源环境导向型和制度政策导向型这3个一级指标，并根据这3个一级指标的实际内涵确定了22个二级指标。脱贫户导向型返贫预警指标体系，本书主要从脱贫户的收入情况、支出情况、受教育程度、劳动力情况、生产资料情况、生活资料情况、思想认识程度、病患损失、医疗保险参与度9个方面来考量。资源环境导向型返贫，主要从自然资源情况、基础设施情况、人居环境建设、生态环境情况、环境承载情况、自然灾害的频率、自然灾害带来的损失7个方面来考量。制度政策导向型返贫预警指标体系，主要从制度政策的缺失、社会保障情况、政策的可持续性、制度政策的偏离、帮扶资金使用情况、帮扶措施合理性6个方面来考察。根据这些二级指标，进一步确定了22个三级指标，如表6-1所示。

表 6-1　西部民族地区返贫预警指标体系

一级指标	二级指标		三级指标
脱贫户导向型	收入情况	A1	脱贫家庭人均纯收入
	支出情况	A2	脱贫家庭人均支出
	受教育程度	A3	家庭成员平均受教育年限
	劳动力情况	A4	劳动承担率
	生产资料情况	A5	生产资料的匮乏程度
	生活资料情况	A6	生活资料的匮乏程度
	思想认识程度	A7	陋习引起家庭财产损失程度
	病患损失	A8	伤病带来的财产损失程度
	医疗保险参与度	A9	家庭成员参加医疗保险比例
资源环境导向型	自然资源情况	B1	自然资源缺乏
	基础设施情况	B2	基础设施建设完善性
	人居环境建设	B3	人居环境建设完善性
	生态环境情况	B4	生态环境恶化程度
	环境承载情况	B5	环境承载力
	自然灾害频率	B6	自然灾害频发程度
	自然灾害带来的损失	B7	自然灾害带来的财产损失程度
制度政策导向型	制度政策的缺失	C1	政策覆盖范围
	社会保障情况	C2	社会保障程度
	政策的可持续性	C3	政策是否具有可持续性
	制度政策的偏离	C4	政策的不合理程度
	帮扶资金使用情况	C5	帮扶资金使用是否规范
	帮扶措施合理性	C6	帮扶措施是否科学有效

　　警兆，主要指的是脱贫人口在返贫过程中所表现出来的某些行为、现象。将这些行为现象进行科学加工，就形成了警兆指标。脱贫人口在返贫之前必然会出现警兆，如果能够通过警兆指标对返贫情况进行预警，就可以达到理想的预防返贫的效果。警兆的出现代表着危机已然出现，通过警兆就可以对警情进行预测，追溯警源。本书将针对上述返贫预警指标体系确定不同指标的警兆。

6.2.1 脱贫户导向型指标体系

脱贫家庭人均纯收入。脱贫家庭收入一般包括财产性收入、生产经营性收入、工资性收入和转移性收入四个方面。脱贫家庭人均纯收入是直观体现一个家庭生活水平的重要指标，也是返贫预警的一个基础性指标，若脱贫家庭人均纯收入长期稳定高于国家贫困线，那么该家庭则处于稳定脱贫状态，若脱贫家庭人均纯收入太低，则返贫概率增加。脱贫家庭人均纯收入=脱贫家庭总收入/家庭总人数。在此，以高于贫困线 2/5 以上为 K1，高于贫困线 1/5 以上为 K2，低于贫困线 1/5 以下为 K3，低于贫困线 2/5 以下为 K4，基于这个划分，我们确定了脱贫家庭人均纯收入预警标准，如表 6-2 所示。

表 6-2　脱贫家庭人均纯收入预警标准

脱贫家庭人均纯收入	≥K1	K2~K1	K3~K2	K4~K3	≤K4
警度划分	无警	轻度	中度	高度	重度

脱贫家庭人均支出。脱贫家庭支出主要包括生产经营性支出、家庭人均吃穿消费支出、医疗保健支出和教育支出等。脱贫家庭人均支出也是体现其生活质量的重要指标，若脱贫家庭的人均支出低于当地农村居民家庭人均支出一定程度，则具有一定的返贫风险。脱贫家庭人均支出=脱贫家庭总支出/家庭总人数。在此，以高于农村居民人均支出以上为 K1，低于农村居民人均支出 1/5 以下为 K2，低于农村居民人均支出 2/5 以下为 K3，低于农村居民人均支出 3/5 以下为 K4，基于这个划分，我们确定了脱贫家庭人均支出预警标准，如表 6-3 所示。

表 6-3　脱贫家庭人均支出预警标准

脱贫家庭人均支出	≥K1	K2~K1	K3~K2	K4~K3	≤K4
警度划分	无警	轻度	中度	高度	重度

家庭成员平均受教育年限。当前，人们已经深刻地意识到接受教育的重要性，接受更高等级的教育，将有效提高个人的收入水平以及生活满意度。这是由于人们的受教育水平越高，在社会中创造的价值以及带来的附加值也往往越大，能够获得的经济报酬也就越多，就能更加轻松自在地生活。如果人们的受教育水平较低，在社会中的就业就会面临着诸多问题，生活和工作都将承担过重的压力。不少学者研究发现，当家庭成员的平均受教育年限越高时，那么该

家庭的成员就往往拥有更高的劳动专业技能，拥有更多的就业选择权，其工资收入水平一般也更高，家庭资产和财富水平也往往越高。与之相反的是，大部分贫困家庭和低收入脱贫家庭的家庭成员更缺乏良好的教育，其受教育的年限较短，不具有专业技能，在就业时往往也处于劣势，才深陷贫困的泥潭。因此，有学者将家庭成员平均受教育年限作为评估农民返贫的指标，表6-4为脱贫家庭成员平均受教育年限预警标准。

表6-4　脱贫家庭成员平均受教育年限预警标准

平均受教育年限	>12	11~12	9~10	7~8	≤6
警度划分	无警	轻度	中度	高度	重度

劳动承担率。当脱贫农户家庭中拥有大量的劳动人口时，这个家庭就会拥有较高的经济收入，其返贫的可能性相对较低，与之相反的是，家庭劳动人口占比较少，就有可能导致家庭出现入不敷出的情况，生活水平和质量不断下降，一旦发生不可预料的开支，家庭就有可能会返回贫困。因此，劳动承担率也是有效评估脱贫家庭返贫的重要指标，当劳动承担率较小时，就证明该家庭的经济负担较重，面临着较大的生活压力和经济压力，返贫的可能性也相对较高。劳动承担率=劳动人口/家庭总人口，表6-5为脱贫家庭劳动承担率预警标准。

表6-5　脱贫家庭劳动承担率预警标准

劳动承担率/%	>100	51~100	34~50	33~26	≤25
警度划分	无警	轻度	中度	高度	重度

生产资料的匮乏程度。农村居民需要足够的生产资料才能开展各种生产活动。例如，农民需要足够的土地、农具、农机设备、化肥等其他生产资料，才能进行耕种，如果脱贫人口缺乏某些生产资料，这里的农户就难以获得较高的收入，最终容易再次陷入贫困。因此，判断返贫的一个重要标准就是生产资料的匮乏程度，其计算公式为：生产资料匮乏度=现有的生产资料/实际需要的生产资料。表6-6为生产资料的匮乏程度预警标准。

表6-6　生产资料的匮乏程度预警标准

生产资料匮乏度	>1	1~0.8	0.7~0.6	0.5~0.3	<0.3
警度划分	无警	轻度	中度	高度	重度

生活资料的匮乏程度。生活资料是人们生存的必需品，解决人们的吃穿住行问题，如果脱贫人口缺少生活资料，也容易再次返回贫困。生活资料也是判断群众返回贫困的重要评估指标，其计算公式为生活资料匮乏度＝现有的生活资料/实际需要的生活资料。表6-7为生活资料的匮乏程度预警标准。

表6-7　生活资料的匮乏程度预警标准

生活资料匮乏度	>1	0.8~1	0.6~0.7	0.3~0.5	<0.3
警度划分	无警	轻度	中度	高度	重度

陋习引起家庭财产损失程度。脱贫家庭原本就并不富裕，如果家庭成员染上酗酒或赌博等恶习，产生了不合理和不必要的支出，就会导致家庭变得入不敷出，迅速陷入贫困。如果家庭成员无法及时制止这种行为，就容易再次陷入贫困。家庭成员陋习导致返贫的评估指标为财产损失度，财产损失度＝因陋习导致财产损失的费用/家庭收入。表6-8为陋习引起家庭财产损失程度预警标准。

表6-8　陋习引起家庭财产损失程度预警标准

财产损失程度	≤10	11~30	31~50	51~70	≥71
警度划分	无警	轻度	中度	高度	重度

伤病带来的财产损失程度。当脱贫家庭中有人患病以后，不仅需要支付高额的医疗费用，还需要人员照顾，占用家里的劳动人员，家庭在支出攀升但收入水平下降的情况下，必然会降低家庭的生活水平，长此以往家庭必然会再次陷入贫困。患慢性病或重大疾病往往会导致家庭成员丧失或部分丧失劳动能力，如果病人久治未愈，一方面会增加家庭的医疗负担，另一方面病人需要其家庭成员的照顾，也会增加家庭的精神负担，这就会导致家庭出现返贫的可能。如果家庭成员长期患病或者突然受伤，就需要承担高额的医疗费用，这让原本就不富裕的家庭变得雪上加霜，甚至有家庭不堪重负而返回贫困。因此，在评估因伤病导致财产损失，农户返回贫困的可能性时，其主要的评估指标还有费用发生率，费用发生率＝医疗费用/农民家庭收入。表6-9为伤病带来的财产损失程度预警标准。

表6-9　伤病带来的财产损失程度预警标准

费用发生率/%	≤10	11~30	31~50	51~70	≥71
警度划分	无警	轻度	中度	高度	重度

家庭医疗保险参与度。由于看病难，看病贵问题是西部民族地区贫困乡村众多脱贫家庭遇到的一大难题，若脱贫户家庭人口未能购买医疗保险，那么当出现大病或慢性病时，就容易将整个家庭拖到贫困线以下，因此，提高医疗保险参与度是有效预防因病返贫的重要指标。医疗保险参与度＝家庭参与医疗保险人数/家庭总人数。表6-10为家庭医疗保险参与度预警标准。

表6-10　家庭医疗保险参与度预警标准

医疗保险参与度/%	>100	81～100	61～80	40～60	<40
警度划分	无警	轻度	中度	高度	重度

6.2.3　资源环境导向型指标体系

自然资源缺乏。水资源、光热资源、土地资源都是极其重要的自然资源，这些自然资源是人们得以生存和发展的基础，农村居民生活的自然环境将直接决定人们的生活水平和质量，任何一项自然资源的缺失，都会对人们的日常生产生活带来致命的打击，最终引发一系列生产生活危机。西部民族地区的自然环境较为恶劣，尤其是边远山区，常常因为冰雹、洪涝、霜冻、干旱等恶劣天气，导致农作物颗粒无收。不少地区还长期存在水资源短缺的问题，农村贫困地区严重缺乏生产灌溉用水和基本生活用水，导致种植业养殖业推进困难，生活质量难以有效得到提升，严重地制约了当地的经济发展，从而容易引发脱贫人口返贫现象。表6-11为自然资源缺乏预警标准。

表6-11　自然资源缺乏预警标准

自然资源的欠缺	不欠缺	轻微欠缺	比较欠缺	欠缺	十分欠缺
警度划分	无警	轻度	中度	高度	重度

基础设施建设完善性。基础设施能够解决人们生产生活中的基本问题，包括道路基础设施、公共服务和医疗卫生等。如果一个地区缺乏必要的基本公共资源，人们的生产生活都将受到较大的负面影响，如果无法解决贫困地区的基础设施建设问题，就无法实现持续性的脱贫。课题组调研发现，西部民族地区大部分脱贫后返贫的群体所生活的地区，普遍缺乏良好的公共服务、医疗服务和交通条件。一个与城镇距离较远的乡村，本身缺乏完善的交通基础设施，就会提升其农产品生产和销售的成本，农产品在市场上不具备竞争力，出现滞销，农民收入无法保证，就极有可能出现脱贫后返贫的现象。因此，基础设施

的欠缺也是影响脱贫人口返贫的重要因素。表 6-12 为基础设施建设完善性预警标准。

表 6-12　基础设施建设完善性预警标准

基础设施的欠缺	不欠缺	轻微欠缺	比较欠缺	欠缺	十分欠缺
警度划分	无警	轻度	中度	高度	重度

人居环境建设完善性。人居环境建设包括脱贫农户所居住的环境情况、庭院卫生状况、空气质量、饮水水质、污水和垃圾处理情况、环境污染情况、院墙改造和街巷绿化美化情况等，脱贫人口人居环境建设完善性也是影响其生活质量的重要因素，可以通过调查问卷的形式获得该指标信息。表 6-13 为人居环境建设完善性预警标准。

表 6-13　人居环境建设完善性预警标准

人居环境建设完善性	比较完善	轻微欠缺	比较欠缺	欠缺	十分欠缺
警度划分	无警	轻度	中度	高度	重度

生态环境的恶化程度。生态环境是人们得以生存和发展的重要基础，而西部民族地区的生态环境本身较为脆弱，尤其是人类的社会活动对当地的生态环境会造成较大的破坏，也威胁着当地居民的生产生活。西部民族地区有不少沙漠地区，由于贫困地区人们对环境的重视程度不高，导致这些区域的水源涵养能力在不断下降，加之生产生活对水的需求量不断提升，造成部门农村贫困地区荒漠化程度不断加深，虽然部分地区地方政府已经意识到这一问题，但由于资金投入不足，其治理仍然未达到较好的效果。因此，生态环境恶化程度也是影响脱贫人口返贫的重要影响因素。表 6-14 为生态环境恶化程度预警标准。

表 6-14　生态环境恶化程度预警标准

生态环境恶化程度	不恶劣	轻微恶劣	比较恶劣	恶劣	很恶劣
警度划分	无警	轻度	中度	高度	重度

环境承载力。环境承载力也被称为环境承受力，主要指某区域环境支持人类社会和经济活动的限度。由于资源存在局限性，人们如果对资源进行无休止地开发和攫取，必然会破坏原有的区域资源结构，一旦人们对资源的挖掘超出了环境承载力，严重地影响这个区域内人们未来的生产生活，最终就会引发返贫现象。例如，西部少数民族聚居区采取传统放牧生产方式，冬夏牧场会轮流

放牧，但在现代社会中，牧场的养殖数量在不断增加，其养殖的牛羊数量已经超出了原来牧场的承载力，在牧场无法休养生息的情况下，西部不少地区的牧场都出现了草原荒漠化的问题，严重地影响了牧民的生产生活，如果无法及时地改变牧民现有的放牧方式，就有可能导致牧民返贫。表 6-15 为环境承载力预警标准。

表 6-15　环境承载力预警标准

环境承载力	较强	一般	较弱	很弱	十分弱
警度划分	无警	轻度	中度	高度	重度

自然灾害的频发程度。人们过度开发自然资源，导致自然环境无法承载人们的生产生活活动，就容易引发自然灾害。在自然环境本身就很脆弱的地区，由于人类的过度开发，破坏了自己赖以生存的外部环境，引发越来越多的自然灾害。例如，洪涝、地震、干旱等，这些自然灾害严重地威胁了西部民族地区农村贫困区域的脱贫人口的生命和财产安全。一旦暴发自然灾害，就会严重地威胁人们的生命和财产。这些自然灾害暴发的频率越高，对社会发展造成的影响越严重，人们面临的财产损失和生命威胁也就越大。表 6-16 为自然灾害频发程度预警标准。

表 6-16　自然灾害频发程度预警标准

自然灾害频发程度	无	较少	比较频繁	频繁	十分频繁
警度划分	无警	轻度	中度	高度	重度

自然灾害带来的财产损失程度。自然灾害会导致贫困家庭面临着巨大的财产损失，一方面是直接经济损失，是自然灾害给农民带来的、可以直接进行估量的经济损失；另一方面是间接经济损失，代表着自然灾害对农民造成的不可直接进行估量的经济损失。在针对自然灾害导致农民返贫的可能性进行评估时，其主要的评估指标是财产损失率，计算公式为：财产损失率＝直接经济损失/农民原有财产。表 6-17 为自然灾害带来的财产损失程度预警标准。

表 6-17　自然灾害带来的财产损失程度预警标准

财产损失率/%	<10	10~30	31~50	51~70	>70
警度划分	无警	轻度	中度	高度	重度

6.2.2 制度政策型指标体系

政策覆盖范围。政策覆盖范围主要指的是精准扶贫收官后，西部民族地区是否针对脱贫人口制定有针对性的政策，提升这些地区的低收入脱贫人口的生产生活质量，低收入脱贫人口是否能享受到政府的政策福利等。因此，政策覆盖范围主要考量后续扶贫政策对低收入脱贫人口的覆盖率，以高于贫困线一定比例（如2/5）以下作为低收入脱贫人口的标准，如表6-18所示。

表6-18 政策覆盖范围预警标准

低收入脱贫人口政策覆盖率/%	≥100	81~99	61~80	40~60	<40
警度划分	无警	轻度	中度	高度	重度

社会保障程度。完善的社会保障体制，往往可以提高社会公民的生活水平和生活质量。我国处于并将长期处于社会主义初级阶段，尤其是在城乡二元经济体制下，我国西部民族地区城乡之间存在着巨大的经济差距，这种经济差距还体现在城乡居民的社会保障上。社会保障是国民经济再分配的一种重要形式，具有互助互惠的功能，有助于保障低收入脱贫人口的基本生活，免除其后顾之忧，对于脱贫人口的后续稳定发展具有重要的作用。例如，农村最低生活保障有助于帮助具有返贫风险的脱贫人口维持基本的生活，具有一定的风险防控作用。未来我国需要进一步完善西部民族地区农村的社会保障制度，社会保障体系是确保群众能够成功脱贫的兜底政策，只有为脱贫人口提供了完善的社会保障，才能避免低收入脱贫人口返回贫困。因此，社会保障程度是脱贫人口返贫的一个重要评估指标。表6-19为社会保障程度预警标准。

表6-19 社会保障程度预警标准

社会保障程度	保障很好	保障较好	保障一般	保障不好	保障很差
警度划分	无警	轻度	中度	高度	重度

政策的可持续性。精准扶贫收官后，虽然取得了阶段性胜利，但后续脱贫成果的巩固工作还任重而道远，部分脱贫人口在政府和社会各界的帮扶下短期暂时性脱贫，但其对帮扶的依赖程度较高，若后续扶贫政策出现较大变化，如停止原有扶贫优惠政策或者帮扶措施，则低收入脱贫人口可能再次陷入贫困。因此，在一定时间内仍需要维持实施原有扶贫政策，将低收入脱贫人口扶上马

再送一程，以提升其可持续增收能力。表6-20为政策的可持续性预警标准。

表6-20 政策的可持续性预警标准

政策的可持续性	可持续性很好	可持续性较好	可持续性一般	可持续性不好	可持续性很差
警度划分	无警	轻度	中度	高度	重度

政策的不合理程度。制度政策的不合理程度，代表着政府所制定的政策制度，脱离了贫困地区、脱贫人口的实际情况，或者在地方政府和扶贫相关部分制定和执行政策的过程中，偏离了初衷，无法符合脱贫地区和脱贫对象的实际情况，无法达成理想的扶贫和脱贫效果。政策的运行往往会引发一系列问题，最终对人们的生产生活产生较大的影响。精准扶贫过程中，西部民族地区部分贫困户家庭的收入较高比例来自政府各种形式的政策补贴和扶持，尽管政府的帮扶使这些贫困群众脱离了贫困，但后续扶贫过程中如果地方政府制定的政策不合理，缺乏自我发展能力和风险抵御能力的脱贫户，极有可能会返回贫困。这种政策的不合理程度的评估数据可以通过对脱贫农户家庭进行问卷调查来获得。表6-21 制度的不合理程度预警标准。

表6-21 为制度的不合理程度预警标准

政策的不合理程度	非常合理	少量不合理	部分不合理	较多不合理	非常不合理
警度划分	无警	轻度	中度	高度	重度

扶贫资金使用是否规范。为了保持扶贫政策的可持续性，西部民族地区对某些扶贫项目仍需保持投入的连贯性，后续扶贫资金能否规范使用，是否及时到位，扶贫资金管理是否规范，是否执行了公开、公示制度，监管体系是否完善等，这些都影响到后续扶贫资金的使用效果，也关系到低收入脱贫人口能否持续享受到政府的优惠政策和扶持。因此，扶贫资金使用情况对于脱贫人口返贫也具有重要的影响。表6-22为扶贫资金使用规范预警标准。

表6-22 扶贫资金使用规范预警标准

扶贫资金使用规范	十分规范	比较规范	一般规范	不太规范	很不规范
警度划分	无警	轻度	中度	高度	重度

帮扶措施是否科学有效。对脱贫人口后续的帮扶措施是否科学有效，是否符合当地实际情况，是否能因地制宜地为低收入脱贫人口制定有针对性的增收

措施，根据不同区域的自然条件、基础设施情况以及产业发展基础，有选择性地扶持脱贫人口发展特色种养殖业，重视长期帮扶效果，因此，帮扶措施是否具有科学性也是影响脱贫人口返贫的重要指标。表6-23为扶贫措施科学有效性预警标准。

表6-23　扶贫措施科学有效性预警标准

扶贫措施是否科学有效	十分规范	比较规范	一般规范	不太规范	很不规范
警度划分	无警	轻度	中度	高度	重度

6.3　返贫预警机制的构建

返贫预警机制主要指的是实时监测已脱贫人口的生产生活状况，监测已脱贫人口家庭的相关指标。若监测中发现某些脱贫人口有返贫征兆，则应当及时根据该脱贫家庭的实际情况采取应对措施，阻断脱贫人口返贫。返贫预警机制主要包括返贫预警系统构建、返贫预警警度的确定和返贫预警干预手段分析三个方面的内容。在明确了返贫指标体系以后，就需要从实际情况出发设计返贫预警机制，并利用指标体系为返贫预警工作的实施提供重要指导。在设计返贫预警机制时，需要首先明确返贫预警准则和警度，随后需要明确返贫预警评价的步骤以及方法，在确定了上述一系列内容后就可以选取合适的评价对象完成评价活动。

6.3.1　返贫预警系统构建

西部民族地区应构建基于大数据的返贫预警系统，该系统应至少包括如下几个模块，数据收集和分析模块、警源和警度确定模块、干预措施选择模块以及日常监测模块。一是数据收集和分析模块中，将基于大数据平台收集脱贫户的后期生产生活数据进行分析与处理，识别出现异常的指标，并对这些指标进行综合评价，确定警兆，找出达到预警线的脱贫人口。二是警源和警度确定模块中，根据前一个模块获得的数据对其进行评估，若无警则继续进行日常监测，若有警则明确其警源，找出是由于哪种原因造成的返贫预警，并区分其具体警度，将可能引起返贫的指标体系根据不同的严重程度划分为无警、轻度预警、中度预警、高度预警和重度预警等不同的警度，从而可以判断脱贫农户因指标可能引起的返贫概率的大小，根据其警度发出不同的预警信号。三是干预措施选择模块中，则需要根据警源和警度来选择恰当的返贫阻断措施，并对在贫困线附近徘徊的脱贫户，采取有针对性的预防措施。四是日常监测模块中，判断脱贫户的警度，若采取措施后警报解除，则干预有效；若采取措施以后仍未解除警报，则应当采取长期性的干预，并对后续措施进行考核评价。

返贫预警系统各模块之间应高度协调，统筹监测和评估各类信息，并根据信息评判结果采取相应的应对措施，确保返贫预警机制运行良好，进而有效防止发生返贫现象。

6.3.2 返贫预警警度的确定

预警工作的主要目的是能够对返贫程度进行合理的测量，达到预报警度的目的。目前国内外学者关于预警警度的分析已经有了丰富的研究成果，例如，气象灾害预警划分从低到高划分为蓝黄橙红等 4 个等级。本书在参照天气预警和城市公共危机预警警度的划分，本书也将返贫预警警度划分为：无预警（Ⅰ）、轻度预警（Ⅱ）、重度预警（Ⅲ）、高度预警（Ⅳ）、重度预警（Ⅴ）这 5 个层级。

无预警（Ⅰ级）：基本不会发生返贫情况，脱贫户在成功脱离贫困以后，目前已经进入了稳定发展阶段。

轻度预警（Ⅱ级）：有轻微的返贫可能，此时的返贫概率较低。

中度预警（Ⅲ级）：有了返贫征兆，且脱贫户的经济水平在持续恶化，返贫概率逐渐升高。

高度预警（Ⅳ级）：预计可能出现返贫，并且脱贫户的返贫可能性较高，事态正在逐渐恶化。

重度预警（Ⅴ级）：已经到了返贫边缘，且无法采取行之有效的方式遏制事态的恶化，脱贫户随时会返回贫困。

6.3.3 返贫预警干预手段分析

对于不同的返贫预警级别，西部民族地区需要采取不同的返贫预警干预手段。

无预警状态。基本不会发生返贫情况，脱贫户在成功脱离贫困以后，目前已经进入了稳定发展阶段。即使处于无警状态，相关部门也必须保持高度的警惕，对脱贫户的后续发展进行定期监测，提前预防有可能发生的危机。

轻度预警。有轻微的返贫可能，此时的返贫概率较低。此时的脱贫户仍然处于相对安全阶段，通过构建完善的返贫干预措施，可以帮助政府相关部门有效降低返贫可能性。政府部门需要根据科学的评定等级和预防方案，有效评估脱贫户的返贫风险，并根据其评估结果做好反馈工作。同时还需要加大返贫预防工作的宣传力度，要求社会各界力量都充分参与到预防返贫相关知识的普及与宣传工作中。

中度预警。有了返贫征兆，且脱贫户的经济水平在持续恶化，返贫概率逐渐升高。中度预警阶段中，政府和相关管理部门必须尽快识别返贫前兆，找到有可能导致发生返贫现象的影响因素，并根据其分析结果采取恰当的预防措施，尽可能阻断返贫的发生。

高度预警。脱贫户预计可能出现返贫，并且脱贫户的返贫可能性较高，事态正在逐渐恶化。需要政府相关部门必须针对脱贫户的后续发展进行严格的监控，识别警兆和警源，避免事态进一步恶化，政府部门必须从根源上对返贫现象进行预防和防治，加大力度消除警兆和警源。

重度预警。脱贫户已经到了返贫边缘，且难以采取有效的方式遏制事态的恶化，脱贫户随时会返回贫困。政府此时必须制定并实施高度预警应急方案。首先，需要解决脱贫户的物资问题，确保脱贫户的基本生活问题和温饱问题得到解决；其次，根据脱贫户有可能返贫的原因进行针对性治理，尽可能消除预警，避免脱贫户返贫。

由此，西部民族地区可以通过构建返贫预警系统，确定返贫预警警度，再结合返贫预警指标体系，根据不同的返贫诱因和预警警度，制定可能的返贫预警干预手段措施，从而达到进行日常返贫监测，在发现风险时进行预警，并采取有针对性的返贫阻断措施。

6.4　本章小结

本章首先从脱贫户导向、资源环境导向和制度政策导向三方面提出了西部民族地区脱贫人口返贫阻断机制，其中脱贫户导向返贫阻断机制包括健康机制、能力机制和观念机制；资源环境导向型阻断机制包括生态移民机制、生态补偿机制和灾害治理机制；制度政策导向型返贫阻断机制包括政策机制、供给机制和监督机制。然后，根据不同的返贫诱因，本章提出了西部民族地区返贫预警指标体系，并在此基础上，从返贫预警系统构建、返贫预警警度的确定、返贫预警干预手段三个方面分析了西部民族地区返贫预警机制的构建。

7 西部民族地区脱贫人口返贫抑制的对策建议

致贫因素和返贫因素存在一定共性，如果无法及时消除致贫因素，就有可能会引发返贫问题。因此，西部民族地区必须从全局出发，对返贫现象进行综合性分析以及科学规划，建立可持续的长效机制。降低甚至消除返贫风险，是获得理想扶贫效果的关键，精准扶贫收官后，西部民族地区后续扶贫工作必须做到科学规划和因地制宜，才能确保各项脱贫政策可以落到实处，帮助贫困户实现脱贫而不返贫。

7.1 建立返贫动态监测机制

7.1.1 建立完善的信息跟踪监测机制

建立完善的信息跟踪监测机制，确保能够对贫困户和已脱贫户收入、消费等情况变动做到真实的信息登记。建立返贫预警监测中心，西部民族地区需要跟踪调查收入水平在贫困线附近的脱贫农户的生产状况和生活状况，了解已脱贫家庭目前所从事的具体产业或副业，找到有可能导致这些已脱贫农户返贫的潜在因素，采取恰当的后续帮扶措施，再通过信息自动比对、返贫户个人申报、由帮扶责任人对返贫户进行跟踪调查等手段，了解脱贫人口的后续发展情况，充分掌握返贫农户发展情况。及时将滑入贫困线标准以下的人口纳入建档立卡人口中，针对这部分人口的实际情况采取有针对性的扶贫措施，坚决防止大规模返贫现象的发生。面对孤寡老人、残疾人和重疾患者等特殊贫困群体，原则上采取一帮一扶的扶贫方式，做到对扶贫对象的精准管理。通过信息的跟踪监测，确保能够对脱贫人口进行持续性的针对性帮扶，进而避免脱贫人口因缺乏可持续发展能力而再次返回贫困。

7.1.2　建立返贫风险定期评估机制

2020年精准扶贫收官后，在当前的扶贫工作中，最重要的任务就是预防已脱贫农户返贫，这已经成为决定扶贫效果的关键。首先，加强返贫预警工作的前提就是建立返贫阻断长效机制，要求西部民族地区村干部或扶贫干部必须就返贫风险做好预警工作，建立完善的信息预警汇总机制。其次，提前识别有可能对贫困户生产生活造成影响的因素，并针对这些因素做好风险评估和防范，借助互联网和大数据等新工具，及时对这些风险信息进行整理和反馈，加强扶贫工作人员和贫困户之间的信息沟通。最后，在充分了解了贫困户的致贫原因以后，需要对贫困户的发展状况，如健康、收入、消费等状况进行定期评估，尤其要注意孤寡老人、残障人士和长期重疾患者等在内的特殊贫困群体，避免这部分群体在脱贫后因病返贫。逐村逐组逐户逐人，收集、整理与核对贫困地区贫困人口的信息，及时根据新增贫困户和返贫户采取恰当的帮扶措施，实行"一周一调研、一月一小结、一季一调整、一年一总结"模式，有效防止其"刚越线，又返贫"现象的发生。

西部民族地区地方政府在开展扶贫工作时，不应墨守成规，而是应当从群众的需求出发来制定和实施返贫预警机制，确保可以从源头出发解决脱贫农户遇到的新问题，根据贫困户的不同致贫原因，采取恰当的帮扶救助措施，一方面可以提高贫困家庭抗返贫风险的能力，另一方面也有助于推动贫困家庭脱贫后的持续性发展。

7.1.3　建立防范灾害风险预警机制

在开展扶贫工作时，也应当充分注重保护当地的生态环境，确保贫困地区贫困家庭在脱贫攻坚战中，拥有抵御自然灾害的能力，避免贫困家庭因为自然灾害返贫。首先，应当加大西部民族地区基础设施的建设，尤其应当尽快完善农田水利基础设施，可切实提高西部民族地区农村贫困家庭的农业生产力，帮助其增产增收；其次，应加强和水利部门、环保部门、农科所、气象部门等相关部门之间的协作，通过通力配合构建完善的自然灾害预防监测预警体系，可避免贫困家庭的生产生活受到气象灾害、洪涝灾害等自然灾害的影响；最后，可以成立专项工作组和财政专项资金，确保不会在抵御自然灾害的过程中出现资金问题，能够层层落实各项自然灾害抵御措施。

7.1.4 推动项目资金大数据管理机制

西部民族地区应当构建严格的大数据管理机制，对扶贫专项资金的使用进行审核，使每一笔扶贫专项资金都能够用在刀刃上，做到用途明确和使用规范，确保可以追溯和跟踪管控每一笔专项资金，将"村账乡管"管理体制的作用充分发挥出来。帮扶单位可以就扶贫资金的使用情况进行严格的相互监督，并构建完善的扶贫资金使用评价管理体系，确保每一笔扶贫专项资金都能够发挥作用，使贫困户能够在真正意义上得到扶贫专项资金的帮助。被帮扶单位在获得扶贫项目专项资金以后，需要向帮扶单位主动汇报其项目进展和资金使用情况，帮扶单位和被帮扶单位在帮扶工作中都必须保证其工作状态的透明性和公开性。另外，帮扶单位和乡镇政府必须对贫困村的扶贫资金使用情况进行严格的监管，从而做到对资金流向的严格把控，避免扶贫资金在使用过程中出现占用或流失的情况，从而将扶贫资金的效果充分发挥出来。可构建完善的扶贫项目资金管理预警机制，做到对扶贫项目资金的统筹监管，避免因流通环节过多而导致扶贫资金流失。

7.2 激活群众内生动力机制

只有提高贫困地区贫困群众自我发展的内生动力，才能提升脱贫人口的可持续增收的能力。因此，要想防止脱贫人口返贫，还需要激发贫困人口的内生动力，使其能够积极主动地自发脱贫。

7.2.1 优化宣传教育引导机制

首先，加强脱贫人口的思想再教育。目前社会各界都已经充分意识到扶贫工作的首要工作是扶志，但目前关于脱贫人口的思想再教育和道德教化仍处于起步阶段，未来必须在后续扶贫工作中充分激发脱贫人口的内生动力以及自我发展能力，才能帮助其在脱贫后积极努力地工作和生活。这就要求西部民族地区必须帮助脱贫人口树立科学的消费理念，加强脱贫人口再教育，才能从思想层面上有效避免脱贫人口返贫。

其次，形象生动的宣传扶贫效果，有助于增强脱贫人口增收的信心。一方面，可以让一部分脱贫人口先富起来，让这部分人带动其他人，共同努力发家致富。先富起来的人可以作为脱贫典型，通过对这部分典型经验和典型人物的宣传与推广，使全社会都能够充分感受到国家扶贫的决心与毅力，并能够通过宣传工作营造自负光荣和脱贫光荣的社会范围。另一方面，可以对脱贫后增收明显的群众给予一定的奖励，使其余低收入人群也能够在奖励的激励之下努力增收，争取不返贫。推进农村移风易俗，彻底消除西部民族地区农村贫困人口的等靠要思想，破除陈规陋习，避免落后的思想和观念阻碍农村贫困群众脱贫致富。

最后，可通过在西部民族地区本地媒体开设专栏的方式宣传国家的产业扶贫政策，这里的本地媒体主要包括乡村广播室、文化活动室、乡村文化广场等，贫困地区的贫困群众通过本地媒体充分了解了国家的产业扶贫政策以后，才能拥有良好的脱贫致富信息。乡镇政府还应当构建完善的信息交换机制和宣传协调机制，鼓励地方媒体就扶贫后续工作的开展情况进行舆论监督，找到地方扶贫后续工作中存在的一系列问题。

7.2.2 健全返贫抑制的激励机制

"扶贫不扶懒"是提升扶贫有效性的重要激励机制，只有避免贫困人口在脱贫工作中过度依赖政府，才能避免扶贫资金的浪费，以及扶贫干部在扶贫开发工作中做的大量无用功。例如，西部民族地区在针对低收入脱贫家庭发放物资或资金时，应当根据脱贫家庭的发展意愿、勤劳程度和过去的扶贫效果来分配物资和资金，不应当在扶贫资金的发放过程中过度追求平等。扶贫工作人员应当引导脱贫家庭改变传统落后的思想观念，彻底摒弃等靠要思想，能够在政府的引导之下积极努力的工作，靠自身的勤劳发家致富。地方政府也应当建立促进返贫抑制的激励机制，从而激发脱贫农户的内生动力和自我发展能力，能够促使其在后续发展过程中提升自身的可持续生计，避免再次返贫。在后续扶贫过程中，应当调动低收入脱贫人口在发家致富方面的积极性和主动性，使其能够在主观上产生脱贫致富的信心和意识，并能够做到独立致富，愿意在政府相关部门的帮助之下，通过自己的努力改变贫穷落后的命运。

7.2.3 创新人才培育机制

"治贫先治愚"，低收入脱贫人口本身缺乏良好的就业和创业能力，是他们无法发家致富的主要原因。西部民族地区脱贫人口必须改变其传统落后的思想观念，且通过参加培训和提升教育水平的方式，提高自身的就业和创业能力，才能在真正意义上依靠自身的努力发家致富。因此，未来西部民族地区各级地方政府必须进一步加强对脱贫人口的技术指导，避免技术人员离开脱贫地区后，脱贫人口又立即返贫。还应当为脱贫人口提供更多技能培训的渠道和就业渠道，确保脱贫农户的家庭成员可以掌握一门发家致富的技术，提升自我发展能力。各地政府还应当加强培训项目和培训资源的合理调控，做到靶向精准培训，有针对性地提高低收入脱贫人口的技能。

首先，加强技术教育培训。根据西部民族地区贫困地区乡村的不同特征，可以有针对性地开展就业技能技术培训，确保脱贫人口可以通过培训来提高自身的就业技能，实现自我积累和自我发展。各级地方政府部门应当制定各项补贴政策和优惠政策，在农村职业教育培训活动中引入更多的民间培训机构，可以有效降低农村脱贫人口的培训费用，同时使其享受到最优质的师资培训。加强各部门培训资源的合理整合，应当从贫困地区的特色产业以及就业市场需求出发，对贫困地区脱贫人口展开专业且因地制宜的技术培训，尤其是面向低收入脱贫人口，可以根据其在就业市场中所欠缺的能力和技术展开针对性培训。

其次，强化科技和人才支持。科学技术是第一生产力，在后续巩固脱贫成果的过程中，西部民族地区应加强育种技术的推广与普及，提升产业扶贫的效果。地方政府部门必须有机结合技术人员和区域脱贫人口需求，才能确保广大的脱贫农户可以掌握更先进的种植技术，以此来提高其产量和收入。加强农村劳动力转移技能培训和扶贫创业致富带头人培训，一方面可以培养出更多有技术、文化和综合素养的新型农民，另一方面又可以通过培育一批乡村技术带头人和致富能手，发挥模范带头作用，使低收入脱贫人口能够在新型农民的带领之下，共同发家致富。另外，还应当建立以技术研发和技术推广为基础的产业研发基地，确保技术能够做到进村到户，将科技成果切实运用在实际的产业发展过程中。

7.2.4 激发脱贫人口的主观能动性

西部民族地区必须对过去的贫困人口帮扶方式做出一定的调整，制定更多具有激励和带动作用的政策措施，确保在后续扶贫项目中，脱贫人口能够积极主动地参与其中。可以通过以工代赈、生产奖补、劳务补助等方式替代原有的扶贫物资和慰问金的直接发放帮扶方式，确保扶贫项目、扶贫资源和运行机制可以真正贴合脱贫人口的利益诉求和发展意愿，使得被帮扶群体能够和帮扶组织之间形成可持续性的利益共同体，也有利于增强脱贫人口发展的主动性。

确保贫困人口能够在脱贫后后续扶贫项目的实施过程中充分发挥主观能动性，引导其积极参与扶贫项目的设计、实施和操作，激发其脱贫致富的主动性和能动性。当脱贫人口本身有产业发展意愿时，应当鼓励这部分脱贫农户自主创业西部民族地区政府应当采取针对性的产业帮扶措施，帮助其在创业中增加收入。通过劳务补助或生产奖补等方式，可以提高脱贫农户的内生动力，使其在生产经营活动中能够体现主观能动性。当脱贫农户本身欠缺劳动力时，可以通过土地流转、入股分红或者托管帮扶等方式，提高这部分脱贫农户的收入水平。同时鼓励西部民族地区脱贫人口中高收入的居民就本地的帮扶工作提出建议，这部分群众本身拥有十分丰富的实践经验，能够提出更切合于当地实际情况的建议，将更有利于当地后续扶贫工作的顺利开展。

7.3　建立产业发展长效机制

7.3.1　建立利益联结机制

产业扶贫的真正目的是帮助贫困群众增产增收，因此，只有广大低收入脱贫人口真正参与到产业扶贫中，才能获得可持续性的扶贫效果。因此，要从县域或乡镇出发找准扶贫企业产业覆盖脱贫人口的基础；同时，要加强企业和产业扶贫人口之间的联系，构建多元化的产业扶贫机制，推动新型农业发展。从西部民族地区的农村经济发展出发，推动当地特色产业发展，确保能够吸引更多脱贫农户的参与扶贫产业项目，一方面可以将产业扶贫的效果充分发挥出来，另一方面又可以帮助低收入脱贫人口增产增收。可以采取"领头企业+扶贫厂房+脱贫人口"模式、"扶贫小组+村级集体经济合作社+脱贫人口"模式，使得脱贫农户能够在扶贫小组或龙头企业的带领之下积极主动参与产业生产，在扶贫产业链中找到自己的角色和定位。如果脱贫农户无法稳定地增产增收，则应当就扶贫协议做出合理的调整，改变政府部门的扶持方向；如果脱贫农户参与的积极性较高，则可以针对这部分脱贫农户的实际情况采取针对性的产业帮扶政策，以便于帮助脱贫人口就业增收；如果脱贫人口本身并无劳动力，则可以通过入股分红的方式为脱贫农户带来收入；如果原来贫困地区本身生态条件和生产条件较为恶劣，缺乏丰富的自然资源，在开展产业扶贫政策时，就应当做到因地制宜，确保产业扶贫措施能够全面覆盖整个贫困村。可以由企业或合作社共同参与到扶贫产业的发展进程中，确保各方建立利益联结机制，消除低收入脱贫农户的贫困意识，使其意识到通过自身的能力发家致富的重要性，并在扶贫产业发展进程中获得幸福感和获得感。

7.3.2 深化产业融合发展模式

加速西部民族地区新经济和新产业模式的发展，实现产业融合，让扶贫产业能够将贫困地区的生产活力充分展现出来。在推动贫困地区产业发展时，需要从当地产业特色出发，推动乡村旅游业、加工制造业或者商业农业的发展。推动传统农村产业发展，如可以实现种植业、畜牧业和养殖业等与第二产业和第三产业的融合发展，实现第一产业产品的精深加工。农业的现代化发展与生产销售，将有利于西部民族贫困地区经济的长远发展。因此，各级地方政府可鼓励发展种养殖合作社，形成可发挥模范带头作用的种养殖大户。还需要进一步深化农业产业链，在实现了种养殖产业的规模化发展以后，还可以培育和引进农产品加工项目，切实提高农产品的市场价值，降低流通成本。农副产品加工业的发展，可切实提高农产品的附加值，同时提高低收入脱贫农户的市场风险抵御能力，使其在长期的脱贫致富攻坚战中，能够产生内生动力。还可以通过鼓励电商平台和脱贫农户之间的合作，开展助农产业，加速电商和农业的深度融合发展。

7.3.3 培育特色扶贫支柱产业

产业发展需要关注两方面内容，一方面需要确保能够在短期内推动产业发展，另一方面需要从长远出发，确保脱贫人口可以在产业项目的长远发展中持续性的增加收入。因此，需要基于现有的"种植、养殖、加工、电商"业态，培养出规模更大的企业，进一步延长产业链，从而将扶贫支柱产业的带贫效果充分发挥出来。

第一，科学谋划产业。特色产业发展需要做到因地制宜和模式创新，必须坚持从市场的角度出发选准特色产业，才能将特色产业的优势以及扶贫效果充分发挥出来，实现广大脱贫人口持续性的增收。因此，应当在西部民族贫困地区引入更多具有良好品牌和市场效应的龙头企业，地方政府可以为这部分龙头企业提供税收、资金和政策支持，通过这部分龙头企业带动脱贫人口发家致富。产业龙头企业进驻贫困地区，可以由当地行业技术协会为龙头企业和农户提供资金和技术支持，鼓励与当地农村专业合作社合作，由合作社负责龙头企业和脱贫人口之间的对接，一方面可以为龙头企业提供物美价廉的原材料，另一方面又可以解决脱贫人口的农产品销售问题。建立严格的管理制度，确保扶贫企业、扶贫车间、专业合作组织以及产业扶贫示范基地能够全面覆盖贫困地区的脱贫人口。

第二，选择特色主导产业。将资金、技术以及人才等资源充分整合起来，推动西部民族地区不同区域核心农业特色产业发展，帮助脱贫人口提高其收入，同时避免脱贫边缘人口再次返贫。在推动特色主导产业发展时，应当坚持以市场为导向，从当地的实际情况和资源禀赋出发，因地制宜地发展主导产业，针对每一个低收入脱贫人口的实际情况，采取针对性的产业扶持。采取园区、企业、大户带动和脱贫农户自主发展产业的"三带一自"等模式，确保产业扶贫能够全面覆盖所有的低收入脱贫人口。

第三，增强风险抵御能力。西部民族地区各级地方政府应帮助各贫困村脱贫农户清晰地了解市场和适应市场，充分掌握市场风险，做好风险评估、风险防范和风险抵御。帮助专业合作社进行标准化生产，实现农产品物流园区、仓储物流设施、农产品批发市场的升级与改造。构建完善的农副产品购销网络，实现农户和超市之间的农产品对接，政府部门可以为农超对接提供政策支持，鼓励金融机构为农超对接提供信贷服务。加强农村资源、资产和资金的盘查，可以盘活贫困地区脱贫农户的生产潜能，使得脱贫农户能够直接在就业或创业中获得稳定的分红与收入。加强风险防范，构建多元化的风险分担机制，确保每一个贫困村或每一个脱贫农户都可以根据自身的实际情况选择恰当的风险防范方法。创新保险扶贫模式，为贫困地区的脱贫人口提供精准的保险服务，切实满足脱贫人口的产业发展需要。

7.3.4 发展区域生态产业

要想彻底改变西部民族地区贫困农村的面貌，不仅要加速建设与完善当地的基础设施，为广大人民群众创造良好的外部生存环境，还要通过教育与培训的方式提高人口素质，使其能够依托于现代科学技术发展生态产业。第一，提高脱贫人口对于生产环境问题的科学认知。西部民族地区各级政府部门，必须深刻意识到保护生态环境的重要性以及紧迫性，要加强对老百姓的宣传和教育，使老百姓充分意识到乱砍滥伐只会破坏自己赖以为生的生存家园，在破坏了生态环境以后，很可能再次陷入贫困。第二，坚持植树造林，扩大森林覆盖面，有效解决草原鼠虫害问题，加强西部民族贫困地区草场沙漠化的治理。对于已经不适宜耕种的土地，可以实施退耕还林政策，以进一步扩大森林和草地的面积，各级地方政府应投入更多的资金和资源治理鼠害和草原沙化问题，并加大对水源涵养区和江河上游生态环境的保护力度，推动贫困地区的可持续发展。第三，生态产业扶贫。西部民族地区应通过调整与优化产业结构的方式，加强贫困区域各项资源的整合，以提高贫困地区的产业发展效率，实现产业从传统的高能耗、高污染向生态化的高质量发展的转型。建立以市场为导向的生态产业，有效协调保护生态环境与产业发展的关系，在贫困地区大力发展生态农业、生态旅游业、生物资源开发产业等，从生态产业的角度出发，为脱贫人口找到脱贫致富的方向。生态产业扶贫有助于经济效益和生态效益的高度统一，能针对当前的自然资源、人力资源和物质资源进行合理的优化配置，推进当地产业的规模化发展，有助于解决因生态原因造成的返贫问题。

7.4 建立风险防控社会保障机制

在返贫治理的制度化建设过程中，政府应构建防止返贫的风险防控社会保障机制，确保可以持续地防范返贫风险。

7.4.1 完善社会救助体系建设

7.4.1.1 最低生活保障

为特殊贫困人口提供最低生活保障是有效解决温饱问题和防止返贫的重要途径之一。因此，我国西部民族地区需要尽快构建完善的社会保障体系，包括社会保险、社会救助和社会福利制度，确保可以从多个角度出发解决特殊贫困人口的基本温饱问题。解决最低生活保障的主要对象是残疾人、贫困老人和重疾病患者等特殊困难对象，国家需要针对这部分困难特殊群体采取针对性的保障性扶贫措施。例如，构建兜底保障制度，包括低保制度、福利保障、临时救助、特困保障和灾害救助等，确保特殊贫困人口能够在得到了国家的兜底保障以后，基本生活无碍。针对特殊贫困人口中的留守儿童或老年人，应当构建完善的关爱服务体系。面对已经脱贫的贫困对象，应当进一步强调后续政策，进而有效避免返贫问题的出现。

7.4.1.2 提升整体供养水平

当西部民族地区农村特困人口将处于失能或半失能情况时，相关部门应当为这部分群体优先提供集中的供养服务，必要情况下可以提高供养标准。可以为西部民族地区深度贫困人口提供分散供养服务，因此，需要构建完善的分散供养托管机制，以确保可以为深度贫困人口提供良好的服务。按照"一户一策、一人一法"原则，根据贫困人口的实际需求和实际情况，采取恰当的供养机制，做到"困有所养、应养尽养"。加大力度升级和改造敬老院，做好敬老院的美化和绿化工作，构建完善的供养体系。每一个供养院都应当配备一名具有良好组织协调能力的院长，院长必须具备良好的责任心、爱心和耐心，能够完成供养院的日常管理工作。构建完善的管理制度，确保供养院的日常管理工作能够落到实处，困难老人可以在供养院得到优质和高效的服务。组织更多医院为有特殊需要的残疾人提供综合保健服务，包括住院、护理和生活服务等，县财政可以考虑为非医疗或护理机构接收的残疾人员提供一次性补贴。

7.4.2　健全健康帮扶机制

近几年，在众多的返贫人口中，西部民族地区因病返贫的现象越来越普遍。由于治疗各类重疾病，老百姓难以承受高昂的医疗费用，再次陷入贫困的较多。为了解决因病返贫问题，打破恶性循环，一方面相关部门需要有效控制西部民族地区的医疗费用，另一方面需要提高西部民族地区的医疗救助水平，从两个层面出发，有效遏制因病返贫现象的出现。

7.4.2.1　加快普及农村基础公共卫生服务

西部民族地区应提升基本公共卫生服务均等化水平，尤其应当尽快推进农村地区的基础公共卫生服务，这是未来西部民族地区公共卫生领域必须长期坚持的一项工作。相比较而言，西部民族地区城市拥有较为畅通的信息流通，充足的医疗机构，再加上城市往往更容易得到政府的政策补助，农村的公共卫生普及率明显低于城镇，城镇中的居民更容易享受到基础公共卫生服务。作为农村人口中的一部分，在缺乏完善的农村基础和公共卫生服务的情况下，农村脱贫人口无法及时就医和免费体检等服务，这也就导致农村脱贫人口更容易出现重大疾病。因此，西部民族地区迫切需要尽快普及农村公共卫生服务。

首先，加大力度宣传基础公共卫生服务。西部民族地区农村居民本身交通闭塞，信息封闭，能了解和听说惠民政策的途径较少，难以及时掌握政府惠民政策的具体内容。在我国公共卫生服务项目中，有大量的为新生儿、重度精神疾病患者、糖尿病和高血压患者以及65岁以上老人提供的免费体检和上门服务等，但西部民族地区农村脱贫人口大部分并不了解国家所出台的各项惠民政策，不清楚这些免费的卫生服务，再加上相关部门和医院并未针对这些惠民政策进行大力宣传，农村脱贫人口在不清楚惠民政策的情况下，也无法享受这些免费服务。因此，仅仅依靠人传人，并不能真正达到宣传目的，未来医疗机构、党政机关和村级干部还需要借助新旧媒体，通过发放传单、召开社区大会或者广播电视等方式，加大宣传力度，扩大宣传范围，尤其是针对贫困地区，应当确保其宣传内容进村到户，确保每一个家庭都充分了解国家的各项政策内容，从而使贫困群众也真正有公平享受公共权力的机会。

其次，有机结合农户"走进去"与医生"走出来"。农户"走进去"主要指的是农户积极主动到院就医，医生"走出来"主要指的是医护人员定期或不定期为农户提供上门服务。目前社会公众已经普遍接受了入院就医的方式，因此医生下乡服务的方式还有待进一步发展和推广。西部民族地区的农村贫困地区本身地处偏远，农民群众的就医便捷度较低，只有在真正得了大病以后，才会选择在村卫生室或卫生站就医，很少有农村居民在平时进行健康检查、享受过基础的卫生服务。因此，西部民族地区县级医院和乡镇医院必须做到定期或不定期的下乡服务，且应当尤为注重为贫困地区提供免费的医疗服务，这不仅能够充分体现我国为人民服务的宗旨，又能确保偏远地区的低收入脱贫人口可以免费享受我国供给的公共卫生服务。

最后，逐步推进"家庭医生"试点工作。发达国家很早就开始实施家庭医生制度，而我国上海、北京和四川等地也开展了家庭医生试点工作，目前城镇地区居民对家庭医生制度给出了一致好评。尽管农村贫困地区还没有实施家庭医生的具体条件，但村卫生室和卫生站的医护人员可以承担家庭医生的角色，为当地的贫困群众提供"家庭医生"服务。

7.4.2.2 提高"大病救助"水平

大病救助制度可以解决重疾病患者的医疗问题，避免其因病致贫，是一项有利于社会稳定和谐发展的农村基本医疗保障制度。大病救助制度的主要援助对象是低保户或五保户，这部分群体本身家庭经济较为困难，一旦有家庭成员罹患重大疾病，就有可能会因病致贫或因病返贫。即使脱贫农户家庭参加了新农合，但由于新农合的报销范围较窄，且检查护理费又不予报销，导致农村贫困家庭能够获得的报销费用较少，仍然可能因为罹患重大疾病而返回贫困。我国当前的大病救助制度只能减轻大病患者的负担，还并未真正意义上发挥救助效果。未来有必要提高大病救助水平，避免脱贫人口在医疗费用持续上涨的情况下因病返贫。

目前，政府部门是我国农村大病救助的主要资金供给者，各级民政部门会根据当地实际情况发放农村大病救助资金。只有提高了大病救助的筹资水平，才能在真正意义上提高西部民族地区的大病救助水平，这就要求各级政府部门必须采取多元化的筹资机制，吸收社会资金，以便提高大病救助的专项金额。政府在制定"大病救助额"时，需要根据农村居民的收入水平、医疗费用和物价的变动情况进行合理调整。另外，在关于农村脱贫人口的大病救助时，需要有机结合普遍性脱贫人口和特殊性脱贫人口的情况，应当将更多的政策和资金向低收入或返贫边缘户脱贫人口倾斜，以便于从整体上提高西部民族地区的大病救助水平。

7.4.3　科学设计防返贫教育救助机制

教育救助代表着国家和社会对困难学生的帮扶，一方面包括政府减免中小学生的教育费用，为大学生提供助学贷款，另一方面也包括民间社会组织对困难学生的资金援助。教育救助制度的实施可以减轻我国贫困家庭的教育负担。近年来，我国面对贫困家庭学生采取的"两免一补"政策已经发挥了重要的作用，贫困家庭的教育负担得到了极大的缓解。但中高等教育的庞大支出仍然是我国脱贫人口教育返贫的主要原因。为了打破教育恶性循环，未来我国还必须完善非义务教育阶段的教育救助制度。

7.4.4.1　加强教育救助的制度化建设

我国在中高等教育阶段采取了临时性教育救助，目前还并未针对非义务教育阶段制定针对性的教育救助制度，未能对这个阶段的教育救助工作进行约束和规范。已有的《国务院关于建立健全普通本科高校高等职业学校和中等职业学校家庭经济困难学生资助政策体系的意见》与《普通高中国家助学金管理暂行办法》两项指导意见，细化了奖助学金的发放要求，但只是原则性提出了资助政策的实施方法，还缺乏进一步的细化措施。因此，作为教育救助的主要责任人，未来西部民族地区各级地方政府部门需要加强教育救助制度的建设，制定完善的政策措施和细则，对教育救助制度的实施加以规范。首先，明确教育救助制度的实施方案，在方案内应当明确教育救助制度的主要责任人以及救助对象，明确教育救助资金的筹集方式以及监管机制；其次，明确实施教育救助制度的具体方案，包括救助流程、救助时间、救助条件、救助内容、救助标准等；最后，建立教育救助工作的反馈机制和考评机制，以确保教育救助工作落到实处，发挥真正的救助效果。

政府部门在教育救助制度的建设过程中应承担主要责任，为保证可以顺利推行教育救助制度，政府相关部门应从实际情况出发，制定完善的政策措施。政府不仅需要制定教育救助制度的实施细则，在细则内需要阐明教育救助的条件、标准和流程，同时还需要制定完善的政策制度，明确教育救助的实施主体、筹资方案、监督机制和主要责任人。因此，西部民族地区政府部门需要构建完善的反馈机制和评估机制，确保教育救助制度可以发挥其应有的作用。同时做好排查摸底工作，这是由于公办学校和已审批的民办学校，是开展学生资助排查工作和上报工作的主体，在国家未能进行良好的政策宣传的情况下，部分学生一方面并不清楚自己是否满足申报的条件。另外，部分学生在未经审批的民办学校就读，往往无法享受国家的教育救助。这就要求西部民族地区各级地方政府部门必须对现有的教育救助工作思路加以调整，以村为单位进行排查报告，尤其是乡镇学校的教师应当开展走访活动，找到所有满足申报教育救助的适龄儿童，加强教育救助制度的宣传。如果学生就是中途辍学，则应当规劝学生家长引导学生返回学校；如果学生在本市就读，则应当及时为该名学生办理学籍，根据学生的实际情况发放救助资金；如果学生在外地就读，则应当由扶贫相关部门负责出具该名学生申请救助的相关证明（如符合申请条件），学生本人或家长可以直接向就读学校提出教育救助的申请，由市政府向其发放财政资金。

7.4.3.2　扩大教育救助受益范围

西部民族地区的政府和社会组织为贫困地区的贫困学生提供了多样化的教育救助，例如，政府就减免了中小学的教育费用，民间组织也会对学生的学杂费和生活费提供援助，大学生可以获得国家提供的免息贷款等，这些教育救助有利于减轻贫困家庭的教育负担。众所周知，教育救助可以解决贫困中的代际传递问题，有效提高贫困群众的就业技能和生存能力，改变贫困地区被边缘化的现状。

对于西部民族地区的贫困地区，只有加大教育扶贫力度，才能在真正意义上消除代际贫困传递，缩小农村贫困地区和城市之间的教育差距，确保低收入脱贫家庭的适龄儿童也能够接受教育，也可以有效避免西部民族地区脱贫人口再度返贫。虽然西部民族地区部分县中等职专和普通高中的学生每年可获得几千元不等国家助学金，但目前政府部门在大学教育救助方面还存在诸多问题，未来还需要进一步放宽助学贷款的名额，提高助学贷款的发放比例，以帮助农村低收入脱贫农户家庭学生能够顺利完成学业。另外，政府部门应当调整现有的部分不合理的资助政策和程序，如可以保持学籍系统和全国学生资助系统中的信息互换，如果低收入脱贫人口家庭学生在入学前期没有户籍和学籍，无法在全国学生资助系统中填报资料，提出享受助学资金的申请，则应当由地方政府尽快对接全国学生资助系统和学籍系统中的信息，加强这部分无法享受国家资助政策学生的排查摸底工作，确保每一位低收入脱贫农户家庭的学生都可以享受到国家的教育救助，防止其家庭因教育再次返贫。

7.4.4.3　加强教育救助资金投入，扩大受益范围

教育救助资金主要指的是面对中高等教育所提供的资金补助。目前西部民族地区的困难学生可获得每年 1 000 元以上的国家助学金，未来当地政府部门应当持续性实施这项助学政策，同时随着社会经济的发展，应当进一步提高国家助学金的补助标准，以便将教育救助的作用真正发挥出来。当地政府部门还

应当扩大大学教育的教育补助资金受益范围，确保每一位农村贫困家庭和低收入脱贫家庭的学生都能够通过国家助学金来完成学业。政府还应当增加奖学金的获奖名额，从以人为本的角度出发，为每一位贫困家庭学生提供绿色通道，确保贫困学生不会因资金问题而选择辍学。

7.4.4.4 建立社会教育救助平台

政府应当承担教育救助的主要责任，但社会参与也能够有效减轻政府的教育救助压力。目前我国的社会教育救助形式还较为单一，主要采取捐赠资金或物资的方式进行教育救助，也包括社会组织或社会人士的偶然救助。但这种出于临时随意性的教育救助，并不足以帮助更多的农村贫困学生，部分西部民族地区贫困农村的贫困学生处于求助无门的情况。因此，政府部门应当依托于自身的影响力和号召力，建立一个社会教育救助平台，实现救助者和被救助者之间的有效对接，依托政府部门来合理分配社会救助资源。

7.4.4.5 衔接"教育救助"与"就业救助"两项制度

许多贫困家庭的子女只能通过进入大学深造的方式来改变命运，甚至有不少农村贫困家庭不惜以借高利贷的方式解决子女读大学的费用问题，希望子女在毕业就业以后，可以帮助家庭摆脱贫困。但如果子女在毕业以后无法获得理想的工作，就意味着贫困家庭脱贫无望。为了解决低收入脱贫家庭子女就业问题，政府部门应当有效衔接教育救助和就业救助，帮助低收入脱贫家庭的学生顺利就业，进而防止脱贫农户再次陷入贫困，同时将教育救助的真正效果充分体现出来。

7.5 创新防止返贫工作机制

7.5.1 建立跟踪、评估、反馈机制

防止返贫是一项系统性工程，它要求各级政府部门必须长期持续性地投入人力、物力源和财力，这就要求政府必须建立后续扶贫和返贫抑制工作的跟踪机制、评估机制和反馈机制。在各项机制的运作过程中，必须细致全面地记录各项扶贫和返贫抑制工作，评估各种工作的成效，一旦在评估活动中发现该项扶贫或返贫抑制工作存在问题或没有显著效果，则应当对现有的资源整合方式以及扶贫方式做出合理的调整，以便提高扶贫效果和效率。

建立脱贫人口跟踪机制，针对已脱贫人口进行后续的跟踪调查，才能有效防止脱贫后返贫现象的出现。只有人们长期脱离贫困，并保持稳定的收入水

平，此时该脱贫人口才能在真正意义上脱离贫困。这就要求政府部门必须建立完善的脱贫人口跟踪机制，该项机制的贯彻落实也能避免扶贫工作中出现弄虚作假的数字脱贫现象，同时有利于政府相关部门充分掌握脱贫人口的具体信息，群众也可以通过这些信息加强对扶贫工作的监督。

7.5.2　规划到户，责任到人

西部民族地区地方政府和相关扶贫部门应根据本地的脱贫情况，实施"规划到户，责任到人"的后续扶贫工作方式，此项工作将瞄准低收入脱贫人口，做到对已脱贫人口开展全面排查，健全监测预警机制，加强对不稳定脱贫户、边缘户的动态监测。这种工作方式能够针对每一个脱贫农户家庭制定针对性的帮扶措施，并切实做到了整村推进。根据西部民族地区不同区域的自然资源、交通基础设施等条件，引导和鼓励当地脱贫人口进行不同的种植和养殖业生产，并积极参与到农产品加工等其他就近产业发展中，各级政府及相关技术部门也应为当地村民提供相应的技术支持，以便有效提高脱贫人口收入，防止返贫情况的进一步发展。

7.5.3　加大防返贫宣传

防止返贫宣传主要指的是宣传防止返贫的项目、培训政策和相关贷款措施。西部民族地区政府部门可依托于地方卫视、广播电视、宣传单或召开讲座等加强防止返贫工作的宣传。西部民族地区政府的防止返贫宣传应是一个长期的工程：首先，政府需要向贫困地区以及低收入脱贫人口及时有效地传达政府所制定的各项防止返贫和扶贫的政策，尤其是新政策；其次，政府应当对返贫政策进行反复宣传，在多次反复宣传过程中，可帮助群众充分了解政府的各项政策；最后，政府在宣传过程中，应当尽量采用通俗易懂的语言，而不是照搬照抄文件中的内容，以确保农村贫困地区的脱贫人口即使在受教育水平较低的情况下，仍然可以充分理解相关政策的内容，了解政策具体内容以及受益方法。另外，鉴于部分村干部的解答能力本身有限，各级扶贫办应当提供一个政策咨询平台，可以指派工作员定期在平台上为贫困地区的脱贫人口提供咨询服务，从而提高群众对于各项后续扶贫政策的知悉度，这也将有利于接下来返贫抑制相关工作的顺利开展。

7.6 构建多元参与防返贫机制

构建多元参与的防返贫机制，才能构建一个社会化的大扶贫格局，真正遏制返贫现象的出现，使社会各界力量都能够在扶贫工作中发挥应有的作用。因此，西部民族地区各级地方政府部门必须贯彻落实各项扶贫后续工作，构建完善的社会防返贫工作体系，确保公益组织、社会团体、爱心人士和志愿者都能够在巩固脱贫攻坚成果中发光发热。

7.6.1 健全多方协调机制

7.5.1.1 建立多部门协同机制

西部民族地区各级地方政府部门之间必须加强协同合作，提高政府的基层组织能力，确保可以贯彻落实后续脱贫工作中的各项政策。政府还需要加强各项后续扶贫工作以及政策的宣传。一方面可以确保广大脱贫人口充分了解政府的各项政策与方针，另一方面也可以确保政府可以精准地实施后续各项扶贫政策。另外，为进一步优化基层干部的学历和年龄结构，政府部门可以在基层组织中吸引更多的复员军人或者大学生，还需要重用拥有丰富工作经验且在贫困地区德高望重的干部，使这部分人都能够在贫困地区的后续返贫治理工作中发挥重要作用。政府还可以通过各项优惠政策和补贴政策，鼓励大学生或外出务工人员返乡创业就业，以便于推动家乡事业的发展。继续推进各种扶贫载体建设，可依托于社会化力量打造良好的扶贫品，在行动中将无党派人士、民主党派和工商联的作用充分展现出来。

7.5.1.2 建立扶贫主体间协同机制

只有确保社会各界力量都能够在巩固脱贫攻坚成果中发挥有效的作用，实现政府和社会组织之间的有机协调，才能真正提升扶贫效果。政府部门需要从宏观层面出发调整后续扶贫工作，一方面需要强化政府在后续扶贫工作中的主体责任，另一方面又需要督促各项后续扶贫政策的贯彻落实，合理规划和配置资源投入。从微观层面看，政府需要与市场经济主体建立深度的合作关系，依托双方之间的合作解决返贫抑制问题。例如，可以通过开展招商引资的方式为西部民族地区贫困农村引入更多的资金，以便于提升金融资本在后续扶贫工作的作用。

7.6.2 扩大扶贫参与主体

长期以来，西部民族地区政府在扶贫和防止返贫工作中都承担着主要责任，但政府资源本身存在局限性，只有扩大扶贫参与主体，将社会各界的资源与力量充分整合起来，才能获得更理想的巩固脱贫成果的效果。因此，政府应当进一步扩大扶贫参与主体，使基层政府能够更好地承担起防止返贫的责任，切实提高扶贫效率，提升脱贫效果。

7.5.2.1 吸引社会力量

在制定和实施后续扶贫和巩固脱贫政策时，如果能够引入社会力量的共同参与，使大众能够更容易地理解政府的各项扶贫活动，并愿意积极主动地参与到后续扶贫项目的实施过程，则有助于提高政府后续扶贫和防止返贫工作的效率。另外，社会组织本身具有较为简单的组织架构，其扶贫效率也较高，在扶贫和防返贫工作中，社会组织往往掌握着更多的信息，这些信息能够帮助社会组织更科学、高效地开展扶贫工作。

7.5.2.2 鼓励社会捐助

社会力量对因灾致贫的返贫人口提供一定的社会援助，有助于这部分群众尽快摆脱贫困。西部民族地区可以鼓励社会力量进行更多的教育捐助，由个人或组织为西部民族贫困地区的中小学校捐赠学习用品或资金，一方面可以解决贫困学生的上学资金问题，另一方面又可以带动西部民族贫困地区教育事业的可持续发展。社会救助相比于基层政府而言，拥有更加直接可观的教育扶贫效果，可在很大程度上解决因教返贫的问题。

7.5.2.3 建立村企共建长效机制

建立以工促农，以城带乡的长效机制，引导行业协会和企业能够履行更多的社会责任，能够在西部民族地区贫困乡村的扶贫产业发展进程中发挥其应有的作用，推动社会扶贫。政府部门也可以指导企业因地制宜地制订扶贫计划，实施各项扶贫方案，实现贫困地区和企业的共同发展，加强企业和脱贫人口之间的良性互动。企事业单位本身拥有强大的组织力和经济基础，在扶贫工作中具有良好的帮扶效果。在西部民族地区的各项帮扶工作中，社会力量的参与发挥了重要作用，企业参与扶贫开发以后不仅可以履行自身的社会责任，同时可以加强企业文化建设，帮助企业在社会上建立良好的品牌形象。西部民族地区各级地方政府在后续的扶贫工作中需要加强宣传，使得更多的企事业单位可以积极主动地参与扶贫和防止返贫工作。

7.5.2.4 营造良好政策环境

政府需要创造良好的政策环境，使得全社会各界的力量都能够参与到后续扶贫和返贫抑制工作中，形成全社会尊重扶贫工作者的氛围。首先，构建扶贫宣传平台。在该平台上可以由不同的学校或社会团体开展教育扶贫讲座，西部民族地区各级地方政府也可以在当地主流媒体上发布与扶贫相关的公益广告或者短视频，通过悬挂横幅或发放宣传单层等方式，帮助广大群众充分了解政府的各项后续扶贫政策和返贫抑制措施，并建立正确的脱贫增收意识，使得社会各界都能够充分关注政府的各项后续扶贫工作。其次，落实优惠政策。在国家政策允许的范围内，西部民族地区可制定一系列的税收优惠政策，可以采取直接减免贫困地区的扶贫产业税收，或者直接在税前扣除企业的扶贫捐赠等方式进行支持。同时，通过制定更多优惠政策，鼓励更多的社会力量参与西部民族地区贫困农村的基础设施建设，解决贫困地区的交通、水利、能源等基础设施落后问题。最后，制定扶贫激励机制。政府部门应当制定完善的表彰机制，表彰和鼓励在后续扶贫工作中表现优异的社会组织、单位或个人，通过树立典型的方式，在全社会范围内形成良好的扶贫和返贫抑制氛围。

7.7　本章小结

本章在前文分析的基础上，提出了西部民族地区脱贫人口返贫抑制有针对性的对策，从建立完善的信息跟踪监测机制、建立返贫风险定期评估机制、建立防范灾害风险预警机制、推动项目资金大数据管理机制等方面提出构建返贫动态监测机制，并从激活群众内生动力机制、建立产业发展长效机制、建立风险防控社会保障机制、创新防止返贫工作机制、构建多元参与防返贫机制等方面提出了西部民族地区脱贫人口返贫抑制的对策体系。

8 结论与展望

8.1 研究结论

改革开放以来，我国扶贫工作成绩斐然，尤其是精准扶贫取得了举世瞩目的成效，但返贫问题的出现，严重降低了我国脱贫攻坚工作的质量和效率。本书认为，我们必须加强返贫预防和返贫治理，才能真正从根本上打赢这场脱贫攻坚战。本书以国内外贫困与返贫治理的理论与文献为基础，以西部民族地区贫困治理和返贫态势为主线，以西部民族地区返贫生成机理和阻断机制为核心，以提出西部民族地区脱贫人口返贫抑制的对策建议为目标，经由系统化的理论探讨、全面性的数据分析和逐层深入的实证检验，有针对性地提出了西部民族地区返贫抑制的政策建议。本书的主要研究结论如下：

第一，我国政府在数十年脱贫攻坚探索实践中积累了大量的扶贫经验，然而，返贫问题的存在，极大地阻碍了我国下一阶段反贫困工作的推进，精准扶贫收官后，对存在返贫风险的人群实施有针对性的预防干预措施、遏制返贫成为脱贫攻坚的重要工作。

第二，在梳理我国贫困治理发展历程，农村脱贫人口返贫现状的基础上，提出了我国农村脱贫农户返贫的主要原因包括主观能力素质低下、客观外部扶持不持续以及应对市场风险能力薄弱等，我国农村脱贫农户返贫的特征主要包括地域性、反复性和频发性。

第三，在对西部民族地区省区的贫困治理现状进行分析的基础上，本书揭示了西部民族地区返贫问题严峻、脱贫人口个体能力不足、贫困地区返贫现象频发、返贫现象呈现区域性、返贫现象对农村危害较大等返贫现状。本书提出了西部民族地区农村返贫治理存在的问题，包括重视物质投入，忽视精神脱贫、农村扶贫投资结构不合理、扶贫的短期行为问题、贫困者并非真正的脱贫主体、"数字脱贫"和"政绩脱贫"等问题。西部民族地区农村返贫的影响有返贫户生活负担加重、社会各界扶贫压力增大、政府扶贫效果降低等。

第四，由于地理位置、自然条件、生态环境、历史文化等因素影响，西部民族地区返贫呈现出独有的特征，西部民族地区脱贫农户返贫的诱因包括脱贫户导向型的返贫、资源环境导向型返贫和政策制度导向型返贫，其中脱贫户导向型返贫包括健康型返贫、能力型返贫和观念型返贫；资源环境导向型返贫包括资源要素缺乏型返贫、地理环境阻隔型返贫和自然灾害型返贫；制度政策型返贫包括政策型返贫、供给型返贫和监督型返贫，并在此基础上，本书分析了返贫现象的生成机理和演化过程。

第五，本书分别就脱贫户导向型返贫、资源环境导向型返贫和政策制度导向型返贫提出了各自的阻断机制，其中脱贫户导向返贫阻断机制包括健康机制、能力机制和观念机制；资源环境导向型阻断机制包括生态移民机制、生态补偿机制和灾害治理机制；制度政策导向型返贫阻断机制包括政策机制、供给机制和监督机制。根据不同的返贫诱因，本书提出了西部民族地区返贫预警指标体系，并在此基础上，并从返贫预警系统构建、返贫预警警度的确定、返贫预警干预手段三方面分析了西部民族地区返贫预警机制的构建。

第六，本书从构建返贫动态监测机制、激活群众内生动力机制、建立产业发展长效机制、建立风险防控社会保障机制、创新防止返贫工作机制、构建多元参与防返贫机制等方面提出了西部民族地区脱贫人口返贫抑制的对策体系。

8.2 研究展望

本书中，笔者试图在前人的基础上，对西部民族地区脱贫人口返贫抑制定性与定量研究方面进行一定的拓展，但由于自身能力及客观条件的限制，本书仍存在诸多不足，有待未来进一步研究：

第一，本书在研究西部民族地区脱贫人口返贫问题时，仅从返贫现状、返贫机理和返贫阻断机制等方面进行分析，就脱贫人口下一步的可持续生计情况未能进行深入的探讨，可以作为未来进一步研究的方向。

第二，文章在分析西部民族地区脱贫人口返贫的影响因素的分析时，由于微观数据获取的难度较大，数据采集未能完全到位，进行数据分析时仅利用了国家统计局和五个民族自治区的贫困与返贫数据进行了统计分析，未能采集更多微观数据就不同省区返贫的情况和影响因素进行实证检验，导致分析的广度与深度不够全面，可以作为下一步的拓展方向。

第三，本书在分析西部民族地区脱贫人口返贫情况时，仅就西部民族地区脱贫人口返贫的总体特征进行了探讨，未能就不同省区和不同民族的脱贫人口的差异性进行详细对比分析，未来可以进一步深入探讨。

参考文献

ADAM C, BAUER M W, KNILL C, 2007. The termination of public organizations: theoretical perspectives to revitalize a promising research area [J]. Public organization review, 7 (3): 221-236.

ALKIE S, 2005. Valuing freedoms: Sen's capability approach and poverty reduction [M]. New York: Oxford University Press: 175-198.

ALKIRE S, FOSTER J, 2011. Counting and multidimensional poverty measurement [J]. Journal of public economics, 95 (7): 476-487.

ANDERSON B, 2012. Converting asset holdings into livelihood: An empirical study on the role of household agency in south africa [J]. World development, 40 (6): 1394-1406.

ANSELL C, ALISON C, 2008. Gollaborative govemance in theory and practice [J]. Journal of public administration research and theory, 18 (4) . 12-14.

BANERJEE A, DUFLO E, GOLDBERG N, 2015. A Multifaceted program causes lasting progress for the very poor: Evidence from six countries [J]. Science, 348 (5): 126-149.

BARDACH E, 1976. Termination of policies, programs and organizations policy termination as a political process [J]. Policy sciences, 7 (2): 123-131.

BAUMGARTNER R, HOGGER R, 2004. In search of sustainable livelihood systems [M]. London: Sage Publications Ltd.

BOLTVINIK J, 2005. Poverty measurement methods: an overview [J]. Seped series on poverty reduction (12): 56-62.

CARR E R, 2014. From description to explanation: Using the livelihoods as intimate government (LIG) approach [J]. Applied geography, 52 (3): 110-122.

CARTER R, MAY J, 1999. Poverty, Livelihood and class in rural south africa [J].

World development, 27 (1): 1-20.

DELEON P, 1978. Public policy termination: An end and a beginning [J]. Policy analysis, 4 (3): 369-392.

DFID: Sustainable livelihoods guidance sheets [R]. Department for International Development, 1999: 445-468.

EASTON D, 1953. The political system: An inquiry into the state of political science [J]. Canadian journal of economics & political science, 20 (2): 272.

EC COMMISSION, 1993. The institution of an official poverty line and economic policy [M]. Turku: Welfare State Program Paper Series: 231-269.

ELLIS F, 2000. Rural livelihoods and diversity in developing countries [M]. New York: Oxford University Press.

GREER J, THORBECKE E, 1986. A methodology for measuring food poverty applied to kenya [J]. Journal of development economics, 24 (1): 59-74.

GRUSKY D B, KANBUR S M R, SEN A K, 2006. Poverty and inequality [M]. Redwood City CA: Stanford University Press: 176-188.

HAGENAARS A, 2014. The perception of poverty [M]. Shanghai: Elsevier: 134-146.

KAKWANI N, 1990. Income inequality and poverty [M]. New York: Oxford University Press: 176-182.

KHAYYATI M, AAZAMI M, 2016. Drought impact assessment on rural livelihood systems in iran [J]. Ecological indicators, 69 (8): 850-858.

KLASEN S, 2000. Measuring poverty and deprivation in south africa [J]. Review of income and wealth, 46 (1): 33-58.

KRANTZ L, 2001. The sustainable livelihood approach to poverty reduction [M]. Swedish International Development Cooperation Agency.

LANJOUW P, RAVALLION M, 1995. Poverty and household size [J]. The economic journal: 1415-1434.

LASSWELL H D, KAPLAN, 1963. Power and society [M]. New York: Mc Grawhill Book Co: 70-82.

LATHAM E, 1952. The group basis of politics: Notes for a theory [J]. American political science review, 46 (2): 376-397.

LEIBENSTEIN H, 1957. Economic backwardness and economic growth: Studies in theory of economic development [M]. New York: Wiley and Sons: 1198-1325.

LEWIS W A, 1954. Economic development with unlimited supplies of labour [D]. Journal of University of Manchester.

LUCAS R E, 1988. On the mechanics of economic development [J]. Journal of monetary economics, 22: 3-42.

LUSSEAU D, MANCINI F, 2019. Income-based variation in sustainable development goal interaction networks [J]. Nature sustainability (1): 242-247.

MARSHALL A, 1920. Principle of economics [M]. London: Palgrave Macmillan: 134-159.

MILL J, 1997. Principle of political economy [M]. Beijing: Business Press: 98-113.

MINCER J, 1958. Investment in human capital and personal income distribution [J]. Journal of political economy, 66: 281-302.

NURKSE R, 1953. Problems of capital formation in underdeveloped countries [M]. Basil Blackwell: 413-420.

ONIKI S, DAGYS K, 2017. Recovery From a winter disaster in töv province of mongolia [J]. Journal of arid environments, 13 (9): 49-57.

OPPENHEIM, 1993. Poverty: the Fact [M]. Child Poverty Action Group: 83.

RICHARD R. NELSON, 1956. A Theory of low-level equilibrium trap in underdeveloped economies [J]. American economic review (46): 894-908.

ROMER P M, 1990. Endogenous technological change [J]. Journal of political economy (98): 71-102.

ROSENSTEINRODAN P N, 1961. Notes on the theory of the "Big Push" [M]. Palgrave Macmillan UK: Economic Development for Latin America: 121-132.

SALLU S M, TWYMAN C, STRINGER L C, 2010. Resilient or vulnerable livelihoods? assessing livelihood dynamics and trajectories in rural botswana [J]. Ecology and society, 15 (4): 3-27.

SCHULTS, 2006. Transforming traditional agriculture [M]. Beijing: Commercial Press: 178-195.

SCHULTZ T W, 1960. Capital formation by education [J]. The journal of political economy, 69 (6): 571-583.

SCOONES I, 1998. Sustainable rural livelihoods: A framework for analysis [R]. IDS. Working Paper, NO. 72.

SEN A, 1996. Capabilities and public action: A response [J]. Notizie di politeia

(12): 107-125.

SEN A, 1999. Commodities and capabilities [J]. OUP catalogue, 12 (7): 12-16.

Sen A. Poverty and famines: an essay on entitlement and deprivation [M]. New York: Oxford University Press. 1981: 157-168.

SHAH U, DULAL B, JOHNSON C, et al., 2013. Understanding livelihood vulnerability to climate change: Applying the livelihood vulnerability index in trinidad and tobago [J]. The geoeconomic forum, 47 (3): 125-137.

SILVERMAN K, AUGUST F. HOLTYN, JARVIS B, 2016. A Potential role of anti-poverty programs in health promotion [J]. Preventive medicine, 92: 58-61.

SIMTOWE P, 2010. Livelihoods diversification and gender in Malawi [J]. African journal of agricultural research, 5 (3): 204-216.

SINGH K, HIREMATH N, 2010. Sustainable livelihood security index in a developing country: A tool for development planning [J]. Ecological indicators (10): 442-451.

THOMAS B, MURADIAN R, GROOT G D, et al., 2009. Multidimensional poverty and identification of poor households: A case from kerala, india [J]. Journal of development & capabilities, 10 (2): 237-257.

THOMAS E, GARTY M C, MAVOR K, 2010. Social psychology of making poverty history: motivating anti-poverty action in australia [J]. Australian psychologist, 45 (1): 4-15.

TOWNSEND P, 1979. Poverty in the united kingdom: a survey of household resources and standards of living [M]. Oakland: University of California Press: 165-184.

UNDP, 1990. Human development report 1990 [M]. New York: Oxford University Press: 145-162.

UNDP, 1996. Human development report 1996 [M]. New York: Oxford University Press: 138-143.

UNDP, 1997. Human development report 1997 [M]. New York: Oxford University Press: 144-153.

UNDP, 2000. Human development report 2000 [M]. New York: Oxford University Press: 198-219.

UNDP, 2003. Human development report 2003 [M]. New York: Oxford University Press: 167-178.

VAN P B, SPIT J, VANDE S H, 1982. A comparison between the food ratio poverty line and the leyden poverty line [J]. The review of economics and statistics: 691-694.

YOUNUS F, KABIR A, 2018. Climate change vulnerability assessment and adaptation of bangladesh: Mechanisms, notions and solutions [J]. Sustainability (10): 42-86.

YOUNUS M, HARVEY N, 2014. Economic consequences of failed autonomous adaptation to extreme floods: A case study from bangladesh [J]. Local economy, 29 (5): 22-37.

ZHAO X, GUO F, ZHANG L, LI W, 2014. The livelihood sustainability evaluation of the gannan plateau [J]. Journal of northwest normal university, 50 (2): 104-109.

阿玛蒂亚, 2003. 评估不平等和贫困的概念性挑战 [J]. 中国社会科学文摘 (5): 102-103.

阿玛蒂亚, 2007. 以自由看待发展 [M]. 任赜, 于真, 译. 北京: 人民教育出版社: 165-187.

阿玛蒂亚, 德雷兹, 2006. 饥饿与公共行为 [M]. 苏雷, 译. 北京: 社会科学文献出版社: 132-154.

安彩英, 2012. 论大众传播对公共政策的影响力 [J]. 新闻界 (19): 59-63.

安树伟, 1999. 中国农村贫困研究 [M]. 北京: 中国环境科学出版社: 98-105.

安文铸, 1990. 教育科学与系统科学 [M]. 长春: 吉林教育出版社: 154-187.

包国宪, 杨瑚, 2018. 我国返贫问题及其预警机制研究 [J]. 兰州大学学报 (6): 123-130.

薄绍晔, 2017. 完善农村医疗保障制度, 防止群众因病致贫返贫 [J]. 中国医疗保险 (3): 5-6.

曹霞, 2006. 发挥社团优势领航内蒙古社会扶贫事业 [N]. 西部时报, 06-13.

曾志红, 曾福生, 2013. 我国农村致贫的社会制度因素分析 [J]. 农业经济 (11): 33-35.

常莉, 2018. 防返贫机制研究 [D]. 郑州: 郑州大学.

陈标平, 吴晓俊, 2010. "破" 农村返贫困境, "立" 可持续扶贫新模式: 农村反贫困行动 60 年反思 [J]. 生产力研究 (3): 60-61, 72.

陈端计, 杨莉莎, 史扬, 2006. 中国返贫问题研究 [J]. 石家庄经济学院学报 (2): 166-169.

陈淮, 2011. 信息不对称视角下的农村贫困对象瞄准研究 [D]. 长沙: 湖南农业大学.

陈辉, 2015. 一维到多维贫困测度比较研究：基于粤北山区的调查数据 [J]. 特区经济 (1)：65-68.

陈坚, 2012. 政治社会学理论范式下的农村教育分析 [J]. 东北师大学报 (3)：172.

陈健生, 2009. 生态脆弱地区农村慢性贫困研究：基于 600 个国家扶贫重点县的监测数据 [M]. 北京：经济科学出版社：62-84.

陈庆云, 1996. 公共政策分析 [M]. 北京：中国经济出版社.

陈秋珍, John Sumelius, 2007. 国内外农业多功能研究文献综述 [J]. 中国农村观察 (3)：71-79, 81.

陈全功, 程蹊, 2010. 空间贫困及其政策含义 [J]. 贵州社会科学 (8)：87-92.

陈全功, 2009. 少数民族地区农户持续性贫困探究 [J]. 中国农村观察 (5)：39-48.

陈书, 2015. 中国城镇贫困估计及原因探索 [J]. 贵州财经大学学报 (6)：99-108.

陈潭, 2002. 公共性：公共政策分析的一般范式 [J]. 湖南师范大学社会科学学报 (4)：46-50.

陈小伍, 王绪朗, 2007. 农村贫困问题的制度性分析 [J]. 乡镇经济 (6)：23-27.

陈心颖, 2017. 脱贫动力培育与扶志、扶智的协同 [J]. 改革 (12)：15.

陈永伟, 侯升万, 符大海, 2020. 中国农村家庭脱贫的时间路径及其策略选择 [J]. 中国人口科学 (1)：53-64.

陈云萍, 黄溶冰, 2008. 理论视域中的公共政策评估价值取向研究 [J]. 理论前沿 (22)：21-23.

陈志钢, 毕洁颖, 吴国宝, 等, 2019. 中国扶贫现状与演进以及 2020 年后的扶贫愿景和战略重点 [J]. 中国农村经济 (1)：2-16.

崔治文, 徐芳, 李昊源, 2015. 农户多维贫困及致贫机理研究：以甘肃省 840 份农户为例 [J]. 中国农业资源与区划, 36 (3)：91-97.

邓维杰, 2013. 贫困村分类与针对性扶贫开发 [J]. 农村经济 (5)：42-44.

翟彬, 梁流涛, 2015. 基于可持续生计的农村反贫困研究：以甘肃省天水贫困地区为例 [J]. 农村经济 (5)：55-60.

丁军, 陈标平, 2010. 构建可持续扶贫模式治理农村返贫顽疾 [J]. 社会科学

（1）：52-57.

董春宇，栾敬东，谢彪，2008. 对返贫现象的一个分析［J］. 经济问题探索
（3）：176-178.

杜书云，徐景霞，2016. 内源式发展视角下失地农民可持续生计困境及破解机
制研究［J］. 经济学家（7）：76-83.

段钢，2005. 人力资本理论研究综述［J］. 中国人才（5）：26-29.

段小力，2020. 返贫的特征、成因及阻断［J］. 人民论坛（1）：90-91.

樊怀玉，郭志仪，李具恒，等，2002. 贫困论：贫困与反贫困的理论与实践
［M］. 北京：民族出版社：27.

范国睿，2004. 复杂科学与教育组织管理研究［J］. 教育研究（2）：53-55.

范和生，2018. 返贫预警机制构建探究［J］. 中国特色社会主义研究（1）：
57-63.

范西川，2017. 精准扶贫视域下农村返贫治理对策研究［D］. 重庆：中共重庆
市委党校.

冯丹阳，2019. 精准扶贫中贫困对象识别研究［J］. 经济研究导刊（1）：
14-15，60.

冈纳，1991. 世界贫困的挑战：世界反贫困大纲［M］. 顾朝阳，等译. 北京：
北京经济学院出版社.

冈纳，1992. 亚洲的戏剧：对一些国家贫困问题的研究［M］. 谭力文，张卫
东，译. 北京：北京经济学院出版社：108-122.

高明，唐丽霞，2018. 多维贫困的精准识别：基于修正的 FGT 多维贫困测量方
法［J］. 经济评论（2）：30-43.

高书国，2018. 智力贫困代际传递的成因分析与阻遏策略［J］. 中国教育学刊
（1）：21-24.

高帅，毕洁颖，2016. 农村人口多维贫困：状态持续与转变［J］. 中国人口资
源与环境（2）：76-83.

高志敏，王宪锋，2008. 民生为本：建立和完善农村社会保障制度的本质要求
［J］. 农业经济（6）：29-31.

葛敏，2018. 农村畸高彩礼致贫返贫问题研究：以阜阳为例［J］. 青岛行政学
院学报（5）：107-110.

耿相魁，2009. 当前我国农村社会保障制度存在的问题及对策［J］. 哈尔滨市
委党校学报（1）：13-15.

龚宵侠，2007. 西部民族地区反贫困问题研究［D］. 兰州：兰州大学.

龚晓宽，班程农，1996. 走出怪圈：中国西部农村返贫现象研究 [M]. 北京：中国计划出版社：3-22.

顾新华，顾朝林，陈岩，1987. 简述"新三论"与"老三论"的关系 [J]. 经济理论与经济管理 (2)：33-37.

郭宁宁，钱力，2018. 集中连片特困地区多维贫困测度及时空变迁 [J]. 宁波工程学院学报，30 (4)：64-70.

郭佩霞，2007. 论民族地区反贫困目标瞄准机制的建构 [J]. 贵州社会科学 (12)：79-82.

郭熙保，周强，2016. 长期多维贫困、不平等与致贫因素 [J]. 经济研究，51 (6)：143-156.

韩建民，韩旭峰，朱院利，2012. 西部农村贫困与反贫困路径选择 [M]. 北京：中国农业出版.

何华征，盛德荣，2017. 论农村返贫模式及其阻断机制 [J]. 现代经济探讨 (7)：95-102.

何会平，2019. 退耕还林生态工程对农户可持续生计的影响 [J]. 农业与技术 (4)：78-79.

洪朝辉，2002. 论社会权利的"贫困"：中国城市贫困问题的根源与治理路径 [J]. 当代中国研究 (4)：55-61.

洪江，1999. 我国返贫现象与原因探析 [J]. 青海社会科学 (3)：30-34，54.

洪江，1999. 我国扶贫攻坚中返贫原因探析 [J]. 宁夏社会科学 (1)：36-39.

侯升万，2018. 脱贫返贫及新增入贫的识别与原因分析 [D]. 武汉：中南财经政法大学.

华海琴，2018. 精准扶贫的难点，对策与路径选择 [J]. 农村经济 (1)：41-42.

黄海燕，2010. 对中国农村反贫困的思考 [J]. 人民论坛 (26)：172-173.

黄瑞芹，2003. 农民工进城就业歧视政策的外部性分析 [J]. 现代经济探讨 (12)：10-12，33.

黄颂文，2004. 西部民族地区农村贫困问题成因探究 [J]. 求索 (8)：34-36.

黄毅，2009. 汶川地震贫困村灾后恢复重建工作将加快推进速度 [EB/OL]. (05-21) [2021-01-03]. http://www.gov.cn/jrzg/2009-05/21/content_1321468.htm.

霍绍周，1988. 系统论 [M]. 北京：科学技术文献出版社.

霍永刚，2005. 21世纪扶贫开发的战略重点：教育扶贫 [J]. 中国省委山西党校学报（4）：56-57.

纪玉昭，梅淑元，蒋健，2019. 易地扶贫搬迁农户可持续生计评价研究：以平江县为例 [J]. 时代金融（12）：39-41.

贾林瑞，刘彦随，刘继来，等，2018. 中国集中连片特困地区贫困户致贫原因诊断及其帮扶需求分析 [J]. 人文地理，33（1）：85-93，151.

江亮演，1990. 社会救助的理论与实务 [M]. 台北：桂冠图书公司.

姜国兵，蓝光喜，2008. 重构公共政策评估：基于公民权与行政权相对平衡的分析 [J]. 中国行政管理（8）：50-53.

姜仁良，2008. 对公共政策有效制定的思考 [J]. 商业时代（7）：57-59.

蒋南平，郑万军，2017. 中国农民工多维返贫测度问题 [J]. 中国农村经济（6）：58-69.

蒋雅娜，2019. 现阶段我国西部农村多维返贫的因素分析及预防对策研究 [D]. 兰州：甘肃农业大学.

康晓光，1995. 中国贫困与反贫困理论 [M]. 桂林：广西人民出版社：187-198.

孔陆泉，2017. 经济学视角的人的全面自由发展：对马克思人的发展观的理解和思考 [J]. 江苏行政学院学报（5）：45-49.

雷诺兹，1986. 微观经济学 [M]. 北京：商务印书馆：211-228.

李博，左停，2017. 谁是贫困户？精准扶贫中精准识别的国家逻辑与乡土困境 [J]. 西北农林科技大学学报（社会科学版），17（4）：1-7.

李朝林，黄益新，2006. 以人为本是遏制返贫的根本途径 [J]. 技术经济（1）：21-23.

李聪，李树茁，费尔德曼，2014. 微观视角下劳动力外出务工与农户生计可持续发展 [M]. 北京：社会科学文献出版社.

李刚，周加来，2009. 中国的城市贫困与治理：基于能力与权利视角的分析 [J]. 城市问题（11）：55-59.

李继刚，毛阳海，2012. 可持续生计分析框架下西藏农牧区贫困人口生计状况分析 [J]. 西北人口（1）：79-84.

李佳路，2011. 农户资产贫困分析：以S省30个国家扶贫开发重点县为例 [J]. 农业技术经济（4）：13-18.

李嘉敏，2019. 精准扶贫实践中返贫问题研究 [D]. 广州：华南理工大学.

李杰，廖慧，2012. 农村制度致贫因素分析 [J]. 现代商贸工业（22）：38-39.

李君如，2011. 中国人权事业发展报告 NO.1 [M]. 北京：社会科学文献出版社：68-69.

李明月，陈凯，2020. 精准扶贫对提升农户生计的效果评价 [J]. 华南农业大学学报（1）：10-20.

李小云，张悦，李鹤，2011. 地震灾害对农村贫困的影响：基于生计资产体系的评价 [J]. 贵州社会科学（3）：85.

李兴江，2005. 中国农村扶贫开发的伟大实践与创新 [M]. 北京：中国社会科学出版社：4.

李雪萍，刘腾龙，2018. 精准扶贫背景下精准识别的实践困境：以鄂西地区 C 村为例 [J]. 湖北民族学院学报（哲学社会科学版），36（5）：138-144.

李有发，2006. 教育扶贫的现实依据及其对策 [J]. 哈尔滨市委党校学报（2）：14-16.

梁峡林，2019. 甘肃地震灾区万户居民将移民新疆 [EB/OL].（11-23）[2021-01-03]. http://news.ppzw.com/Article_Print_132183.html.

梁义成，李树茁，2014. 中国农村可持续生计和发展研究：基于微观经济学的视角 [M]. 北京：社会科学文献出版社.

梁兆基，冯子恩，叶柱均，1998. 农林经济管理概论 [M]. 广州：华南农业大学出版社.

凌复华，1987. 突变理论及其应用 [M]. 上海：上海交通大学出版社：104-143.

凌国顺，夏静，1999. 返贫成因和反贫困对策探析 [J]. 云南社会科学（5）：33-38.

凌国顺，2000. 能力供给与返贫现象探析 [J]. 江汉论坛（11）：12-15.

刘昌雄，2003. 公共政策：涵义、特征和功能 [J]. 探索（4）：37-41.

刘桂芝，孟志中，2004. 中国农村经济经营管理业务指导全书 [M]. 内蒙古：远方出版社：3-58.

刘金新，2018. 脱贫脆弱户可持续生计研究 [D]. 北京：中共中央党校.

刘流，2010. 民族地区农村扶贫瞄准问题研究：基于贵州省民族地区乡级扶贫瞄准绩效的分析 [J]. 贵州民族研究（4）：118-123.

刘龙，李丰春，2007. 论农村贫困文化的表现、成因及其消解 [J]. 农业现代化研究（5）：583-585.

刘鹏. 我国省域中心城市公共危机预警机制与评价研究 [D]. 哈尔滨：哈尔滨工程大学. 2008.

刘伟，黎洁，2019. 提升或损伤？易地扶贫搬迁对农户生计能力的影响 [J].

中国农业大学学报（3）：210-218.

刘小鹏，苏晓芳，王亚娟，等，2014. 空间贫困研究及其对我国贫困地理研究的启示 [J]. 干旱区地理（1）：144-152.

刘永富，2016. 确保在既定时间节点打赢脱贫攻坚战：学习贯彻习近平总书记关于扶贫开发的重要论述 [J]. 社会治理（1）：18-22.

刘玉森，范黎光，吴敏，等，2002. 河北省贫困地区返贫现状及返贫因素分析 [J]. 承德石油高等专科学校学报（4）：1-4.

柳随年，吴群敢，1984. 第一个五年计划时期的国民经济 [M]. 黑龙江：黑龙江人民出版社：150-156.

陆模兴，蔡少青，张怡，2018. 以 Alkire-Foster 多维贫困测度模型落实精准扶贫识别及帮扶对策研究：基于广东省五华县 1005 户村民的问卷调查 [J]. 智库时代（49）：126-128，130.

陆远权，刘姜，2020. 脱贫农户生计可持续性的扶贫政策效应研究 [J]. 软科学（2）：50-58.

罗春红，谢贤平，2007. 事故致因理论的比较分析 [J]. 中国安全生产科学技术（5）：111-115.

罗江月，唐丽霞，2014. 扶贫瞄准方法与反思的国际研究成果 [J]. 中国农业大学学报，31（4）：10-17.

罗利丽，2008. 农村贫困人口反弹与可持续性发展机制的缺失 [J]. 贵州社会科学（12）：76-79.

马绍东，万仁泽，2018. 多维贫困视角下民族地区返贫成因及对策研究 [J]. 贵州民族研究（11）：45-50.

马歇尔，1964. 经济学原理 [M]. 北京：商务印书馆：213-234.

苗东升，2007. 系统科学大讲稿 [M]. 北京：中国人民大学出版社：202-223.

宁国良，周东升，2007. 论公共政策成本优化 [J]. 求索（12）：61-63.

诺兹，1986. 微观经济学 [M]. 北京：商务印书馆：430.

潘慧，温雪，章元，2018. 中国农村贫困的多维测度与影响因素的实证研究：社会资本的视角 [J]. 广西社会科学（1）：77-85.

彭俊，2004. 扶贫开发形势依然十分严峻 [N]. 人民日报，07-17（05）.

彭琪，王庆，2017. 精准扶贫背景下返贫问题的成因及对策：以湖北省 W 区 L 村为例 [J]. 贵阳市委党校学报（6）：45-50.

漆敏，2012. 我国农村返贫问题根源剖析与对策研究 [D]. 重庆：重庆大学.

钱学森，许国志，王寿云，等，1982. 论系统工程 [M]. 长沙：湖南科学技术出版社：143-165.

秦翠娥，程盛兰，1994. 突变理论及其应用 ［J］. 山西大学师范学院学报
（3）：37-38.

冉光荣，2006. 藏区反贫困再思考 ［J］. 财经科学（2）：107-116.

冉洋，1999. 贵州返贫状况、原因及抑制措施探讨 ［J］. 贵州民族研究（4）：
129-134.

任威，熊康宁，盈斌，等，2019. 典型喀斯特峡谷石漠化地区农户生计资本和
策略响应 ［J］. 生态经济（4）：125-131.

任远，2018. 喀什地区农村贫困成因分析及对策建议：以伽师县米夏乡21村
为例 ［J］. 中共伊犁州委党校学报（3）：61-62.

余丛国，席酉民，2003. 我国企业预警研究理论综述 ［J］. 预测，22（2）：
23-30.

申喜连，2009. 试论我国公共政策评估存在的困境及制度创新 ［J］. 中央民族
大学学报（哲学社会科学版），36（5）：31-35.

沈承刚，1996. 政策学 ［M］. 北京：北京经济学院出版社：108-120.

世界银行，2001. 2000/2001年世界发展报告 ［M］. 北京：中国财政经济出版
社：167-171.

寿建新，1992. 矛盾论和系统论 ［J］. 陕西师大学报（哲学社会科学版）（2）：
14-17.

苏芳，2015. 可持续生计：理论、方法与应用 ［M］. 北京：社会科学文献出
版社.

孙菲，王文举，2017. 中国农村贫困成因区域差异性研究 ［J］. 贵州民族研
究，38（6）：25-29.

孙晗霖，刘新智，张鹏瑶，2019. 贫困地区精准脱贫户生计可持续及其动态风
险研究 ［J］. 中国人口·资源与环境（2）：145-155.

孙梅，2013. 界定与测量农村居民因病致贫：新型农村合作医疗保险方案研制
思路之四 ［J］. 中国卫生资源（3）：160-162.

孙敏，吴刚，2016. 农民返贫现象与破解对策：基于大连失地农民的调查与分
析 ［J］. 农业经济（1）：42-44.

孙文中，2013. 创新中国农村扶贫模式的路径选择：基于新发展主义的视角
［J］. 广东社会科学（6）：207-213.

孙悦，麻宝斌，2013. 公共政策正义性评估的理念与方法 ［J］. 吉林大学社会
科学学报，53（4）：115-121.

孙征，2019. 我国农村脱贫户返贫类型与阻断机制研究 [D]. 长春：长春工业大学.

谭崇台，1989. 发展经济学 [M]. 上海：上海人民出版社：58-66.

谭贤楚，2013. 民族山区转型农村返贫人口的多维成因探讨：基于恩施州的实证 [J]. 前沿 (11)：161-162.

唐国建，2019. 可持续生计视阈下自然资本的变动对渔民生计策略的影响：以福建小链岛为例 [J]. 中国矿业大学学报 (1)：41-53.

童星，林闽刚，1994. 我国农村贫困标准线研究 [J]. 中国社会科学 (3)：86-98.

万喆，2016. 新形势下中国贫困新趋势和解决路径探究 [J]. 国际经济评论 (6)：47-62, 5.

万国威，高丽茹，2016. 结构、文化抑或排斥：西部民族地区特困农牧民的致贫机理 [J]. 人口学刊 (5)：70-82.

汪三贵，ALBERT PARK，2010. 中国农村贫困人口的估计与瞄准问题 [J]. 贵州社会科学 (2)：68-72.

汪三贵，殷浩栋，2013. 资产与长期贫困：基于面板数据的2SLS估计 [J]. 贵州社会科学 (9)：50-58.

王传宏，李燕凌，2002. 公共政策行为 [M]. 北京：中国国际广播出版社：321-328

王刚，贺立龙，2017. 返贫成因的精准识别及治理对策研究 [J]. 中国经贸导刊 (8)：37-38.

王国良，2006. 当前我国扶贫工作面临的三大挑战 [J]. 老区建设 (8)：4.

王连伟，2015. 当代中国公共政策领域中的公民参与研究：现状、问题与对策 [J]. 中共天津市委党校学报 (1)：90-95.

王萍萍，方湖柳，李兴平，2006. 中国贫困标准与国际贫困标准的比较 [J]. 中国农村经济 (12)：62-68.

王三秀，李冠阳，王昶，2012. 中国政府反贫困规范重构 [M]. 北京：中国社会科学出版社：134-159.

王三秀，罗丽娅，2016. 国外能力贫困理念的演进、理论逻辑及现实意义 [J]. 长白学刊 (5)：120-126.

王士君，田俊峰，王彬燕，等，2017. 精准扶贫视角下中国东北农村贫困地域性特征及成因 [J]. 地理科学，37 (10)：1449-1458.

王卫平，2007. 社会救助学 [M]. 北京：群言出版社.

王小强，白南风，1986. 富饶的贫困中国落后地区的经济考察［M］. 成都：四川人民出版社.

王新艺，2019. 探析精准扶贫背景下防治因病致贫返贫的措施［J］. 产业经济（1）：95-100.

王延中，方勇，尹虎彬，等，2016. 中国民族发展报告 2016［M］. 北京：社会科学文献出版社.

王延中，2008. 社会保障的改革与发展［J］. 经济学动态（10）：11-15.

王榆青，2000. 关于我国农村返贫问题探讨［J］. 云南财经与会计（8）：12-15.

王治和，王丹，张强，2018. 贫困对象精准识别的演化博弈分析［J］. 统计与决策，34（7）：50-54.

王卓，2000. 中国现阶段的贫困特征［J］. 经济学家（2）：80-84.

韦春艳，漆国生，2010. 我国公共政策公信力问题探析［J］. 理论导刊（2）：19-20.

韦璞，2015. 贫困、贫困风险与社会保障的关联性［J］. 广西社会科学（2）：134-141.

魏宏森，曾国屏，1995. 试论系统的层次性原理［J］. 系统辩证学报（1）：24-29.

温丽，乔飞宇，2017. 扶贫对象精准识别的实践困境及其对策［J］. 长白学刊（3）：120-125.

文宏，谭学兰，2015. 农村家庭"因教致贫"现象解读与政策建议：基于脆弱性理论视角［J］. 西北农林科技大学学报（2）：113-120.

吴炳魁，2017. 化解"因病致贫、因病返贫"风险的策略研究［J］. 就业与保障（9）：20-21.

吴晓俊，2010. 中国农村返贫困境分析与可持续扶贫探索［J］. 求实（6）：92-95.

吴筱灵，2011. 社会资本视角下西部民族地区反贫困问题研究［D］. 长沙：湖南大学.

伍启元，1989. 公共政策［M］. 香港：商务印书馆（香港有限公司）：87-98.

伍艳，2020. 生计资本视角下农户稳定脱贫的动态测度［J］. 华南农业大学学报（社会科学版），19（2）：51-59.

西奥多·W. 舒尔茨，1964. 人力资本投资：教育和研究的作用［M］. 北京：商务印书馆：167-198.

西奥多·舒尔茨，1998. 穷人的经济学：诺贝尔经济学获奖者演说文集［M］.

罗汉,译.上海:上海人民出版社.

夏玉莲,2017.贫困人口精准识别机制的创新研究:基于湖南省两个村庄的调查与思考[J].理论月刊(8):153-158.

鲜祖德,王萍萍,吴伟,2016.中国农村贫困标准与贫困监测[J].统计研究,33(9):3-12.

相丽玲,牛丽慧,2016.基于阿马蒂亚·森权利方法的信息贫困成因分析[J].情报科学,34(8):47-51.

萧浩辉,1995.决策科学辞典[M].北京:人民出版社:112-138.

肖含松,马瑛,2018.我国牧户生计脆弱性研究进展及应对措施[J].农业与技术(12):158-160.

谢楠,张磊,伏绍红,2020.深度贫困地区脱贫户的可持续生计及风险分析:基于凉山彝区812户贫困户的调查[J].软科学(1):139-144.

谢远涛,杨娟,2018.医疗保险全覆盖对抑制因病致贫返贫的政策效应[J].北京师范大学学报(社会科学版)(4):141-156.

辛秋水,2001.走文化扶贫之路:论文化贫困与贫困文化[J].福建论坛(3):16-20.

邢红,党凤兰,刘俊昌,2005.我国农村贫困问题探究[J].北京林业管理干部学院学报(2):46-49,53.

徐蔡余,2016.经济下行压力与东西部教育均衡问题研究[J].南京理工大学学报(社会科学版),29(5):71-74,80.

徐小言,2018.我国农村贫困成因动态认知的维度构建分析:基于家庭生命周期理论的结构性扩充[J].理论学刊(5):135-140.

徐秀虎,2011.农村贫困阶层发生分化的影响因素分析:基于对苏北某县部分贫困户的调查[J].南京人口管理干部学院学报,27(1):32-35,69.

许汉石,乐章,2012.生计资本、生计风险与农户的生计策略[J].农业经济问题(10):100-105.

许源源,苏中英,2007.和谐理念的缺失:农村扶贫瞄准偏离的重要原因[J].贵州社会科学(5):41-45.

薛澜,陈玲,2010.制度惯性与政策扭曲:实践科学发展观面临的制度转轨与挑战[J].中国行政管理(8):7-9.

亚当·斯密,1964.国富论[M].北京:商务印书馆:194-211.

颜廷武,雷海章,2005.返贫困:反贫困的痛楚与尴尬[J].调研世界(1):37-39.

杨枫，郑伟元，贾克敬，等，2003. 德国规划的环境影响评价方法和步骤评介 [J]. 中国土地科学（4）：58-64.

杨国平，2008. 中国新型农村合作医疗制度可持续发展研究 [D]. 上海：复旦大学.

杨瑚，2019. 返贫预警机制研究 [D]. 兰州：兰州大学.

杨立雄，2016. 高度重视扶贫攻坚中的返贫问题 [J]. 中国民政（5）：18-20.

杨龙，李萌，2017. 贫困地区农户的致贫原因与机理：兼论中国的精准扶贫政策 [J]. 华南师范大学学报（社会科学版）（4）：33-40，189.

杨龙，汪三贵，2015. 贫困地区农户脆弱性及其影响因素分析 [J]. 中国人口资源与环境，25（10）：150-156.

杨秋宝，1997. 短缺致贫成因和反贫困方略 [J]. 前进（4）：8-10.

杨彦欣，2018. 贫困的测度：不同标准与不同指标 [J]. 中国统计（9）：36-38.

叶初升，邹欣，2012. 扶贫瞄准的绩效评估与机制设计 [J]. 华中农业大学学报（社会科学版）（1）：63-69.

叶海平，朱琳，2004. 我国当前社会阶层的贫富差距及对策性政策研究 [J]. 毛泽东邓小平理论研究（12）：67.

叶林，2019. 基于乡村产业振兴的防返贫路径研究 [D]. 成都：四川师范大学.

于平，2004. 破坏生态的扶贫最终只能返贫 [J]. 生态经济（9）：25.

虞崇胜，余扬，2016. 提升可行能力：精准扶贫的政治哲学基础分析 [J]. 行政论坛，23（1）：22-25.

苑英科，2018. 教育扶贫是阻断返贫与贫困代际传递的根本之策 [J]. 华北电力大学学报（社会科学版）（4）：108-115.

詹姆斯·E. 安德森，1990. 公共决策 [M]. 北京：华夏出版社：3-4.

张春勋，赖景生，2006. 西部农村返贫的制度根源及市场化创新方向 [J]. 重庆工商大学学报（6）：11-14.

张春艳，2012. 我国"因灾返贫"问题研究 [D]. 西安：西北大学.

张鼎金，2000. 试析返贫现象的成因与解决对策 [J]. 理论探索（6）：64-65.

张桂颖，2019. 基于模糊物元模型的土地流转农户可持续生计评价方法 [J]. 统计与决策（3）：121-125.

张国安，2000. 贵州少数民族地区返贫现象的调查与思考：以德江县松溪村、滚平村为例 [J]. 贵州民族研究（4）：42-46.

张珺，2007. 当前我国农村返贫治理问题研究 [D]. 郑州：郑州大学.

张磊，2007. 关于当前我国贫困与反贫困几个基本问题的新认识：马克思主义经济学关于贫困问题的理论及其时代涵义 [J]. 理论前沿（18）：14-16.

张磊，2007. 中国扶贫开发政策演变（1949—2005 年）[M]. 北京：中国财政经济出版社：34.

张立冬，李岳云，潘辉，2009. 收入流动性与贫困的动态发展：基于中国农村的经验分析 [J]. 农业经济问题，30（6）：73-80，112.

张丽君，董益铭，韩石，2015. 西部民族地区空间贫困陷阱分析 [J]. 民族研究（1）：25-35，124.

张润泽，2010. 形式、事实和价值：公共政策评估标准的三个维度 [J]. 湖南社会科学（3）：31-34.

张世定，2016. 文化扶贫：贫困文化视阈下扶贫开发的新审视 [J]. 中华文化论坛（1）：31-36.

张世勇，2018. 国家认证、基层治理与精准识别机制：基于贵州 W 县精准识别实践的考察 [J]. 求索（1）：132-140.

张翔，毛可，2018. 民族地区返贫问题的教育防范机制探究 [J]. 民族教育研究，29（4）：46-51.

张笑芸，唐燕，2014. 创新扶贫方式，实现精准扶贫 [J]. 资源开发与市场，30（9）：118-119.

张艳荣，宋卫信，李晓宁，2001. 关于返贫问题研究 [J]. 陕西农业科学（2）：8-10.

张耀文，郭晓鸣，2019. 中国反贫困成效可持续性的隐忧与长效机制构建：基于可持续生计框架的考察 [J]. 华南农业大学学报（2）：62-69.

张忠良，饶炭，2009. 欠发达地区农村返贫问题的理性思考 [J]. 科学·经济·社会（3）：14-17.

张祝平，2018. 我国贫困地区文化贫困因素及文化扶贫对策 [J]. 行政管理改革（6）：60-65.

赵慧珠，陈景云，2008. 建立农村最低生活保障制度的意义 [J]. 理论前沿（18）：45-46.

赵敬丹，李娜，2011. 中国农村反贫困过程中政府作用研究 [J]. 辽宁大学学报（1）：155-157.

赵乐东，2006. 制度变迁中的中国人口流动 [J]. 统计与决策（4）：58-60.

赵曦，2000. 中国西部农村反贫困战略研究 [M]. 北京：人民出版社：96.

郑秉文，2019. "后 2020" 时期建立稳定脱贫长效机制的思考 [J]. 宏观经济管理（9）：17-25.

郑品芳，刘长庚，2018. 贫困户精准识别困境及识别机制构建［J］. 经济地理，38（4）：176-182.

郑瑞强，曹国庆，2015. 基于大数据研究的精准扶贫机制研究［J］. 贵州社会科学（8）：163-168.

郑瑞强，曹国庆，2016. 脱贫人口返贫：影响因素、作用机制与风险控制［J］. 农林经济管理学报（6）：619-624.

周迪，黄茂湘，2020. 中国农村减贫成效测度、分解及影响因素研究：基于分布动态学框架的 CFPS 数据分析［J］. 农业技术经济（2）：103-116.

周慧，文娟，2018. 以多维贫困测度法探究精准识别与施策：对湖南省 72 个贫困县的考察［J］. 经济研究参考（8）：39-49.

周建国，2012. 公共政策评估多元模式的困境及其解决的哲学思考［J］. 中国行政管理（2）：41-44.

周立，王彩虹，方平，2018. 供给侧改革中农业多功能性、农业 4.0 与生态农业发展创新［J］. 新疆师范大学学报（哲学社会科学版），39（1）：92-99.

周新芳，2008. 人力资本理论文献综述［J］. 现代经济信息（1）：59-61.

周怡，2002. 贫困研究：结构解释与文化解释的对垒［J］. 社会学研究（3）：49-63.

周宗社，2017. 中国农村贫困家庭代际传递研究：基于演化经济学视角［J］. 当代经济（4）：9-13.

朱晶，2000. 贸易、波动、可获性与粮食安全［D］. 南京：南京农业大学.

朱志宏，1983. 公共政策概论［M］. 台北：三民书局：45-53.

庄天慧，张海霞，傅新红，2011. 少数民族地区村级发展环境对贫困人口返贫的影响分析：基于四川、贵州、重庆少数民族地区 67 个村的调查［J］. 农业技术经济（2）：41-49.

庄天慧，2020. 实现 2020 年后的可持续贫困治理［J］. 理论导报（2）：30-32.

感谢国家自然科学基金项目：《滇桂黔石漠化片区脱贫农户返贫抑制与可持续生计研究》（项目批准号：72004037）；广西哲学社会科学规划项目《后脱贫时代广西返贫预警机制构建研究》（批准号：20BJL004）。